智能网联汽车
核心技术丛书

智能网联汽车测试与评价技术

杨建　潘烨　侯海鹏　著

化学工业出版社

·北京·

内容简介

《智能网联汽车测试与评价技术》是"智能网联汽车核心技术丛书"中的一册。本书共九章，系统而深入地剖析了智能网联汽车从基础理论到实践应用的各个环节，不仅全面概述了智能网联汽车的概念、技术架构及测试评价体系，还深入探讨了测试场景库的构建、仿真测试技术的最新进展、ADAS系统的测试方法、实车测试的难点与解决方案、行人保护测试的重要性、预期功能安全的保障措施，以及信息安全测试的关键技术。通过丰富的案例分析和实践经验分享，为智能网联汽车的研发、验证及商业化应用提供了宝贵的参考和指导。

本书适合智能网联汽车行业从业者、科研人员、技术人员阅读学习，也可供高校汽车相关专业的师生使用。

图书在版编目（CIP）数据

智能网联汽车测试与评价技术 / 杨建，潘烨，侯海鹏著. -- 北京：化学工业出版社，2024.11. --（智能网联汽车核心技术丛书）. -- ISBN 978-7-122-46466-8

Ⅰ．U463.67

中国国家版本馆CIP数据核字第20244PF480号

责任编辑：雷桐辉　　　　　　　文字编辑：张　宇
责任校对：宋　玮　　　　　　　装帧设计：王晓宇

出版发行：化学工业出版社
　　　　　（北京市东城区青年湖南街13号　邮政编码100011）
印　　刷：北京云浩印刷有限责任公司
装　　订：三河市振勇印装有限公司
787mm×1092mm　1/16　印张14　字数262千字
2025年1月北京第1版第1次印刷

购书咨询：010-64518888　　　　　售后服务：010-64518899
网　　址：http://www.cip.com.cn
凡购买本书，如有缺损质量问题，本社销售中心负责调换。

定　　价：89.00元　　　　　　　　　　　　　　版权所有　违者必究

前言 PREFACE

近年来，5G、大数据、物联网和云计算等先进技术飞速发展，各个领域的企业开始借助这些先进技术的力量进行数字化转型，力图进一步激活产业生态，获得新的发展动力，促进产品、业态和生产模式的创新发展。汽车行业也正向着智能化和网联化的方向快速发展，智能网联汽车逐渐成为汽车行业的新业态。

智能网联汽车融合了 5G、大数据、人工智能等多种新兴技术，且装配了传感器、控制器和执行器等多种先进设备，能够通过网络与车辆、道路、行人和云端的服务平台进行信息交互。2020 年 11 月，我国在 2020 世界智能网联汽车大会上正式发布《智能网联汽车技术路线图 2.0》，并在该文件中确定了智能网联汽车"三横两纵"的关键技术架构。其中，"三横"指的是车辆关键技术、信息交互关键技术和基础支撑关键技术，"两纵"指的是智能网联汽车发展所需的车载平台和基础设施。

随着各项相关技术的发展升级，整车智能化水平不断提高，智能网联汽车的落地应用速度也在提升。例如，车路协同技术可以与 5G 协同作用，充分发挥 5G 低时延、高速率和多连接的优势，加强数据传输的实时性和连续性，增强智能网联汽车在驾驶过程中的安全性；C-V2X 具有低时延、高速率、强稳定性的信息通信功能，能够为车辆实现车路协同控制、车车协同编队和远程操作等多种高级别的自动驾驶功能提供支持。

为了进一步推动我国汽车产业在整车制造、信息通信和道路交通等方面实现高质高效发展，提高产业生态的丰富程度，我国相关部门陆续出台了多项关于智能网联汽车的政策和文件，围绕顶层目标、规范制定和核心技术等内容设立了相应的政策条例，从政策层面为智能网联汽车产业的发展提供支持。与此同时，智能网联汽车的落地应用也在一定程度上促进了整个行业的进步，为汽车行业实现智能化和网联化提供了支持。

2022年11月，中华人民共和国工业和信息化部会同中华人民共和国公安部组织起草了《关于开展智能网联汽车准入和上路通行试点工作的通知（征求意见稿）》，力图通过试点逐步优化和完善智能网联汽车的准入机制和道路交通管理安全体系，并在试点过程中获取和应用实践经验。由此可见，我国鼓励汽车领域进一步推进智能网联汽车试点工作，不断扩大试点范围，同时提高各项相关产品和应用的商业化落地速度，建立健全行业管理体系。

随着政策和技术等因素对汽车行业的支持力度不断加大，我国汽车行业的智能化和网联化程度日渐深化，整个汽车产业链持续升级，大量新参与者涌入到汽车行业当中，推动行业规模进入快速增长阶段。

智能网联汽车测试与评价技术对于提升智能网联汽车的安全性、可靠性、舒适性等具有不容忽视的价值，能够为汽车产业的发展提供重要支撑。比如，在研发环节，经过一系列测试与评价，研发人员能够获得较为准确而全面的数据和反馈，及时发现现有产品的不足和需要改进之处，从而不断提升车辆的性能和质量；在生产环节，基于相应的测试与评价，汽车生产商能够了解和解决生产过程中的潜在问题，确保生产的产品达到相关标准要求，并不断提高生产效率、降低生产成本；在售后环节，测试与评价技术的应用有助于评估车辆的性能，发现车辆潜在的问题，保障用户的生命财产安全。总之，测试与评价是智能网联汽车发展过程中必不可少的组成部分，是汽车厂商提升品牌竞争力的重要法宝。

随着用户需求的不断提升，智能网联汽车相关的技术也在不断进步，测试与评价技术在面临越来越严峻的挑战的同时也迎来了更加广阔的发展空间。《智能网联汽车测试与评价技术》不仅阐明了测试与评价技术的价值，而且对相关的原理、方法、流程、标准等进行了详细阐述。

本书囊括了与智能网联汽车测试与评价相关的知识和技能，适合对智能网联汽车及其测试与评价技术感兴趣的读者参考阅读。此外，由于本书是"智能网联汽车核心技术丛书"中的一册，因此推荐读者结合丛书中的其他书籍对照阅读，以便对智能网联汽车产业的发展有更加全面系统的了解和更为深入准确的把握。

著者

目录 CONTENTS

第1章　智能网联汽车概述 001
　1.1　智能网联汽车的概念与发展 002
　　1.1.1　智能网联汽车的概念与内涵 002
　　1.1.2　智能网联汽车的演变与发展 004
　　1.1.3　智能网联汽车的价值与功能 007
　　1.1.4　智能网联汽车的自动化分级 009
　1.2　智能网联汽车系统架构与技术 011
　　1.2.1　智能网联汽车顶层支撑架构 011
　　1.2.2　感知层：自动驾驶的"眼睛" 016
　　1.2.3　决策层：自动驾驶的"大脑" 018
　　1.2.4　执行层：自动驾驶的"手脚" 022
　1.3　智能网联汽车测试与评价体系 024
　　1.3.1　智能网联汽车测评体系框架 024
　　1.3.2　智能网联汽车的测试技术 026
　　1.3.3　智能网联汽车的仿真测试 027
　　1.3.4　智能网联汽车的实车测试 030

第2章　智能网联汽车测试场景库 032
　2.1　测试场景库的基础知识 033
　　2.1.1　测试场景的要素与类型 033
　　2.1.2　测试场景库的概念特征 035
　　2.1.3　场景库数据的主要来源 037
　　2.1.4　场景库数据的格式标准 039
　2.2　测试场景库的构建过程 041

	2.2.1	场景区域特征的描述	041
	2.2.2	场景数据采集与传输	042
	2.2.3	场景数据架构与规范	043
	2.2.4	场景数据质量的评价	045
	2.2.5	场景库建设问题与对策	046

第3章　智能网联汽车仿真测试与评价　049

- 3.1 智能网联汽车仿真测试系统　050
  - 3.1.1 驾驶模拟系统　050
  - 3.1.2 车辆模拟系统　051
  - 3.1.3 环境模拟系统　052
  - 3.1.4 传感器模拟系统　053
- 3.2 智能网联汽车仿真测试方法　054
  - 3.2.1 仿真测试总体框架　054
  - 3.2.2 模拟仿真测试输入　056
  - 3.2.3 仿真测试环境搭建　056
  - 3.2.4 仿真测试场景集构建　057
  - 3.2.5 仿真测试可信度验证　059
  - 3.2.6 模拟仿真测试与评估流程　060
- 3.3 企业仿真测试能力的建设路径　062
  - 3.3.1 建立仿真测试管理办法　062
  - 3.3.2 建立仿真测试工作流程　063
  - 3.3.3 建立仿真测试标准体系　066
  - 3.3.4 完善仿真测试工具链　066

第4章　智能网联汽车仿真测试技术　068

- 4.1 车辆在环（VIL）测试技术　069
  - 4.1.1 车辆在环测试技术的特点及应用　069
  - 4.1.2 车辆在环系统组件与功能　070
  - 4.1.3 车辆在环仿真平台的实现　073
  - 4.1.4 车辆在环测试流程与方法　075
- 4.2 硬件在环（HIL）测试技术　076
  - 4.2.1 硬件在环测试的系统结构　076
  - 4.2.2 硬件在环测试的流程步骤　078

    4.2.3　VCU 硬件在环仿真测试 080

    4.2.4　MCU 硬件在环仿真测试 082

  4.3　软件在环（SIL）仿真测试 086

    4.3.1　软件在环测试原理与步骤 086

    4.3.2　软件在环仿真环境的搭建 088

    4.3.3　纯电动汽车动力总成 SIL 仿真 090

第5章　智能网联汽车ADAS测试 093

  5.1　ADAS 系统与 V2X 技术概述 094

    5.1.1　ADAS 系统应用与发展 094

    5.1.2　ADAS 系统的类型划分 095

    5.1.3　V2X 的概念与技术分类 097

    5.1.4　V2X 测试的内容与方法 101

  5.2　智能网联汽车 ADAS 测试方法 104

    5.2.1　ADAS 系统的仿真测试 104

    5.2.2　ADAS 驾驶模拟器测试 106

    5.2.3　ADAS 受控场地测试 106

    5.2.4　ADAS 系统实车测试 107

    5.2.5　ADAS 测试面临的挑战 108

  5.3　智能网联汽车软件测试方法 110

    5.3.1　汽车软件的性能测试 110

    5.3.2　汽车软件的功能测试 111

    5.3.3　汽车软件的安全性测试 111

    5.3.4　汽车软件的可靠性测试 113

  5.4　基于云平台的汽车软件测试 113

    5.4.1　云平台测试概念与内容 113

    5.4.2　汽车软件测试技术架构 115

    5.4.3　智能汽车操作系统测试 116

    5.4.4　汽车移动应用软件测试 117

    5.4.5　软件可靠性测试评估体系 118

第6章　智能网联汽车实车测试 120

  6.1　智能网联汽车封闭场地测试 121

  6.1.1 封闭场地基础设施建设 121
  6.1.2 智能汽车测试服务平台 125
  6.1.3 封闭场地的安全性测评 127
  6.1.4 国内外封闭场地测评要求 128
 6.2 智能网联汽车开放道路测试 129
  6.2.1 国外开放道路测试的发展概况 129
  6.2.2 我国开放道路测试存在的问题 130
  6.2.3 我国开放道路测试的发展对策 132
 6.3 国外典型的智能汽车试验场 133
  6.3.1 美国：Mcity 自动驾驶试验场 134
  6.3.2 瑞典：AstaZero 试验场 135
  6.3.3 英国：Mira 试验场 136
  6.3.4 日本：JARI 试验场 137
  6.3.5 加拿大：PMG 试验场 138
  6.3.6 国外汽车试验场的实践启示 138

第7章 智能网联汽车行人保护测试 140
 7.1 国内外汽车碰撞安全法规 141
  7.1.1 被动安全法规体系 141
  7.1.2 实车正面碰撞法规 142
  7.1.3 实车侧面碰撞法规 143
  7.1.4 实车追尾碰撞法规 143
  7.1.5 安全气囊试验标准 144
 7.2 智能网联汽车行人检测方法 145
  7.2.1 基于视觉传感器的行人检测 145
  7.2.2 基于部分特征组合的行人检测 147
  7.2.3 基于多传感器信息融合的行人检测 149
 7.3 NCAP 试验与行人保护冲击器 150
  7.3.1 全球国家 NCAP 测试标准 150
  7.3.2 NCAP 行人保护试验方法 151
  7.3.3 行人保护碰撞试验冲击器 157
  7.3.4 下腿型碰撞冲击器的类型 158

第8章　智能网联汽车预期功能安全 161
8.1　汽车预期功能安全保障技术 162
8.1.1　预期功能安全的标准体系 162
8.1.2　预期功能安全的保障目标 164
8.1.3　开发阶段的 SOTIF 保障技术 165
8.1.4　运行阶段 SOTIF 的保障技术 170
8.1.5　构建汽车预期功能安全体系 171
8.2　汽车预期功能安全的优化技术 173
8.2.1　感知定位功能技术优化 173
8.2.2　决策控制功能技术优化 176
8.2.3　合理可预见误用的处理 178
8.2.4　整车层功能的技术优化 179

第9章　智能网联汽车信息安全测试 181
9.1　汽车信息安全的逻辑架构 182
9.1.1　汽车信息安全攻击面 182
9.1.2　智能车载终端安全 184
9.1.3　车联网通信安全 187
9.1.4　车联网服务平台安全 188
9.1.5　信息安全的问题与对策 188
9.2　汽车安全防护的关键技术 190
9.2.1　车辆安全防护 190
9.2.2　网络安全防护 194
9.2.3　云平台安全防护 196
9.2.4　移动 App 数据安全 198
9.2.5　汽车生态安全检测 199
9.3　汽车信息安全测评方案 200
9.3.1　信息安全测评的需求分析 200
9.3.2　信息安全测评范围与依据 201
9.3.3　信息安全测评的主要对象 204
9.3.4　信息安全测评流程与方法 206

参考文献 212

第 1 章
智能网联汽车概述

1.1 智能网联汽车的概念与发展

1.1.1 智能网联汽车的概念与内涵

汽车产业不仅是国民经济中的支柱性产业,也是国家工业、制造业发展水平的重要标志。在新一轮产业革命中,汽车产业可以发挥战略先导作用,引导和支撑国民经济的发展和社会进步。随着以数字化、智能化为代表的新一轮科技革命的推进,汽车产业也将积极拥抱新技术,向智能化、低碳化方向转型。

智能网联汽车作为一款集成了智能感知、自动化控制以及新一代网络通信等技术的智能化产品,其出现不仅意味着汽车产品与技术的升级迭代,也能够促进汽车及相关产业生态发展与价值链体系的重塑,可以在新一轮科技革命和产业变革中发挥引领作用。从更广阔的意义上看,智能网联汽车可以作为新型智能交通系统的重要技术载体与组成部分,将驱动交通服务体系创新、促进交通能源系统升级,为智慧城市建设提供支撑,为绿色生态社会的构建提供参考,对促进未来社会经济的高质量发展有重要意义。

(1)智能网联汽车的定义

智能网联汽车(intelligent and connected vehicles,ICV)指的是装载了先进的智能传感、控制与执行设备,具备强大的网络通信能力和数据处理能力,可以实现对环境的精准感知与智能决策控制,集安全驾驶、节能环保等为一体的新一代智能汽车。

顾名思义,智能网联汽车强调智能化属性。与传统汽车相比,智能网联汽车配置了先进的传感器、控制器、执行器、控制系统等软硬件设施,通过车载感知系统等信息终端可以实现车辆与路侧系统、云端等之间的数据交互。其中,车辆控制系统可以根据数据分析判断车辆所处状态和环境条件,进而实现全面的智能化、自动化控制。

作为一种机电信息一体化产品,智能网联汽车具有跨产业融合、多技术交叉的特点,2020世界智能网联汽车大会发布的《智能网联汽车技术路线图2.0》中将智能网联汽车的技术体系划分为"三横两纵",如图1-1所示。

智能网联汽车所涉及的产业包括汽车制造、网络通信、交通管理及基础设施建设等,融合应用的技术包括卫星定位、大数据、云计算等。同时,智能网联汽车的开发和应用还具有区域属性和社会属性。其中,区域属性主要表现在相关政策文件、标准规范的不同；社会属性则表现在车辆运行过程中需要来自云端数据、通信系统及地图定位系统等的支持。

（2）智能网联汽车与智能交通系统、车联网

智能交通系统（intelligent transportation systems，ITS）是指在交通体系中集成应用了现代数据信息技术、互联网通信技术、自动控制技术及计算机算法等技术，以数字技术、智能技术为支撑实现大范围、高效率、实时性的交通运输与管理的综合运输系统。其中一般包含行人、交通运输工具、交通管理者、道路、基础设施等要素。智能网联汽车是智能交通系统的重要组成部分，其智能化功能（包括环境感知、自动控制、高精度定位、路径规划、驾驶辅助等）的实现与智能交通系统中的其他要素有着紧密联系。

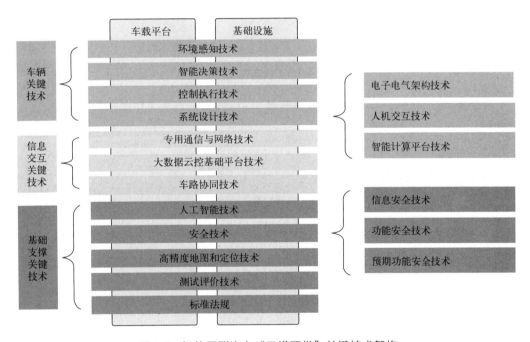

图1-1 智能网联汽车"三横两纵"关键技术架构

车联网是依托于车载移动互联网、车内网和车际网（如图1-2所示），按照规定的数据标准和通信协议，支持车辆与路端、车端或其他云平台进行信息交互的大系统网络。

- 车载移动互联网是一种基于车载终端和5G等通信技术的无线通信网络；
- 车内网是一种支持车内设备数据交互的标准化整车网络，总线技术是其连接基础；

- 车际网是一种支持车辆与一定范围内的车端、路端设备进行信息交互的无线局域网。

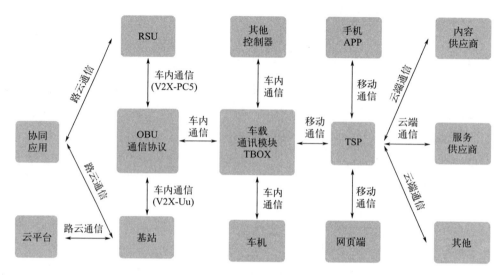

图1-2 车联网总体视图

车载移动互联网、车内网和车际网都可以通过光纤等媒介连接到云数据中心，云数据中心可以对各个来源的数据信息进行整合、分析，将处理后的数据结果传递到车端或路端设备，为车辆运行控制、智能交通管理和动态信息服务提供支撑。

目前，智能交通系统的发展还处于初步构建阶段，由于交通管理平台、道路基础设施及车辆之间的信息通路还未完全打通，智能交通系统无法及时获取精确的交通状态信息，不能根据交通参与者之间的互动情况进行有效的智能化管理。因此，提高车辆、路侧设备系统的网络通信能力，打通各参与要素间的信息屏障，促进车联网构建实施，是推动智能交通系统发展的重要任务。

自主式智能驾驶技术与车联网技术的综合应用，可以有力赋能智能网联汽车的发展，使智能网联汽车产品同时具备智能化、自动化的驾驶控制能力和与各交通参与主体进行实时信息交互的网络通信能力。同时，智能网联汽车的发展又可以推动协同式智能交通系统的构建，促进交通管理水平、交通运行效率和运行安全性的提升。而智能交通系统的发展，也可以带动交通管理与信息服务、智能驾驶数据服务等新产业生态的发展。

1.1.2 智能网联汽车的演变与发展

智能网联汽车虽然是一个新兴产品，但其诞生经过了长期的技术积累，是在传统汽车的基础上进行研发创新，并融合应用了现代智能信息技术的成果。以下将从国际和国内两个方面对智能网联汽车的演变发展进行介绍。

(1) 智能网联汽车在欧美、日本等国家和地区的发展

美国、欧洲、日本作为老牌汽车制造国家和地区，在智能网联汽车研发领域有着良好的技术基础：

- 20世纪80年代初，美国就在军事领域开始了智能网联汽车的研发，例如通过专门的机构大规模资助陆地车辆自动驾驶相关技术的研究工作。2004年，美国政府开始积极举办无人驾驶机器人挑战赛等科技赛事，为智能网联汽车领域产、学、研等主体之间的技术交流与合作提供了条件。

- 20世纪80年代中期，欧洲也开始进行自动驾驶技术研发，并在研发初期侧重对单车智能化、自动化驾驶控制技术的研究。在产、学、研协同合作研发模式的支撑下，不同程度的智能化、自动化车辆陆续投入测试。

- 日本在自动驾驶领域的研究虽然起步较欧美晚，但技术应用的步伐快速推进，至20世纪90年代末，车道保持、盲区监测等ADAS技术已经在车辆上得到应用。

进入21世纪后，对智能驾驶、自动驾驶技术的研究加速推进，2009年美国跨国科技企业谷歌（Google）加入自动驾驶赛道，掀起智能网联汽车产业的发展热潮。随后，欧美、日本等出台关于智能网联汽车的发展规划与部署，从国家层面上推进行业、企业间的协作，促进相关产业发展。例如：

- 2010年，美国交通部发布《ITS战略计划2010—2014》，4年后又发布了《ITS战略计划2015—2019》，以国家战略的形式推进智能网联汽车技术研究，为汽车网联化发展指明了目标与方向。此外，美国交通部还组织成立交通变革研究中心，以支持智能网联汽车的大规模示范测试工作；同时积极制定相关技术标准规范和法律法规，为产业发展提供政策法律方面的支持。

- 2010年开始，欧盟委员会先后提出"Horizon 2020"战略、发布《通往自动化出行之路：欧盟未来出行战略》等政策文件，以指导智能交通、智能网联汽车的战略规划，为关键技术的研发创新提供方向指引。

- 2013年，日本内阁发布《创造世界领先IT国家宣言》；2014年，日本启动"战略性创新创造项目自动驾驶系统研发计划"（简称SIP-adus），成立了内阁府、总务省、警察厅、经济产业省等部门共同参与的推进委员会，协同推进SIP-adus项目的实施，并制定关于自动驾驶和车联网技术标准的战略目标。

(2) 智能网联汽车在中国的发展

20世纪80年代后，中国部分高校和科研机构陆续开始进行智能驾驶技术的研

究，并取得了一定成果。例如：国防科技大学研制出了基于视觉的CITAVT系列智能汽车，并与一汽集团等合作。2011年，由国防科技大学与一汽集团共同参与研发的红旗HQ3车型完成了286km的无人驾驶试验，体现了我国在单车智能领域取得的技术突破。2009年开始，国家自然科学基金委员会积极举办"中国智能车未来挑战赛"等活动，吸引高校、研究机构的人才和团体踊跃参与，促进了自动化、智能化驾驶相关技术的交流与合作。

在国家层面，工业和信息化部、交通运输部、科技部等发布了一系列政策文件（如表1-1所示），通过多种方式支持智能网联汽车的发展。2011年开始，工业和信息化部分阶段发布了物联网专项计划，对物联网在智能汽车领域的应用要求和标准提出指导意见；科技部在车联网、车路协同等技术层面进行了多个"863计划"的国家立项，为智能网联汽车的发展提供了技术标准、发展指导等方面的政策支持；交通运输部从交通管理层面对车联网终端的应用做出规定，构建了全国联网的大规模、高效化的大型交通管理平台。

表1-1 中国智能网联汽车行业相关政策

时间	部门	政策	主要内容
2021年7月	工业和信息化部、公安部、交通运输部	《智能网联汽车道路测试与示范应用管理规范（试行）》	道路测试与示范应用主体、驾驶人及车辆，道路测试申请，示范应用申请，道路测试与示范应用管理，交通违法与事故处理等
2021年7月	工业和信息化部	《关于加强智能网联汽车生产企业及产品准入管理的意见》	加强数据和网络安全管理，规范软件在线升级，加强产品管理，保障措施
2022年4月	交通运输部、科学技术部	《"十四五"交通领域科技创新规划》	推动智能汽车技术、智慧道路技术和车路协同技术融合发展，提升自动驾驶车辆运行与网络安全保障能力，探索形成自动驾驶技术规模化应用方案
2022年11月	工业和信息化部、公安部	《开展智能网联汽车准入和上路通行试点工作的通知（征求意见稿）》	遴选符合条件的道路机动车辆生产企业和具备量产条件的搭载自动驾驶功能的智能网联汽车产品，开展准入试点；对通过准入试点的智能网联汽车产品，在试点城市的限定公共道路区域内开展上路通行试点

续表

时间	部门	政策	主要内容
2023年7月	工业和信息化部、国家标准化管理委员会	《国家车联网产业标准体系建设指南（智能网联汽车）（2023版）》	针对智能网联汽车通用规范、核心技术与关键产品应用，构建包括智能网联汽车基础、技术、产品、试验标准等在内的智能网联汽车标准体系

2015年，国务院印发《中国制造2025》，部署全面推进实施制造强国战略。文件中将智能网联汽车作为国家战略重要发展方向之一。近年来，传统车企和大批初创企业均乘势而上，进入智能网联汽车相关领域，掀起了中国智能网联汽车产业的发展高潮。

1.1.3 智能网联汽车的价值与功能

汽车是一种能够有效改善出行体验、提高出行效率的交通工具，但它在便利人们生活的同时，其负面影响也越发凸显，比如引发的环境污染、交通安全风险、能源供给不足等。因此，高效、安全、绿色的出行方式是未来交通发展的必然要求。集成了智能化、数字化技术的智能网联汽车则有利于解决上述问题，它作为新型城市智能交通系统的重要组成部分，可以基于车端、路端、平台的数据交互辅助构建新型智能化交通综合管理系统，为智慧城市的发展提供支撑。

（1）智能网联汽车的价值

智能网联汽车的价值主要体现在以下方面：

① 促进交通运行效率提升。智能网联汽车的协同式自动驾驶巡航系统能够准确计算出最佳通行路线，避开拥堵路段。同时，车载系统可以精准把控车辆移动速度，这些能力的应用将进一步提高交通运行效率。

② 降低交通安全风险。基于智能网联技术的自动驾驶控制，能够有效避免因人为驾驶失误带来的交通安全风险，从而降低交通事故的发生率。

③ 改变人们的交通出行方式。智能网联汽车的自动驾驶功能有利于减轻人们的驾驶负担，使人们日常出行更加便捷。

④ 带动产业创新升级。智能网联汽车的普及也将带来新的产业生态与商业模式，所涉及领域包括电子、机械、通信服务、互联网服务等。

⑤ 巩固国防建设。基于智能网联技术的无人驾驶技术可以应用于军事装备的自动控制，从而提升我国军备实力，促进战术战略优化。

⑥ 降低能耗，环境友好。现阶段应用的协同式交通系统可以降低汽车运行过程中的能量损耗，并有效提高燃油利用率。

（2）智能网联汽车的功能

高级驾驶辅助系统（advanced driver assistant system，ADAS）是智能汽车应用实践的典型代表，其功能主要如图 1-3 所示。

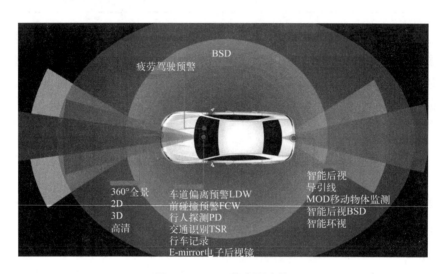

图 1-3　ADAS 的主要功能

① 自适应巡航控制（adaptive cruise control，ACC）。一种依托于传感数据对车辆进行自动巡航控制的系统。摄像头、激光传感器、毫米波雷达等传感设备可以为车载控制系统提供车辆运行过程中的障碍物、道路情况等相关信息，控制系统则可以据此分析计算出正确车速、与前车车距、制动力度、转向角度等。

② 车道偏离预警（lane departure warning，LDW）。汽车安全技术的一种，该系统可以在驾驶员无意中偏离行驶车道时提供警告。该系统通过激光雷达或摄像头等传感设备实时采集车辆行进方向的图像，控制系统会根据车辆位置信息和图像信息进行分析计算，如果检测到车辆跨越了道路标线，并与驾驶员的操作不符，则会立即发出报警信号，提醒驾驶员采取相应措施。

③ 车道保持辅助（lane keeping assist，LKA）。一种较为先进的安全技术，能够使车辆保持在所行驶的车道内，通常与车道偏离预警系统配合使用。当摄像头检测到车辆偏离车道标识线时，控制系统可以通过调整转向系统、制动系统等方式干预车辆控制，从而引导车辆回到正确车道。部分系统可以通过振动、声音等方式提醒驾驶员偏离情况。

④ 自动紧急制动（autonomous emergency braking，AEB）。主要由电子控制单元（electronic control unit，ECU）、测距模块、制动模块构成，属于一种汽车主动安全技术。该技术同样通过雷达传感器采集距离信息，控制系统比对探测距离与安全距离数据，如果探测距离过小，则会及时进行自动制动。

⑤ 智能泊车辅助（intelligent parking assist，IPA）。一种辅助驾驶员进行泊车、倒车操作的安全系统。泊车时，传感器（如倒车雷达、后置摄像头、声呐传感器等）可以为控制系统提供停车场等泊车空间的有效数据，控制单元则基于这些数据分析计算出最佳入位路径和方向，辅助驾驶员（半自动甚至全自动）实现泊车操作。同时，该系统可以提醒驾驶员后方障碍物或后视镜盲区的情况。

1.1.4 智能网联汽车的自动化分级

智能网联汽车借助先进传感器等装置以及人工智能、车路协同、高精度地图、视觉计算等先进技术，赋予车辆环境感知、自主控制、路径规划等能力，让车载计算机系统可以自主决策、自动执行各种驾驶行为。在行驶过程中，车辆搭载的各种感知设备可以不断收集周围的环境信息与驾驶信息，通过对信息进行高效处理形成驾驶决策，最终实现自动驾驶。

（1）国际智能网联汽车的分级标准

2013年，美国交通部下辖的美国国家公路交通安全管理局（National Highway Traffic Safety Administration，NHTSA）在其发布的自动驾驶汽车分级标准中将驾驶自动化划分成五个等级；2014年，国际自动化工程师协会（Society of Automotive Engineers，SAE）在《SAE J3016：标准道路机动车驾驶自动化系统分类与定义》中将驾驶自动化划分成六个等级，以便通过等级来对自动驾驶技术进行区分。现阶段，这两种等级划分方式已经成为汽车行业最权威的智能网联汽车分级标准。

SAE对于自动驾驶技术标准划分为以下六个等级：

● L0：人工驾驶（no driving automation）。在车辆行驶的过程中，除碰撞预警、车道偏离、主动刹车等安全配置外，几乎所有的车辆驾驶相关操作都需要由驾驶员手动完成。

● L1：辅助驾驶（driver assistance）。车辆在单一方向道路行驶时，自动驾驶系统可以根据驾驶环境完成部分涉及转向盘和加减速的操作，辅助驾驶员驾驶。

● L2：部分自动驾驶（partial driving automation）。搭载了L2自动驾驶系统的车辆已经具备了自动驾驶的基本功能，能够在各种道路上实现保持安全距离、修正方向偏移等自动驾驶操作，但仍需要驾驶员时刻注意道路情况，并做好随时接管车辆的准备。

- L3：条件自动驾驶（conditional driving automation）。当驾驶场景满足一定条件时，车辆行驶过程中的各项驾驶操作都可以由无人驾驶系统代替驾驶员来完成，但驾驶员也需要应答系统请求，并时刻关注车辆行驶情况，在系统结束自动驾驶的时候及时接管车辆。由此可见，自动驾驶在L3级别时，系统和驾驶员均可操控车辆。
- L4：高度自动驾驶（high driving automation）。当车辆处于某些特定的道路上时，自动驾驶系统可以在无应答的情况下代替驾驶员完成所有的驾驶操作，且不需要驾驶员对道路情况和车辆驾驶情况进行监控。
- L5：完全自动驾驶（full driving automation）。自动驾驶系统能够在任意道路、任意环境中代替驾驶员完成所有的驾驶操作，即便在没有驾驶员的情况下，车辆也能够自动行驶。

NHTSA智能网联汽车分级标准和SAE智能网联汽车分级标准的区别主要表现在对完全自动驾驶的定义和划分方面。具体来说，NHTSA智能网联汽车分级标准中的L4为全工况无人驾驶，但在SAE智能网联汽车分级标准当中，这一等级被进一步划分为高度自动驾驶和完全自动驾驶两部分。

（2）我国智能网联汽车的分级标准

2017年，我国工业和信息化部与国家标准化管理委员会共同发布《国家车联网产业标准体系建设指南（智能网联汽车）》，并在该文件中提出智能化和网联化两条智能网联汽车发展道路。2023年，我国工业和信息化部与国家标准委员会对该文件进行联合修订，进一步对框架进行了完善，对内容进行了补充，同时也对逻辑进行了梳理。

2021年，我国国家市场监督管理总局发布国家推荐标准《汽车驾驶自动化分级》（GB/T 40429—2021），并将其交由中华人民共和国全国汽车标准化技术委员会智能网联汽车分会，于2022年3月1日起正式执行。该标准将我国智能网联汽车智能化划分为六个等级，具体包括应急辅助、部分驾驶辅助、组合驾驶辅助、有条件自动驾驶、高度自动驾驶和完全自动驾驶。

具体来说，驾驶自动化等级与要素的关系如下：

- L0：应急辅助（emergency assistance，EA）。系统无法对持续处于动态驾驶状态下的汽车进行横向运动控制或纵向运动控制，但能够有效探测并响应持续处于动态驾驶状态下的汽车中的目标和事件。

- L1：部分驾驶辅助（partial driver assistance，PDA）。系统既可以在自身相应的运行条件下对持续处于动态驾驶状态下的汽车进行横向运动控制或纵向运动控制，也可以有效探测并响应持续处于动态驾驶状态下的汽车中的目标和事件。
- L2：组合驾驶辅助（combined driver assistance，CDA）。系统既可以在自身相应的运行条件下对持续处于动态驾驶状态下的汽车进行横向运动控制或纵向运动控制，也可以有效探测并响应处于横向运动控制或纵向运动控制状态下的汽车中的目标和事件。
- L3：有条件自动驾驶（conditionally automated driving，CAD）。系统可以在自身相应的运行条件下持续处理所有类型的车辆动态驾驶任务。
- L4：高度自动驾驶（highly automated driving，HAD）。系统可以在自身相应的运行条件下持续处理所有类型的车辆动态驾驶任务，同时自动将风险降至最低水平。
- L5：完全自动驾驶（fully automated driving，FAD）。系统可以在汽车处于任意行驶状态时持续处理所有类型的车辆动态驾驶任务，同时自动将风险降至最低水平。

在我国的智能网联汽车分级标准中，L0~L2均为辅助驾驶，需要在以人为驾驶主体的前提下使用系统来减轻车辆驾驶员的驾驶任务，也能够通过干预驾驶的方式来实现对紧急事件的有效应对；L3~L5均为自动驾驶，基本不需要人的参与，自动驾驶系统可以接管所有的驾驶任务，但在功能方面多样性相对较低。

条件自动驾驶就是自动驾驶系统在自身既定的范围内持续完成各项自动驾驶任务，但受能力的限制，当汽车在运行过程中出现系统无法有效处理的驾驶任务时，还需由驾驶员来接管系统并执行该驾驶任务。高度自动驾驶可以在不借助驾驶员的力量的情况下利用自动驾驶系统控制车辆在限定区域中完成各项驾驶任务。智能网联汽车在自动驾驶方面发展的终点是实现完全自动驾驶，也就是能够利用泛用式的自动驾驶系统在任意一种驾驶场景中完成各种类型的驾驶任务。

1.2 智能网联汽车系统架构与技术

1.2.1 智能网联汽车顶层支撑架构

智能网联汽车行业正蓬勃发展，若要实现更高级别的自动驾驶并使其落地，需要诸多领域一起深入研发与创新,所涉及的关键领域包括通信技术、人工智能、汽车制造和大数据等。

在与智能网联汽车发展相关的技术中,车路云一体化架构与电子电气信息架构技术不仅与智能网联汽车的应用密切相关,而且可以影响其未来的发展路径,属于关键性的架构技术。具体如图1-4所示。

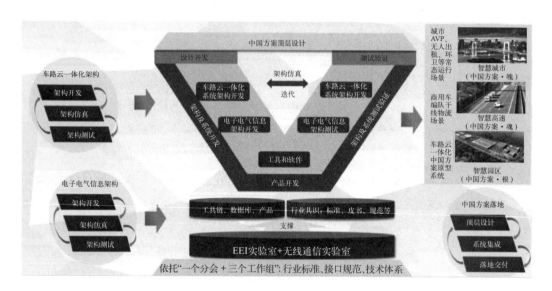

图1-4 智能网联汽车的顶层设计

(1)车路云一体化架构

车路云一体化架构紧密连接着车辆、道路以及云端这三方,能够达成数据的共享与信息的交互,如图1-5所示。

车路云一体化架构主要涵盖以下核心要素:

① 车载单元。要实现车辆运行的智能化,智能网联汽车需要配备能够感知车辆运行状态和运行环境的传感器,以及能够将信息传输至云端的控制单元和通信设备。这些不同类型的传感器、控制单元和通信设备便共同构成了车载单元。

② 道路设施单元。道路设施单元主要包括能够感知和收集道路相关运行信息的传感器、摄像头以及交通信号灯等。在智能网联汽车运行的过程中,车载单元能够基于通信设备与道路设施单元关联,从而实时共享运行信息。

③ 云控平台。云控平台是该架构的关键构成要素,具有存储数据、处理数据和分析数据等功能。依靠该平台,智能网联汽车系统可以轻松获得实时的路况信息、交通数据以及准确的导航引领,还可以把车辆生成的实时数据传送至云端,以

便其他车辆或相关服务方能够及时获取与使用。

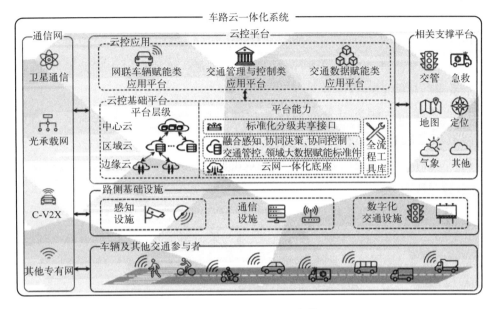

图 1-5 车路云一体化架构

（2）电子电气信息架构

电子电气信息架构的实现，需要以通信架构、硬件架构、软件架构等核心技术为支撑，如图 1-6 所示。此外，贯穿该架构的信息安全、功能安全以及预期功能安全的流程和技术也极为重要。

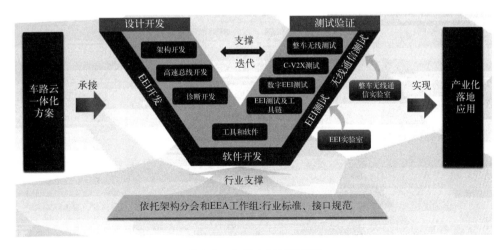

图 1-6 电子电气信息架构

汽车电子电气架构的变革同样遵循了智能化和网联化的趋势，如图 1-7 所示。目前，智能网联汽车电子电气信息架构主要涵盖以下核心要素：

① 电子控制单元。电子控制单元（electronic control unit，ECU）主要用来管理与控制车辆的各类电子系统，如安全系统、控制系统以及制动系统等。作为智能网联汽车的重要组件，它可以进行通信和集成，最终达成车辆内部数据的实时交换和各个系统的协同运转。

② 通信网络。安全可靠的内部通信网络对智能网联汽车的发展极为重要，它可以有效连接传感器和各电子系统，实现数据传输与信息共享。目前使用较为普遍的通信网络有控制器局域网络（controller area network，CAN）和以太网（Ethernet）等。

③ 人机交互界面。人机交互界面也是该架构的关键要素，主要指车辆与驾驶人员之间的交互。其中，车辆端的语音识别系统、车载显示屏以及手势控制等可以使驾驶端的操作者与车辆进行有效的信息交互，也便于驾驶方发出指令，从而优化用户体验、保障驾驶安全。

④ 车辆互联与外部通信。该架构还可以做到车辆与交通环境的通信与连通。依靠无线通信技术，智能网联汽车可以与其他交通参与者、交通设施以及云控平台等交换数据与共享信息。这不仅有助于达成车辆间的协同运转，也为未来建造智能交通系统奠定了基础。

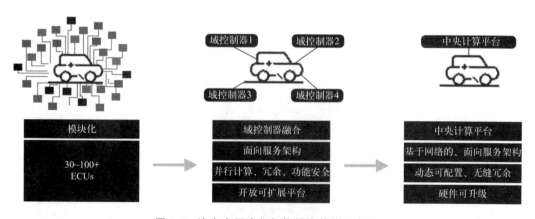

图 1-7　汽车电子电气架构转变趋势示意图

综上所述，车路云一体化架构对于日后智能网联汽车的发展具有指导意义，电子电气信息架构在车路云融合路线的引领下能够不断推进车辆端智能化、网联化、共享化、电动化发展。两者相辅相成，为智能网联汽车注入了极强的数据交换和信息交互能力。在智能网联汽车产业迅猛发展的背景下,这两个架构也将持续优化与完善,以应对技术以及用户层面的需求。

智能网联汽车是一种融合了环境感知技术、无线通信技术等多种技术手段的汽车,具有智能化、自动化等特点。一般来说,智能网联汽车的智能系统主要包括环境感知层、智能决策层和控制执行层三部分,如图 1-8 所示。

① 环境感知层。能够综合运用 5G、V2X、卫星定位、无线通信、车载环境感知等多种先进技术实现信息采集和信息传输功能,广泛获取自身以及外部的各类动态信息和静态信息,并将这些信息传输到智能决策层当中。

② 智能决策层。能够接收和融合来自环境感知层的各项信息,识别道路、车辆、行人、交通标志和交通信号等信息,并根据这些信息明确车辆所需的驾驶模式,进而生成相应的操作指令,并将指令信息传输到控制执行层当中。

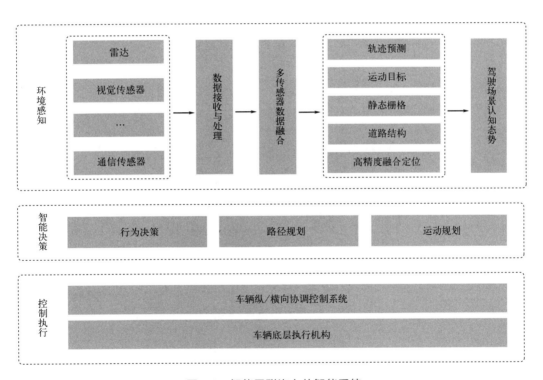

图 1-8 智能网联汽车的智能系统

③ 控制执行层。能够根据来自智能决策层的指令信息控制车辆完成各项操作,并利用安全信息、救援信息、娱乐信息和道路交通信息等来为车辆的安全稳定驾驶提供支持,同时助力车辆实现商务办公、网上消费等功能,增强汽车在行驶过程中

的安全性和舒适性。

1.2.2 感知层：自动驾驶的"眼睛"

下面首先对智能网联汽车环境感知层及其关键技术进行简单分析。智能网联汽车的感知层实际上相当于自动驾驶的"眼睛"，其主要构成包括车载传感器、路侧辅助系统等。

（1）车载传感器

车载传感器主要包括以下几种。

① 车载摄像头。随着智能驾驶功能的不断完善，一辆自动驾驶汽车至少要配备前视摄像头、后视摄像头、侧视摄像头、环视摄像头、内置摄像头，如图1-9所示。有些位置甚至需要配备2～3个摄像头互为辅助。按照一般规律，L2级别的自动驾驶汽车需要配备2～6个摄像头，L3级别的自动驾驶汽车需要配备8个以上摄像头，最高级别的自动驾驶汽车需要配备的摄像头数量接近20个。

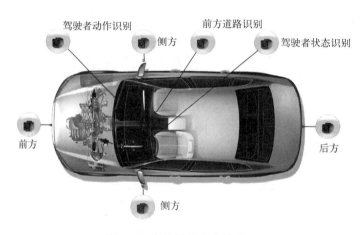

图1-9　车载摄像头安装位置

② 雷达。目前常用的雷达主要有三种，分别是超声波雷达、毫米波雷达和激光雷达。这三者与摄像头的对比如表1-2所示。

表1-2　摄像头、激光雷达、毫米波雷达、超声波雷达的对比

车载传感器	摄像头	激光雷达	毫米波雷达	超声波雷达
图示				

续表

车载传感器	摄像头	激光雷达	毫米波雷达	超声波雷达
功能	利用计算机视觉判别周围环境与物体，判断前车距离	障碍检测、动态障碍检测识别与跟踪、路面检测、定位和导航、环境建模	感知大范围内车辆的运行情况，多用于自适应巡航系统	探测低速环境，常用于自动泊车系统
优势	成本低、硬件技术相对成熟、可识别物体属性	精度极高、分辨率高、抗干扰性强、探测范围大	全天候工作，探测距离远，性能稳定，分辨率较高	成本低，近距离探测精度高，不受光线条件的影响
劣势	易受恶劣天气影响，难以精确测距	成本高，容易受雨雪、大雾等天气的影响	探测距离受到频段损耗的制约，感知行人能力弱，对障碍物无法精准建模，探测角度小	受信号干扰，探测距离短

- 超声波雷达作为一种成熟的传感器，其技术已经比较成熟，能够达到的精度高，所需的成本也比较低；但由于其通过声波进行传递的方式速度较慢，因此需要的反馈时间比较长，在驾驶领域仅适用于倒车等距离比较短的场景中。
- 毫米波雷达的优点在于灵敏，可以探测远距离的物体，能够适用于多种不同的环境；但由于其对于金属类物体更为敏感，因此当探测对象为非金属物体时可能难以识别其形状和大小。
- 激光雷达相比较而言其优势更加全面，而且具有 3D 建模的功能；不过其成本高，相应技术不太成熟，且探测精度容易受到天气状况的影响。

在雷达这个细分领域，激光雷达是附加值最高的一类设备，是导航、测绘的核心部件，因为产量不高，无法满足市场需求，所以处于卖方市场，相关企业掌握着很强的定价权，盈利空间比较大。另外，因为激光雷达的综合性能比较好，所以广泛应用于 L3 级别的自动驾驶汽车，且未来有望成为 L4 级别的自动驾驶汽车的核心传感器。而且，随着相关技术的不断成熟，激光雷达的成本也必然会有所下降，将成为自动驾驶领域具有代表性的感知层配置。

③ RFID。无线射频识别（radio frequency identification，RFID）是利用射频信号及其空间耦合传输特性对处于静止状态或者移动状态的物体进行自动识别的一种无接触识别技术。如果将雷达比作自动驾驶汽车的"眼睛"，那么 RFID 就是自动驾驶汽车的"耳朵"，可以快速识别多个高速运转的物体，探测到比较远的距离，而且可以存储大量数据。

（2）路侧辅助系统

① 导航系统。导航系统可以实时获取车辆位置、行驶速度、行驶方向等信息，

为车辆规划行驶路线提供指导。目前，自动驾驶常用的导航系统包括全球定位系统（GPS）、北斗卫星导航系统（BDS）等。

② 其他路侧设备。其他路侧设备包括 RSU、路侧智能交管设施、MEC 设备等，主要功能是采集道路信息、拓展车载设备的感知范围，为车路协同提供路段数据。

（3）传输层

传输层的主要功能是将感知层采集到的信息传输到决策层，主要涉及通信元器件、信息交互终端和通信技术。其中，通信元器件主要包括通信芯片与通信模组，信息交互终端主要包括 OBU、RSU、T-BOX，通信技术主要包括 DSRC 和 C-V2X。

① 通信芯片。通信芯片是传输层的中枢，主要用于处理接收到的各种数据，其性能直接影响着传输层的功能。目前，自动驾驶传输层使用的通信芯片主要包括华为自主研发的双模通信芯片 Balong765、大唐自主研发的芯片 PC5Mode4LTE-V2X、高通研发的芯片组 9150LTE-V2X。

② 通信模组。通信模组主要由通信芯片和外围器件构成，典型产品包括华为利用 Balong765 芯片打造的 LTE-V2X 商用车规级通信模组 ME959、大唐基于 PC5Mode4 芯片打造的 LTE-V2X 车规级通信模组 DMD31 等。

③ 无线通信技术。自动驾驶传输层使用的无线通信技术主要有两种，一种是日本、美国等国家广泛使用的专用短程通信技术（dedicated short range communication，DSRC），另一种是中国主导的蜂窝车联网技术（cellular vehicle-to-everything，C-V2X）。

1.2.3 决策层：自动驾驶的"大脑"

决策层接收到来自传输层的信息之后，根据这些信息建立模型，并制定相应的控制策略。从结构上看，决策层主要包括操作系统、芯片、算法、高精度地图和云控平台。其中，芯片和高精度地图是 L3 级别及以上自动驾驶汽车必备的构成部分，因此，随着自动驾驶技术不断发展，这两个细分行业也将释放出巨大的增量空间。

（1）操作系统

智能网联汽车操作系统对汽车智能计算平台具有重要作用，关乎其高效、安全、实时运行，是关键基础与重要支撑。操作系统作为一个实时安全平台软件，运行于硬件架构上，可以为车辆提供诸多功能框架，而且可以为相关的软件集合提供有力支撑。

汽车操作系统主要包括以下三个系统，如图 1-10 所示。

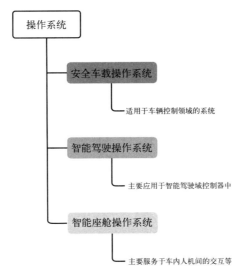

图 1-10　智能网联汽车操作系统的组成

① 安全车载操作系统。安全车载操作系统适用于车身系统、动力系统以及底盘系统等车辆控制领域的系统，这类系统的共同点是对于安全性和实时性具有十分高的标准和要求，且其生态发展较为成熟。

实时操作系统（real-time operating system，RTOS）作为安全车载操作系统，主要应用在电子控制单元。由于电子控制单元对该系统的基础要求是高实时性，因此系统要在指定时间范围分配资源、同步任务、迅速完成规定动作。通常，RTOS 的响应速度非常快，一般是毫秒甚至微秒级别，此外，它还具有较强的交互性、多路性以及可靠性。

② 智能驾驶操作系统。在网联化、智能化快速发展的形势下，智能网联汽车即将面对更大的挑战，其感知层、决策层和控制层的算法会愈加复杂，数据将逐步激增，因此必须进一步提高计算和数据通信能力与之相匹配。智能驾驶操作系统主要应用于智能驾驶域控制器中，此类操作系统有很高的运算能力要求，对安全性和可靠性要求高，当前其在全球的发展已日渐成熟，不过生态尚待进一步完善。

③ 智能座舱操作系统。智能座舱操作系统主要服务于车内人机间的交互等，有利于实现汽车座舱的多源信息融合及智能化。该系统相较于前面所谈到的两套系统对可靠性与实时性要求并没有很高。

目前应用较为广泛的智能座舱操作系统主要有 Android、Linux 和 QNX 等，早期的智能座舱操作系统中 QNX 的使用占据主流，最近几年智能座舱对信息服务和娱乐的需求越来越大，所以 Linux 和 Android 异军突起，开始被关注和使用，国外少部分车型还使用了 Win CE 系统。

（2）芯片

芯片是自动驾驶决策层的核心部件，在智能网联汽车中具有关键作用，如图 1-11 所示。智能网联汽车涉及的芯片可以分为三种类型，分别是 IVI 芯片、自动驾驶芯片和车身控制芯片。目前，IVI 芯片正在向智能座舱芯片升级。此外还有很多其他类型的芯片，例如摄像头芯片、胎压监测芯片、功率放大器芯片、BMS 芯片等。

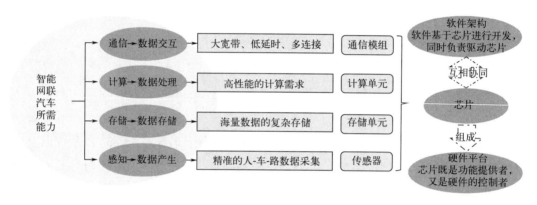

图 1-11　芯片在智能网联汽车中的关键作用

目前，全球芯片市场的集中度比较高，行业 CR4 为 43%，行业 CR8 达 63%❶。未来，随着传统汽车半导体企业、整车企业、互联网科技公司等的头部企业进入该领域，全球芯片市场将呈现出多头竞争的格局。近几年，随着长安、吉利等汽车企业以及地平线、寒武纪等高科技企业不断加大在车载芯片研发领域的投入，国内的芯片市场有望突破各种技术瓶颈，进入快速发展阶段。

（3）高精度地图

高精度地图是一种服务于自动驾驶系统的专属地图，具有高精度、多维度、高动态的特点，绝对位置精度能够达到 1m，相对位置精度能够达到厘米级，可以辅助自动驾驶车辆更精确地规划行驶路线。

对于智能网联汽车来说，高精度地图具有两大作用：一是辅助自动驾驶汽车规

---

❶ CR4 和 CR8：CR4 的意思是行业中市场份额排名前 4 的企业营业额、职工人数、资产总额等占整个行业的数值，CR8 同理。通常来说，CR4 和 CR8 两个指标都是百分比，指数越高，则说明行业越集中，市场越趋向于垄断。

划行驶路径，为车辆提供实时的交通信息，为车辆定位、车辆决策提供充足的依据；二是当自动驾驶汽车行驶环境比较恶劣或者携带的传感器出现故障时，高精度地图可以使得车辆能够获得周围环境信息，在一定程度上确保行驶安全。

（4）云控平台

云控平台是由三级云构成的，分别是中心云、区域云和边缘云，如图 1-12 所示。这三者构成了物理分散、逻辑与共的云计算中心。

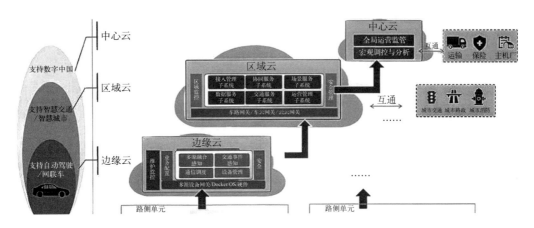

图 1-12 云控平台的三级云架构

- 中心云：智能网联汽车最顶层的云计算资源聚集地，也是云控平台的核心区域，通过接收各区域云与边缘云的数据来统筹全局，进行整体的数据分析以及建模和决策。
- 区域云：位于中心云的下一级，主要负责收集部分边缘云的数据信息，进而处理、分析相关数据。
- 边缘云：处在车辆周围的边缘计算节点，进行实时数据处理以及边缘数据的计算。

为了更清楚地展示这三者之间的关系，我们可以将其进行类比，网络可以视为云控平台的血管系统，它可以连接到中心云、区域云和边缘云这三者，保证数据的顺利传输。与人类的复杂血液循环系统（包括动脉、静脉以及毛细血管等）类似，云控基础平台的三级云架构的网络连接亦各不相同，由此形成了丰富的整体网络架构。

① 中心云层。主要负责与各区域云之间的连接，对网络的要求极高，例如网络带宽要大、可扩展性要强、可用性要高、丢包率要低等。

② 区域云层。一般情况下要使用专线与各公有云相连接，要具有能够对接多个公有云厂商的能力，且需要保证对接的弹性化与高效化。

③ 边缘云层。因其节点遍布全国且数量众多，带宽要求并不高，但需要满足低时延。

1.2.4　执行层：自动驾驶的"手脚"

执行层是智能网联汽车实现自动驾驶功能的重要保障，主要功能是执行决策层的各种指令，包括控制转向盘转向、加减速、制动、开关车灯、鸣笛、打开或者关闭雨刮等，保证车辆安全行驶。

智能网联汽车执行系统能够通过纵向控制和横向控制的方式操控车辆完成制动、传动和转向，助力车辆实现自动化的避让、车距保持和超车等功能，进而确保车辆可以按照决策中规划的路线安全稳定运行。近年来，电子化、电动化的系统已经逐渐取代人力成为推动各个系统的主要动力，大量汽车开始使用智能化、自动化的设备来完成加速、减速和转向等操作，同时汽车控制系统也可以利用电信号来代替机械力的线控技术，以便控制执行系统精准完成各项操作。

（1）制动系统

从原理上来看，汽车的驾驶员踩下制动踏板的同时与踏板连接的推杆会将踩压踏板的力传送到真空助力器当中，并利用大气和真空之间的气压差来放大力矩，再借助液压制动总泵来对车辆进行制动操作。

传统汽车通常借助发动机的负压来获取真空源，但传统汽车所装配的涡轮增压发动机的进气管负压极低，自动变速箱在车辆处于低温启动状态下时的真空度难以达到汽车的要求，且插电式混合动力车和电动车都无法在不使用发动机的情况下获取稳定性较强的真空源，新能源汽车还需使用动力电机来回收制动能量。为了有效解决以上各项问题，智能网联汽车需要利用电子真空泵来确保制动系统的真空度，但这种方式存在能耗高、风险大等不足之处，在电子真空泵失效时将会产生较大的风险；除此之外，智能网联汽车也可以利用电子线控制动系统来实现制动控制。

具体来说，电子线控制动系统可以利用电机为制动系统提供真空源，具有能耗低、成本低、性能稳定等诸多优势，是现阶段汽车行业广泛应用的一种制动控制方案。

稳定的真空环境能够大幅降低制动操作难度，同时电动助力制动系统也可以集成真空总泵、真空助力器和装配有车辆稳定系统的防抱死制动系统（anti-lock braking system，ABS），能够有效避免真空环境的影响，最大限度回收制动能量。近年来，汽车的电气化和自动化程度不断提高，智能制动系统的重要性日渐凸显，线控制动将会成为未来汽车制动系统发展的重要方向。

（2）转向系统

转向系统与制动系统均对车辆的行驶安全至关重要。与前面所述的制动系统的技术路径类似，伴随传感器、通信等技术的发展，转向系统已经衍生出机械液压助力转向系统（HPS）、电子液压助力转向系统（EHPS）、电动助力转向系统（EPS）、线控转向系统（SDS）等不同的类型，如图1-13所示。其中，仍处于研究和试验阶段的线控转向系统（SDS）是以电信号取代传统的机械连接，能够使得响应速度更快、转向精度更高、车辆的操控性能得到极大提升。

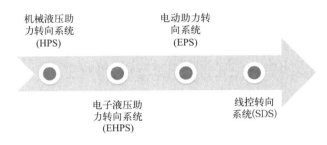

图1-13　汽车转向系统的发展

从应用范围上来看，以上几种转向系统主要有以下几项区别：

- HPS具有适用范围广、助力大的特点，能够在商用车、乘用车、重型车等多种类型的汽车中发挥作用。
- EHPS的应用范围主要包括中大型商用车、大型多用途汽车（multi purpose vehicles，MPV）和运动型多用途汽车（sport utility vehicle，SUV）。
- EPS具有能耗低、装配方便、装配难度低、传动效率高、操纵稳定性强、操纵舒适度高等诸多优势，且配备了无刷电机，能够主动回正，应用范围主要包括轿车、小型SUV和MPV。就目前来看，欧美地区的发达国家和日本、韩国已经开始广泛应用EPS，但我国还需进一步扩大EPS的应用范围。

对于纯电动车来说，若要实现对执行系统的有效控制，就必须装配EPS或EHPS；对混合动力车来说，利用EPS或EHPS来对执行系统进行控制将会获得最好的效果。汽车的电子化转型大幅提高了转向系统的电子化渗透速率，电动助力在汽车领域的应用范围越来越广。随着汽车行业的发展和相关技术的进步，线控转向系统将会成为智能网联汽车实现自动驾驶横向运动控制的关键。

（3）传动系统

传统的汽车传动系统具有单一、中置发动机的特点，而基于轮毂电机的汽车传动系统融合了先进的动力技术，能够利用装配在轮毂中的电机为车辆供能，并借助计算机以分布式的方式为汽车的四轮提供不同的动力，充分确保汽车在加速、制动和转向等方面的精准性。

处于自动驾驶状态下的智能网联汽车的所有决策都需要通过计算机来生成，传统的传动系统无法充分满足计算机输出对自由度的要求，而轮毂电机能够将车载计算机多线程输出的优势发挥至最高水平，为控制系统精准控制执行系统完成各项操作提供了强有力的支持。就目前来看，相关算法和电机性能还不够成熟，智能网联汽车行业还需进一步研究更加成熟和完善的差速器解决方案，根据实际情况逐步加大轮毂电机在高级驾驶新能源车中的应用力度。

1.3 智能网联汽车测试与评价体系

1.3.1 智能网联汽车测评体系框架

根据法国思迈汽车信息咨询公司（IHS Automotive）提供的预测数据：2035年，全球智能网联汽车的总销量约为2100万辆，其中中国有望成为全球最大的智能网联汽车市场（销量约为570万辆）。为了提升智能网联汽车驾驶系统的稳定性以及整体的安全性，在智能网联汽车的研发过程中必须进行大量的测评。智能网联汽车测试与评价体系框架如图1-14所示。

目前，围绕智能网联汽车展开的测试与评价既有仿真测试，也有实车测试。测试的内容则包括车辆的安全性、稳定性、舒适性以及功能等。

① 仿真测试。通过仿真模型或虚拟环境等对车辆运行相关的因素进行的测试，主要包括车辆在环（vehicle in the loop，VIL）仿真测试、硬件在环（hardware in the loop，HIL）仿真测试、软件在环（software in the loop，SIL）仿真测试等。

② 实车测试。与仿真测试相比，实车测试更接近车辆真实的运行环境，能够更准确地评估车辆运行状况，但与此同时，这种测试反馈不及时、效率低、灵活性和可重复性也较差。

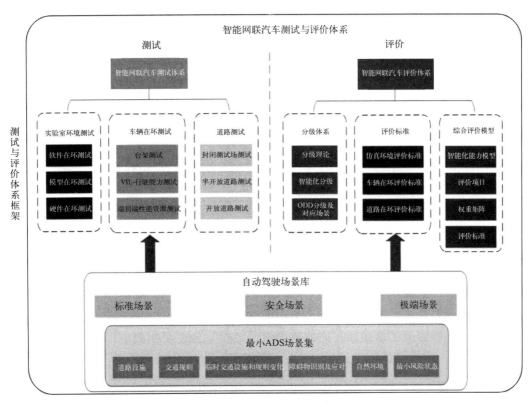

图 1-14　智能网联汽车测试与评价体系框架

此外，针对智能网联汽车的测试包括对执行器、控制器、传感器、算法和人机交互的测试，根据测试环境的不同，可分为开放道路测试与封闭场地测试等。

智能网联汽车的安全涵盖五类，如图 1-15 所示。

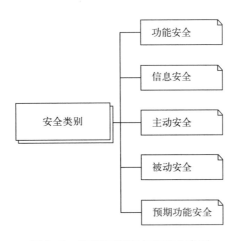

图 1-15　智能网联汽车的安全类别

- 功能安全：因硬件故障或系统问题以及软件失效而造成的风险。
- 信息安全：用来确保车辆的可用性、完整性、机密性、可认证性和可审计性等。
- 主动安全：对车辆进行主动干预，以减少和预防事故的发生。
- 被动安全：在发生事故后尽可能地减小损害，包括生命伤害以及财产损失等，如安全气囊和安全座椅等。
- 预期功能安全：在车辆正常状态下，因环境感知等与预期不符造成的危险。

其中，预期功能安全产生的原因可能有以下几种：

- 智能网联汽车系统因受天气条件以及交通环境等影响，导致系统无法精确感知及控制。
- 智能网联汽车系统测试场景不健全造成的系统对于环境要素的识别不精确。
- 智能网联汽车系统功能在设计时决策逻辑存在问题，导致决策失误。
- 智能网联汽车通信不顺畅造成信息传递有误。
- 智能网联汽车系统执行器响应较慢，造成系统控制运动不精确。

为确保智能网联汽车系统的安全性，应当设立保障机制，也就是在智能网联汽车系统发生故障或车辆安全产生问题时，可以执行相关措施进行预警，进而使驾驶进入最低风险状态或者由人工来替代自动驾驶。其中，人工接管测试主要有以下两种：

- 智能网联汽车系统可以判断硬件故障、软件失效等相关问题，可以做到安全退出驾驶系统并提示人工接管。
- 智能网联汽车如果遭遇识别故障（信息丢失、传输信息有误），能安全退出系统并提示人工接管。如果发出接管提示后没有得到相关响应或车内无人时，应具备自动进入最低风险行驶的能力。

1.3.2 智能网联汽车的测试技术

伴随智能网联汽车的快速发展，其优势日益显现。与传统汽车相比，智能网联汽车更加舒适，对环境更加友好，在减轻驾驶人员压力的同时能够有效提升交通通行效率，降低交通事故的发生率。但由于技术等方面的限制，目前智能网联汽车的系统尚不稳定、测试也不够全面，即使知名车企生产的智能网联汽车，仍有可能导致交通事故。因此，相关企业和机构需要在现有基础上进一步研究智能网联汽车的硬件系统与算法等，保证其驾驶的安全性与可靠性。此外，智能网联汽车的测试技术也需要逐步改进，为智能网联汽车技术的发展和应用的推广保驾护航。

具体来看，智能网联汽车的测试技术主要包括以下几种。

（1）交通参与者相关测试

智能网联汽车在道路上行驶时，若遇上行人或自行车等，需要即刻减速、鸣笛或者制动，符合发生危险碰撞时普通道路预警测试的要求。

（2）车与路的信息交互测试

智能网联汽车于车道中匀速行驶时，需要结合车载设备与路边基础设施进行通信（vehicle to infrastructure，V2I）技术，与智能路侧设备（road side unit，RSU）进行信息的相互传输，从而判断前方路况。

（3）前方车辆紧急停车测试

车辆在行进过程中，可能会与同侧车道前方的汽车发生追尾，这要求车辆可以自行降低车速，并能够选择合适时机变换车道。这项测试可用在高速公路和普通城区车道车辆追尾预警之中。

（4）交叉路口的碰撞预警测试

一般情况下，智能网联汽车在遇到没有交通指示灯的十字路口或者丁字路口时，会在制动准备状态下直行，并在左侧车道直行进入路口。但由于现场的行驶环境中路口位置可能会有车辆，容易造成视线上的遮蔽。所以测试车辆在制动状态下向路口行进时，须对前方路况进行分析，进而决定是否为驾驶者提供预警提示，使驾驶人员预先了解道路情况以及有可能发生的碰撞，待通过路口后，进一步分析是否有必要提醒驾驶人员继续直行。

（5）自动识别和速度调控测试

如果测试车辆与交通信号灯的控制路口距离较近，可根据视觉传感器要求展开测试，然后与实际的驾驶状态和汽车定位相结合，最后进行数据处理，严格按照交通规则在设有交通灯的路口正确行驶；如果测试车辆与交通灯距离较远，可以结合车用无线通信技术（vehicle to everything，V2X），凭借汽车的远端来接收前方交通灯的信号，之后通过剩余时间与行车速度分析时间指标，实现车辆行进速度的智能化调控。通过以上方案，智能网联汽车可以顺利通过路口，缓解道路的拥堵状况，加快车辆的流通率。

1.3.3　智能网联汽车的仿真测试

仿真测试是通过仿真模型或虚拟环境等对车辆运行相关的因素进行的测试。测试场景是进行仿真测试的基础，确定场景架构则是选取测试场景的前提。从层次架构层面来看，测试场景主要由三部分组成，即动态情景、交通流和道路拓扑结构；从三维架构层面来看，测试场景由驾驶情景和行驶场合构成。需要注意的是，由于汽车驾驶会受到天气状况的影响，因此测试场景也可由驾驶速度、驾驶任务和驾驶工况等组成。

测试场景需具备机器可读性、一致性以及可描述性。就以往的智能网联汽车仿真测试来看，测试场景通常具有适应性差、数量少以及效率低等弊端，因此为构建满足现实需求的仿真测试场景，可以注意以下关键点：

- 从安全驾驶角度考虑，构建以智能网联汽车考试为基础的测试场景；
- 从法律法规以及交通事故等方面考虑，构建以违法情景和交通事故为基础的测试场景；
- 从天气条件、光照条件以及道路环境角度考虑，构建以道路交通情景为基础的测试场景。

现阶段，构建测试场景库不仅极为关键而且十分必要。而在构建场景库的过程中，首先，需要解决数据格式和标准的统一问题；其次，丰富的场景库对未来智能网联汽车的研发与测试大有裨益，因此需要拓展场景库的数据来源，如自然驾驶场景，事故场景，以及国内、国际的标准场景等。

（1）软件在环

软件在环（software in the loop，SIL）是在系统代码级别所进行的功能测试，凭借传入众多测试场景，能够迅速且高效地对智能网联汽车系统的算法进行验证。

现阶段的系统开发一般采用的都是"V"模型，SIL测试通常出现在智能网联汽车系统设计的早期与中期，因为其容易修改、成本较低、测试高效。仿真模拟平台有收费（包括PanoSim、CarSim、Pro-SiVIC等）与开源（包括Gazebo、Carla、Apollo等）两类。

（2）硬件在环

硬件在环（hardware in the loop，HIL）将控制系统硬件作为测试的对象，把环境仿真信息导入系统，用以测试某些危险场景或复现测试工况。在实际的应用中，HIL可能存在效率低、成本高、灵活拓展性差等弊端，无法满足智能网联汽车系统快速更迭的需求。HIL最初应用在传统车辆控制器上，例如电子稳定控制系统（electronic stability control，ESC）、发动机控制系统（engine module system，EMS）等。

高级驾驶辅助系统（advanced driver assistance systems，ADAS）与智能网联汽

车系统，这两者的控制器相较于传统车辆的控制器来说要进行测试的工况更多更复杂，而且要有真实交通情况的配合，因此构建仿真环境是高级驾驶辅助系统和智能网联汽车驾驶测试的基础，并且将贯穿全测试过程。

现阶段能够进行虚拟环境仿真的软件并不多，主要有德国 IPG 公司旗下的 CarMaker、法国 OKTAL 公司的 Scanner 以及荷兰 TASS 公司的 PreScan 等。这些软件中不仅有各类传感器模型（激光雷达、摄像头等），可以用以模拟真实控制器中的传感器；还具有很多日常的诸如车辆、道路、行人以及交通设施等交通流元素，可以用以模拟真实的交通场景，从而构建仿真的测试环境。经由传感器模型把虚拟目标传输至控制系统，由此来测试其功能。

目标信号注入和视频流注入是在测试时通常会采用的两种方法。当遇到雷达控制系统时，一般会用雷达目标仿真器的方法去模拟仿真的测试目标，现阶段可以完成此项操作的唯有雷达目标仿真器和空中下载技术（over-the-air technology，OTA），但仿真目标较少，数量在 4 个左右。随着自动驾驶技术的发展，传统的传感器已经难以满足智能网联汽车控制系统的需求，需结合各类传感器来感知周围环境信息。目前使用较为普遍的是用毫米波雷达与摄像头搭配来同步各类传感器的目标信号。一般都是使摄像头对准屏幕，把虚拟场景传输给雷达目标仿真器，以此同步各传感器的时间。

（3）车辆在环

车辆在环（vehicle in loop，VIL）是把智能网联汽车系统集成至现实的车辆之中，并由仿真软件和实时仿真机对交通场景、道路和传感器信息进行模拟，从而形成一套方法用以测试智能网联汽车系统，能够将最接近真实的数据提供给实车测试作为参考。

按照目标信号的注入方式不同，可以将仿真测试分为目标注入、传感器原始信号注入和传感器在环三类测试形式：

- 目标注入：把目标信号不加处理地传输至控制层，进行整个系统的策略控制；
- 传感器原始信号注入：把传感器最初感知的信号不经处理地传输给传感器，执行控制功能和识别目标；
- 传感器在环：系统通过监测屏幕来识别目标、感知环境和控制功能。

现阶段的 VIL 主要应用于自动紧急制动系统（autonomous emergency braking，AEB）和自动泊车辅助系统（automatic parking assistance，APA）等系统的测试。目前 IPG 公司研发出了适用于 APA 的以超声波传感器为基础的测试系统，它可以做到在真实场景中进行实验，主要依靠超声波仿真器把仿真测试环境的目标信息输送给超声波传感器来完成测试。

1.3.4 智能网联汽车的实车测试

实车测试更接近车辆真实的运行环境，按测试场景来分主要有封闭场地测试和开放道路测试两种。封闭场地测试主要用来测试车辆在一般场景中的舒适度和安全指数，需要借助专业的测试设备和测试人员来完成。测试设备有路侧设备、驾驶机器人、目标物等。开放道路测试主要用来测试车辆对真实的交通场景以及突发情况的应对以及处理能力等，需要借助高精度地图以及数据采集系统来达成。

为确保场景尽可能丰富多样、能够覆盖多种工况，在进行实车测试时可以通过人工陈设来复现一些场景。因此，在实车测试过程当中要按照标准或规范来控制人员、方法、设备以及环境等，从而确保测试结果的准确和可追溯。

（1）封闭场地测试现状和建议

在进行开放道路测试之前，智能网联汽车通常需要先完成封闭场地测试，以检验其基本功能以及安全性和可靠性。在功能安全方面，应主要测试其起步、变道以及停车等基本功能和感知能力等；在可靠性方面，应主要测试其在各类环境下的稳定性，且需要进行多次重复测试来确保系统的可靠性。封闭场地测试可以帮助智能网联汽车系统极大地降低在开放道路测试时产生的风险，保障测试车辆驾驶人员和其他交通元素在测试中的安全。

从现阶段我国部分城市推出的智能网联汽车道路测试的相关管理细则和办法中不难看出，当前的测试项目大都是针对基本功能的测验，在网联通信以及决策能力方面的测评还比较欠缺。如果要保证其在各类交通环境中的安全性和可靠性，还需进一步研究和丰富封闭场地测试的场景与项目，达成对智能网联汽车系统更加全面深入的评估。

作为智能网联汽车必要的测试环节，封闭场地测试需要注意以下几点：

- 封闭场地测试应着重测试智能网联汽车系统的安全意识，用以降低安全事故发生频次，保障交通安全。
- 封闭场地测试要提高场景覆盖率，测试智能网联汽车在高速、城区等多种交通环境下的各种功能，如感知能力、控制功能以及网联通信功能等。
- 封闭场地测试要不断拓展测试的丰富性，可以对普通的场景进行组合，从而实现测试的多样性，不仅要有智能测试和常规测试，也要进行复杂场景的柔性测试。

（2）开放道路测试现状

近几年，我国各地纷纷推出开放道路测试相关措施。目前已经有一些企业获得了这项测试的牌照。

上汽作为国内此领域具有代表性的企业，已经在开放路段测试和采集数据方面积累了一些经验，其测试里程已经达到 1500km，做到了车道内的安全行驶和对其他交通参与者的避让，能够较好地识别与灵活应对交通灯，在整个测试过程中没有出现交通事故和违法情况。

智能网联汽车的发展是大势所趋，在技术日益精进和法律不断完善的条件下，智能网联汽车将会对未来人们的出行产生深刻影响。在其商业化落地期间，政府部门和车企亟须关注和解决的首要问题便是其安全问题。对于这一问题，可以参考以下建议：

- 尽快制定与完善支持道路测试的相关法律法规。
- 进一步提高智能网联汽车系统的感知能力，使其可以精确识别外部环境的声光信号，并可以对外发射声光信号，达成自动驾驶与人工驾驶共存的理想状态。
- 不断优化和改进高级别辅助驾驶和自动驾驶测试的理论及方法，推出一套完备的测试和评估体系。
- 拓展更多的测试道路用以满足不同测试场景的需要。由于我国幅员辽阔、人口数量大、道路情况与交通环境多样，因此应增设更多的测试道路。

第 2 章
智能网联汽车测试场景库

2.1 测试场景库的基础知识

2.1.1 测试场景的要素与类型

美国综合性战略研究机构兰德公司（Rand）曾指出：从统计学视角分析，智能网联汽车要在实际或模拟的环境里完成不少于 110 亿英里❶的道路测试，方可证明自动驾驶的安全性高于人类驾驶，但是这种方法的时间成本和经济成本较高，且测试效率不够理想。因此，若要尽快推进智能网联汽车商业化进程，只凭借里程测试是不可行的，还要依托以场景为基础的仿真测试。

在实际的生活中，我们所面对的场景庞杂多样、无以数计、无法预判，想要在模拟中对这些场景进行复现实属不易，这时能否用数量有限的测试场景来复现无穷的现实场景成为智能网联汽车测试的重点。以场景库为依托的仿真测试，能够补齐智能网联汽车测试数据稀少这一短板，在现阶段发挥重大作用，而且场景库中的场景越接近现实世界，其测试结果就越准确。

（1）测试场景的定义及作用

智能网联汽车的测试场景是对在固定的区域范围和时间条件下，智能网联汽车与外部环境要素（道路情况、气象条件、行驶车辆、交通情况等）进行交互的全面非静态复现。该场景融合了智能网联汽车的行驶环境和驾驶情景，不仅有实体要素及其连接关系，还有实体发出的相关动作。其作用主要有以下几点：

- 是进行智能网联汽车测试与评价的前提条件；
- 是智能网联汽车研发、设计以及测试评价中的关键；
- 是智能网联汽车提高测试评价效率的重要路线；
- 是测评智能网联汽车性能与功能的重要角色，涉及智能网联汽车由设计研发到测试评价的整个过程。

（2）测试场景要素

测试场景要素包括受试车辆本身要素与外部环境要素，其中外部环境要素主要指气象条件、交通参与者，以及静态和动态环境，如图 2-1 所示。

- 气象条件：车辆驾驶时外部温度、太阳照射情况、雨/雪/雾等天气信息。
- 交通参与者：会对车辆驾驶执行有影响的客体，如动物、路人、行驶车辆等。

---

❶ 1英里≈1.61公里。

- 静态环境：测试场景中的基础设施、交通标志、道路、路障等静止的客体。
- 动态环境：测试场景中的通信信息、交通信号灯、交通警察等动态变化的对象。
- 受试车辆本身：车辆的基本性能、运动情况信息、驾驶任务信息、位置信息等。

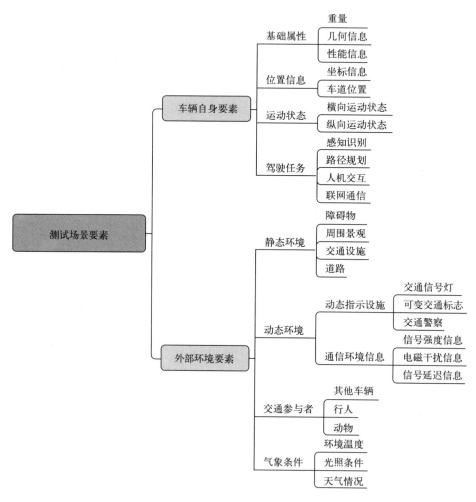

图 2-1 测试场景要素

（3）测试场景的类型划分

智能驾驶汽车在开发和测试中用到的场景主要有三种类型：功能场景（functional scenarios）、逻辑场景（logical scenarios）和具体场景（concrete scenarios），如图 2-2 所示。

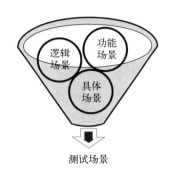

图 2-2　测试场景的类型划分

一般情况下，智能网联汽车系统的研发主要涵盖三个阶段，即概念阶段、系统开发阶段以及测试阶段。越到系统开发的后期，测试场景的抽象程度要求越低，而测试场景的数量要求越来越高。功能场景、逻辑场景和具体场景三者的关系是：功能场景配合上参数范围能够得到逻辑场景，其中数据驱动法可以定义参数范围，逻辑场景又可以依靠某一参数值生成具体场景。

① 功能场景。功能场景是抽象程度最高的操作场景，它主要由语言场景符号来对场景范围中的实体及它们之间的关系进行描写。它主要适用于概念阶段的一些环节，如项目定义与风险评估等。在实际测试时，通常要把功能场景转为逻辑场景，也会把数据调整为与仿真环境相匹配的格式。

② 逻辑场景。逻辑场景是抽象程度较低的场景，是在状态空间变量的基础上把功能场景再做细化描述，利用状态空间变量的参数范围来呈现实体特性及它们之间的关联。它主要适用于系统开发阶段的相关要求。任意的可以连续取值的逻辑场景，皆能生成无数的具体场景。

③ 具体场景。具体场景是描述最为详细的测试场景，利用状态空间的具体参数值来展现实体间的关系。一般情况下，通过满足测试的设施要求以及关注受试客体的预期表现，可以把具体场景转为测试用例。

2.1.2　测试场景库的概念特征

智能网联网汽车的仿真测试系统主要由仿真平台、场景库和评价体系三个要素构成。其中，场景库是模拟仿真测试的基础，不仅能够为仿真平台的完善优化提供重要支撑，也可以为评价体系的构建提供参考依据，三者关系如图 2-3 所示。

场景库是一个周全且完备的场景体系，它依托虚拟数据、真实数据和专家经验数据等多种数据源,按照场景的挖掘、分类和演绎等途径有目的、分层级地进行场景体系构建。它有效连接了场景的测试引擎与数据管理,使场景可以自主生产、管理、存储和检索等,将最终场景提供给测试工具。场景库作为各种场景的数据集合,能够有效做到统一且高效地组织、管理和应用测试场景。

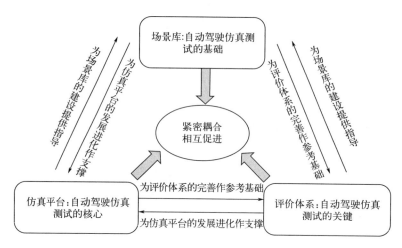

图 2-3 场景库、仿真平台与评价体系的关系

(1) 场景库的主要特点

场景库具有自动化、批量化、真实性、交互性、无限性和拓展性六大特点,如图 2-4 所示。

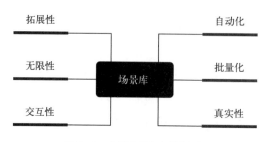

图 2-4 场景库的主要特点

① 自动化。场景库会在仿真测试完成后,按照车辆测试的真实情况,自动生成测试结果和评价指标。

② 批量化。场景库可以通过标准化的数据格式来对测试用例进行批量化导入,而后进行建模,还可以实现高性能服务器仿真测试的批量化。

③ 真实性。测试场景一定要是实际生活中存在的,尽量精准复现;按照要求,

测试场景要涵盖现实交通中的典型工况，以此确保仿真测试可以从某种意义上替代实车测试。

④ 交互性。测试场景中的各元素之间具有耦合性，当其中某一元素产生变化时，可能会产生多米诺骨牌效应，从而对其他元素产生影响。

⑤ 无限性。场景库中的测试场景具有无限性，因为测试场景是凭借测试用例的仿真建模得来的，而测试用例因为场景参数连续性和元素组合的丰富性而具有无限性。

⑥ 拓展性。场景中的各元素本身属性和类型各不相同，且之间有各种连接。利用连锁反应，修改某一元素属性或对各元素改变顺序、重新组合，可以轻松构建出许多测试场景。

（2）场景库的构建方法

① 静态场景构建。静态场景的构建主要包括以下两种方法：

- 依托可视化的三维建模，自主构建交通设施和周围环境的数字模型。可以利用 3D 建模来创建道路（路面标线等）、交通元素（交通信号灯、交通标志等）和周围环境（绿化带、建筑物等）等静态场景的元素。

- 依托原有的高精度地图和真实道路信息进行构建。采用一系列的自动化软件将高精度地图的环境模型进行高度还原，同时采用自动生成与静态场景编辑技术来自动还原真实道路。

② 动态场景的构建。动态场景的构建主要包括以下三种方法：

- 依托微观交通仿真系统进行构建。根据真实数据或仿真数据，依托微观交通仿真系统来自动形成动态元素，如动物、路人、行驶车辆等。

- 依托现实交通案例数据进行构建。将采集到的各类动态的交通数据，通过算法抽取，之后将其与高精度地图进行关联来构建动态场景。

- 依托现实交通案例数据进行泛化构建。对真实案例中的相关数据进行适当调整，例如整合并加工多元类型的数据，经由算法来构建最贴近实际的自主智能体行为模型，由此泛化形成新案例。

2.1.3 场景库数据的主要来源

场景库作为一种支持模拟仿真测试的基础数据资源，可以在智能网联汽车的研发、测试与评价中发挥重要作用。它不仅可以辅助进行车辆安全性评价，也是定义智能网联汽车系统等级的重要数据依据。

通常，场景库的数据来源有三个方面，分别是真实采集数据、模拟数据和根据真实场景数据合成的仿真数据，如图2-5所示。

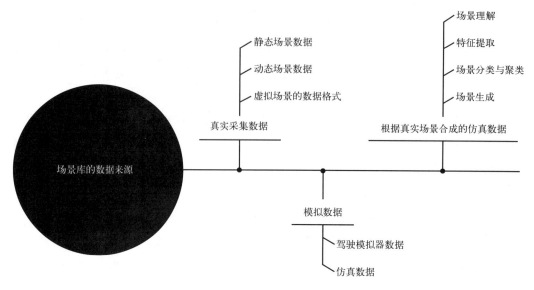

图2-5　场景库的数据来源

（1）真实采集数据

真实采集数据主要是在现实物理世界中通过各类车辆传感器采集到的，或由其他系统记录的真实场景数据，例如车辆行驶工况数据、自然驾驶数据、封闭场地实测数据、开放道路测试数据和交通事故数据等，覆盖了人员、车辆、路况、环境等要素，为场景库精准还原真实场景奠定了基础。从仿真场景呈现的完整度来看，必需的真实采集数据有车辆参数、动态与静态环境信息、交通参与者信息、气象信息等。

真实采集数据在场景库中的转化流程如下：

- 基于场景库的数据处理规则，传感器采集到的温度、光线强度等环境信息和高精度地图数据可以作为静态场景数据输入；
- 基于场景库的数据处理规则，图像传感器采集到的交通数据、车载雷达感知到的路况数据和障碍物数据可以作为动态场景数据输入；
- 基于场景库的数据处理规则，对输入的静态场景数据和动态场景数据进行整合，使其符合虚拟场景的数据格式要求；
- 根据所整合的虚拟场景数据提取关键信息，这些信息最终将形成辅助构建虚拟场景的真实采集场景数据。

（2）模拟数据

模拟数据可以分为驾驶模拟器数据和仿真数据两类。其中，驾驶模拟器数据主要是指根据驾驶模拟器的测试数据获得的场景要素信息；仿真数据主要来自车辆仿真模型或智能驾驶系统在虚拟仿真平台的测试过程中获得的场景要素信息。模拟数据的转化流程如下：

- 首先，要在仿真平台系统中构建出城市道路、乡村道路、高速公路、路口、环岛、停车场等虚拟交通环境；
- 然后，在虚拟交通环境中通过仿真模型工具模拟出机动车、非机动车、行人、临时障碍物等交通环境要素，以及这些要素相互间的交互活动；
- 最后，通过改变交通参与者的交互行为，构建多样化的驾驶场景，从而对智能驾驶系统或车辆进行全面、充分的测试。

（3）根据真实场景合成的仿真数据

基于一定的算法规则，可以根据所采集的真实场景数据创建出自定义规模的仿真场景数据。具体实现步骤包括场景理解、特征提取、场景分类与聚类、场景生成等。

- 场景理解：以像素点为基本单位，利用智能化仿真工具对真实图像信息进行拆解、归类，然后根据目标检测信息和区域标注信息构建三维仿真场景模型。随着人工智能技术的发展，基于机器学习算法的场景理解有望成为获取仿真数据的主要方法。
- 特征提取：提取关于静态场景元素、动态场景元素的特征数据并进行参数化描述。
- 场景分类与聚类：利用场景分类工具对场景中具有不同特征信息的场景进行分类处理，对具有相同特征信息的场景进行聚类处理。
- 场景生成：根据测试需求和场景元素的关联性对场景参数进行配置、重组，从而生成与原始场景图像不同的新场景，以提高场景覆盖率，丰富场景类型。

2.1.4 场景库数据的格式标准

基于场景库的场景复用和场景自动化测试是智能网联汽车模拟仿真测试的基本方法，而标准场景文件是测试实现的基础，这就要对文件数据格式进行标准化处理。目前，不同的组织机构制定了不同的数据格式标准体系，其中由自动化和测量系统标准化协会（Association for Standardization of Automation and Measuring

Systems，简称 ASAM）推出的 Open X 系列仿真标准在业界得到了广泛采用。该标准体系涵盖了智能网联汽车从研发到测试的各个流程阶段和不同功能模块、应用场景的数据接口标准，能够满足不同主体（包括供应商、技术服务商、整车商等）的测试需求。

Open X 系列仿真标准体系主要包括 Open DRIVE、Open CRG、Open SCENARIO、OSI（Open Simulation Interface）和 Open LABEL 五个部分。

（1）Open DRIVE

Open DRIVE 主要定义了静态地图场景的数据格式，所描述的静态元素包括车道线、道路拓扑结构和道路周边内容等。在处理场景数据时，先将来自第三方软件的地图数据转化为 Open DRIVE 标准格式文件，然后就可以根据需求进行静态路网编辑。

Open DRIVE 中的静态路网分为车道（lanes）、道路参考线（reference line）和特征元素（features）三个部分，整个道路网由多条道路连接组成。进行场景设计时，可以在这些相互连接的道路中引入交通驾驶逻辑或规则，例如行进方向、单行车道、转向车道、可通行车辆类型等，为智能驾驶汽车的仿真验证提供了丰富的数据资源。Open DRIVE 标准的应用，能够为智能驾驶、自动驾驶技术的开发提供有力支撑。

（2）Open CRG

Open CRG 主要对精细化的路面形貌信息进行描述与定义，其文件格式集成在 Opne DRIVE 中，属于静态场景的范畴。Open CRG 标准下的路面信息可以为车辆动力学仿真提供支撑，具体包括轮胎情况模拟、驾驶模拟、振动模拟等。

Open CRG 标准下生成的文件是二进制文件或 ASCII 文件，可以支持 MATLAB/Octave-API 和 C-API 类型的编程接口。前者能够实现 Open CRG 文件的创建、操作、检查与可视化；后者则只能够对 Open CRG 文件进行检查和处理。

（3）Open SCENARIO

Open SCENARIO 定义了动态行为场景的数据格式，具体数据要素包括交通参与者、参与者动作描述、与道路或参照物的关系（即交互性）、动作持续时间等。Open SCENARIO 文件中可以引用道路网等静态组件，从而有效辅助各类测试用例的构建。

在 ASAM Open X 系列标准中，Open SCENARIO 标准有着较高的关注度，Open SCENARIO 工作组在发布 Open SCENARIO 的初始版本之后，又根据实际测试需求变化，于 2022 年 7 月发布了 Open SCENARIO 2.0 版本，Open SCENARIO

2.0 的拓展性较 Open SCENARIO 1.x 有所增强，并提供了更为丰富的场景描述。

（4）OSI

OSI 对通用的仿真接口做出定义，为多种智能驾驶功能的开发和模拟框架的构建提供了兼容基础，同时可以集成多种传感器模型数据，为智能驾驶系统与仿真模型、仿真工具的连接创造了条件。

通常，我们应该使用通用接口连接不同的功能开发框架与仿真测试环境，以促进开发测试活动的高效开展。OSI 为多种智能驾驶功能和模拟仿真工具提供了基础框架，开发者可以基于通用接口快速连接这些功能或工具，这有助于虚拟环境与各种功能、系统的集成，从而增强仿真测试工具的实用性和适应性。

（5）Open LABEL

Open LABEL 主要针对场景和传感器原始数据的标注格式、标注方法进行定义，为标签的使用和标注格式统一化提供了指导意见。同时，Open LABEL 可以明确并强化标记动作、标记目的与所标记对象之间的关系，其标准中规定了用作标签参考的坐标系，从而支持对处于同一场景（指同一时间点或同一帧内的）的对象或跨场景对象进行标注。

Open LABEL 格式的标记方法可以适应多种类型的数据，包括图像、二维数据、三维边界框等，同时支持对分割语义的标记。分割语义类型可以是部分/完整类、实例类、个体/群体类等。Open LABEL 文件通常为 JSON 格式，这些标签可以被仿真工具或其他应用程序解析。

2.2 测试场景库的构建过程

2.2.1 场景区域特征的描述

我国具有十分独特的地理环境。具体来说，从地形地貌上来看，我国西部海拔较高，东部海拔较低，整体呈阶梯状分布，且拥有大量高原和山地；从占地面积上来看，我国东西跨度超过 5000km，大陆海岸线长度超过 18000km；从气候上来看，我国气候多样性较强，气温和降水情况复杂多变。

我国的地理环境和交通环境均具有复杂度较高的特点，因此对智能网联汽车的测试方面的要求也相对较高。智能网联汽车行业需要全面深入分析我国当前的自然经济环境和道路交通环境信息，并选取具有我国典型特征的城市作为采集智能网联汽车驾驶场景的地区，以便充分确保智能网联汽车驾驶场景库中场景的丰富性。

智能网联汽车可以利用自身装配的传感设备来感知周边环境，采集环境信息，并借助系统来对各项信息数据进行分析，以便根据分析结果进行决策和预测，同时也可以通过对执行机构的控制提高智能网联汽车的自动化程度。就目前来看，影响智能网联汽车测试的潜在因素涉及自然经济环境和道路交通等多个维度。

2.2.2 场景数据采集与传输

场景数据库在智能网联汽车的测评体系中具有十分重要的价值，如图 2-6 所示。场景数据采集就是通过传感器设备获取车辆在运行过程中一定距离范围内的动态目标、静态目标和周边环境要素等信息，同时也可以将这些信息存储起来。智能网联汽车行业应针对采集车辆、采集设备、时空同步、实施过程等内容设置相应的要求，以便充分确保数据的质量。

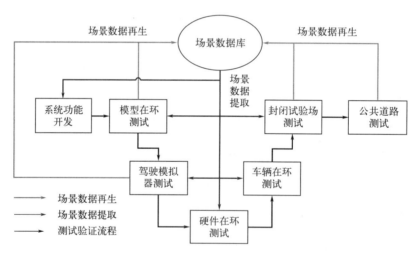

图 2-6 场景数据库在智能网联汽车测评体系中的价值

智能网联汽车应根据自身的场景数据采集需求、传感器的探测视场和探测距离等在车体周围装配大量用于采集数据的传感器设备，如摄像头、激光雷达、毫米波雷达、超声波雷达、红外夜视摄像头、全球定位系统（global positioning system，GPS）、北斗卫星导航系统（beidou navigation satellite system，BDS）、惯性导航位置姿态测量设备等，以便利用这些传感器设备来加强信息采集的全面性，并确保前方最远探测距离不低于 150m、后方最远探测距离不低于 80m、左右两侧的探测距离不低于 30m。

数据记录设备具有传感器集成控制、收发指令、采集数据、存储数据等多种功能，能够综合运用工控机和各类传感器设备处理、传输和存储各项相关数据。同时，多传感器集成对工控机在数据方面的各项功能和性能的要求也相对较高。

智能网联汽车行业在布置传感器时应充分考虑场景数据采集的全面性和完备性，做到多传感器视场覆盖，并针对各种汽车的实际情况制定相应的传感器布置方案。

智能网联汽车中通常会装配摄像头、红外相机、激光雷达、毫米波雷达等多种成像传感器以及 GPS、BDS 和惯性导航系统（inertial navigation system，INS）位置姿态传感器。一般来说，GPS、INS 和成像传感器分别与不同的时间系统相对应，时间起点和基准也各不相同，因此智能网联汽车在进行场景数据采集时需要使用多种传感器，并确保各类传感器在时间上的同步性和在采集数据上的整齐性。

智能网联汽车可以通过多传感器信息融合来精准高效识别和定位车辆周边环境目标。具体来说，不同的传感器在成像和数据坐标系测量等方面存在一定的差异，智能网联汽车需要先确保各个传感器测量坐标系一致，再通过多传感器集成标定或借助同名目标特征来配准场景数据的空间位置。

在场景数据传输环节，智能网联汽车要先在本地存储各个传感器采集的场景原始数据，再在各项情况均符合传输条件的前提下及时将各个时段的数据传输到服务器数据库当中，以便后续对数据进行处理，同时也可以防止因数据传输不及时、系统存储空间不足等问题影响下一阶段的数据采集工作。一般来说，智能网联汽车可以采用插拔硬盘式和网络传输两种方式来传输场景数据。其中，插拔硬盘式存在传输效率低的缺陷，但可执行性较强；网络传输可以利用 5G 网络来提高传输效率，但同时也存在网络覆盖率低的问题，可能难以大规模采集场景数据。

2.2.3　场景数据架构与规范

智能网联汽车行业在对各个场景的特征进行分析时需要从本车状态、道路交通信息、交通参与者、环境信息四个方面入手，综合考虑各项相关要素，并利用属性和属性参数来对各项要素进行描述。同时，要素属性和参数精度与数据的采集精度和频率之间也存在着十分密切的关系。

驾驶场景数据大致可分为结构化数据和非结构化数据两种类型。智能网联汽车驾驶场景的整体数据结构如图 2-7 所示。

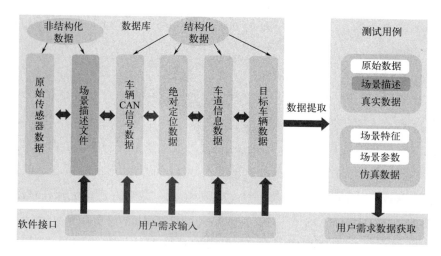

图 2-7 智能网联汽车驾驶场景的整体数据结构

从定义上来看，驾驶场景数据规范主要涉及以下五项内容。

① 结构化数据规范。结构化数据是一种使用二维结构进行逻辑表达和实现的数据，也称行数据，具有数据格式规范化、长度规范化等特点，通常被存储在关系型数据库当中，并利用关系型数据库来进行数据管理。

② 非结构化数据规范。非结构化数据具有数据结构规则度低、完整性不足等特点，且未经过预定义，难以使用二维结构进行逻辑表达。

③ 数据库接口定义规范。数据库接口定义规范能够为数据存储、数据输入、数据检索、数据排序、数据访问、数据输出等提供支持，同时数据库检索也能够对数据库表中的值进行排序，为基于数据库表的信息访问提供方便。

④ 数据存储规范。数据库系统主要使用集中式和分布式两种物理架构来存储驾驶场景数据。

⑤ 数据文件命名规范。智能网联汽车行业需要针对实际业务规则建立相应的逻辑架构，并用分布式文件存储或分布式对象存储的方式来存储驾驶场景数据库系统中的半结构化数据和非结构化数据，同时也可以借助文件夹的名称来定义文件夹和所述文件，并确保数据的唯一性，进而为文件检索提供方便。

（1）场景数据处理

原始驾驶场景数据可能会在外部自然环境、数据采集平台等客观因素的影响下出现完整度不足、准确度低、重复性过高、一致性不足等问题，因此智能网联汽车行业需要利用科学合理的数据预处理方法来满足车辆在数据采集方面的需求，并简化驾驶场景数据。

数据预处理模型需要输入原始驾驶场景数据，再去除这些数据中的无效数据，并按照相应的格式输出有效场景数据。场景数据处理规范的应用有助于提高驾驶场景数据预处理方式和流程的标准化程度，增强输出结果的一致性，从而确保场景数据处理的有效性。智能网联汽车行业在制定规范时需要综合考虑场景数据处理流程的各个环节，具体来说，整个流程大致可分为数据分析、预处理规则定义、数据预处理和预处理结果验证四个组成部分。

（2）场景数据标注

场景数据标注就是充分发挥标注工具的作用，使用有限字段来描述驾驶场景中的各项要素，确保在原始数据中提取到的驾驶场景相关信息的全面性、精准性和合理性，进而达到提高驾驶场景还原精度的目的。一般来说，智能网联汽车驾驶场景数据标注主要涉及对目标的行为描述以及对目标和环境的属性描述。

场景数据库具有数据量大、数据计算量大、数据标注技术难度大等特点，人工标注难以达到场景数据库在标注效率方面的要求，因此智能网联汽车行业大多利用自动化标注工具以离线标注的形式来完成大部分数据标注工作，并在一定程度上借助人力来进行完善和修正，同时通过提高自动化标注工具的自动化程度、标注效率、标注精准度等方式来确保整体标注工作能够精准、高效推进。

2.2.4 场景数据质量的评价

智能网联汽车行业在应用各项驾驶场景数据之前应先从完整性、一致性、准确性和及时性四个方面对数据进行评价，充分确保数据质量的可靠性，如图 2-8 所示。

图 2-8 场景数据质量的评价维度

① 完整性。对数据完整性的评价能够反映出数据的缺失情况，从而有效避免数据记录缺失或数据不可用等问题。

② 一致性。对数据一致性的评价能够反映出数据在概念、逻辑、物理含义的数据结构以及要素属性等方面是否符合预定的规则，体现出驾驶场景数据与其他数据集的统一性。

③ 准确性。对数据准确性的评价能够反映出驾驶场景库中的数据异常和数据错误等问题。智能网联汽车行业可以根据数据采集的完整性和精确性以及标注算法来明确数据与真实值之间的差距，并在此基础上判断标注数据的准确性。

④ 及时性。对数据及时性的评价需要参考数据采集时间、数据入库时间等相关信息。

智能网联汽车行业可以从以上四个方面入手审查和评估驾驶场景数据。具体来说，数据的及时性受数据的同步性和处理效率影响，智能网联汽车行业需要通过加强对数据集成平台（oracle data integrator，ODI）的任务监控的方式来增强数据的及时性。由此可见，数据审查工作的主要内容是对数据完整性、数据一致性和数据准确性的评估。

2.2.5 场景库建设问题与对策

智能网联汽车行业在构建测试场景库时需要先满足以下几项条件：
- 拥有海量原始交通场景数据资源；
- 拥有场景数据采集设备、场景数据采集软件、场景数据采集人员、场景数据处理设备、场景数据处理软件和场景数据处理人员；
- 建立用于存储、管理和维护数据的数据中心；
- 建立用于应用场景数据的软件平台。

除此之外，智能网联汽车行业还需在满足以上条件的基础上进一步实现以下几项技术：
- 强大的数据存储技术和数据传输技术；
- 数据筛选、数据标注等数据自动化或半自动化处理技术；
- 场景描述、场景分类和数据通用格式转化技术；
- 仿真场景数据生成技术、仿真场景数据解析技术和仿真场景数据重构技术；
- 数据库管理维护技术；
- 场景数据应用技术和场景数据分享技术。

我国智能网联汽车行业对智能网联汽车技术的开发和测试离不开中国标准智能网联汽车场景库在交通场景数据资源等方面的支持，因此在建设数据库的过程中还需充分考虑以下几个方面的问题：

- 在地域方面，应加强场景库的全面性，确保场景库中的场景能够尽可能覆盖全国范围内的所有地区、所有时段和所有气候类型；
- 在标准方面，应制定统一的数据采集标准、数据处理标准和场景描述标准等场景库标准；
- 在组织模式方面，可通过众筹等方式来提高行业内单位的参与率，并在行业内部建立共识、形成合力；
- 在成本方面，应降低建库成本，增加样本数量。

在建设智能网联汽车驾驶场景库之前，智能网联汽车行业应先深入研究相关知识，全面了解各项行业信息，再组建采集车队，构建数据存储中心，并在此基础上掌握信息采集、信息标注、大数据处理等多种先进技术，协同行业内的各个组织和单位共同参与到智能网联汽车驾驶场景库的建设工作当中。除此之外，为了充分发挥场景库的作用，智能网联汽车行业还需积极解决自身在建设场景库时遇到的各项问题。

（1）场景库建设思路

场景库中的道路场景数据能够在技术开发、驾驶功能定义和驾驶数据统计等多项工作中发挥作用。智能网联汽车行业在建设场景库时需要提前掌握现阶段量产或预研的智能网联汽车驾驶功能相关定义，以便根据功能有针对性地采集道路场景数据。具体来说，智能网联汽车行业可以按照以下思路来建设场景库：

- 处于L0～L2级别的智能网联汽车已经具备较为成熟的自动驾驶功能，智能网联汽车行业需要明确该级别功能的产品定义和技术路线，从中找出代表性较强的功能以及与之相对应的场景，并采集场景数据，增强场景覆盖的全面性。
- 处于L3级别的智能网联汽车能够实现有条件自动控制，智能网联汽车行业需要加大对城市拥堵等低速行驶条件下的驾驶场景的采集力度。
- L4级别的智能网联汽车正在预研过程中，智能网联汽车行业可以制定多种方案进行小规模的场景采集，如公交路线中的驾驶场景、重卡在高速公路上的驾驶场景等，并在众多场景中找出落地应用的可能性最大的功能。

（2）场景库产品和服务建议

智能网联汽车行业可以在充分掌握场景库所需提供的产品和服务的类型的基础上从以下几项工作入手来进行场景库建设。

- 确立场景库相关团体标准。
- 深入研究场景库建设技术，研发场景数据处理软件，打造场景数据处理工具链。
- 提供完善的咨询服务，为产品认证和智能网联汽车测试场地建设提供方便。
- 提供自然驾驶场景数据、Near-crash 场景数据和事故场景数据等真实场景数据和真值数据。
- 提供仿真场景数据和重构场景数据。
- 提供驾驶员行为和状态数据以及相关图像信息。
- 提供以真实场景为基础的驾驶行为统计数据。
- 找出一种适用范围较广的场景描述方法，并对场景数据进行描述。
- 提供场景数据应用服务平台。
- 制定场景库建设规划和行业反馈机制。

智能网联汽车行业建立场景库需要用到大量全面、细致的场景数据，同时也要深入了解技术路线、相关行业和产业等，而场景库所具备的技术测评功能能够为智能网联汽车行业测评各类驾驶技术提供支持。

总而言之，中国标准智能网联汽车场景库的建设有助于推动我国汽车行业快速发展，大幅提高汽车驾驶的自动化和智能化程度，缩短汽车企业的技术开发周期，为智能网联汽车测试和评价提供数据层面的支持。同时，也能够借助科学合理、客观公正的评价体系推动车辆评价认证体系发展和成熟，并借助相关法律法规和行业标准来提高行业的规范化程度。随着场景库和相关标准法规的建立和完善，未来，我国智能网联汽车行业将具备更高的研发水平和更强的自主创新能力，进而实现高速发展。

第3章
智能网联汽车仿真测试与评价

3.1 智能网联汽车仿真测试系统

3.1.1 驾驶模拟系统

以现代通信技术为基础的网联化功能和依托于控制器、传感器、执行器等装置的智能控制，是智能网联汽车的最大特点。由于智能网联汽车的自动化程度高，智能控制系统的性能对驾驶安全性的影响较大，因此如何对系统性能进行有效的测试和验证，是一个亟待解决的问题。

从测试方法的角度看，传统的以道路、场地测试为主的测试方法存在耗时长、测试工况少、成本高等弊端，在测试灵活性、测试方案开发度等方面都难以满足智能网联汽车复杂功能的验证需求。而模拟仿真测试方法可以有效解决传统测试面临的问题。在集成了传感器数据、控制器数据和三维仿真模型的虚拟仿真环境下，通过丰富的测试场景、多样的测试手段和高精度的模拟测试工具能够完成智能网联汽车各开发环节的测试任务。

智能网联汽车仿真测试系统主要包括如表3-1所示的几个方面。

表3-1 智能网联汽车仿真测试系统

仿真测试系统	具体内容
驾驶模拟系统	模拟驾驶员操作对车辆运动的作用情况，以研究驾驶员可能获得的主观感受
车辆模拟系统	模拟车辆运行中的动力学关系，以测试车辆性能
环境模拟系统	模拟会对行驶车辆产生影响的各类环境因素
传感器模拟系统	模拟传感器的反馈信号，以测试传感器的感知性能

下面首先对驾驶模拟系统进行简单分析。驾驶员对智能网联汽车的驾驶感受是汽车厂商研究测试、改进产品的重要依据。在仿真模拟测试中，可以通过驾驶模拟系统为驾驶员提供逼真的驾驶环境，以获取尽可能全面的驾驶体验。

驾驶模拟系统的结构框架如图3-1所示，系统主要包括四部分：

- 模拟驾驶舱配置了转向盘、加速踏板、制动踏板、仪表盘等配件，驾驶员可以操作这些配件获取驾驶感受；
- 模拟运动机构可以模拟车辆在纵向、横向、侧倾、垂直、横摆、俯仰6个方向上的运动情况；
- 模拟视景可以为驾驶员提供180°或360°的环幕视野，实时显示周围环境的变化情况；

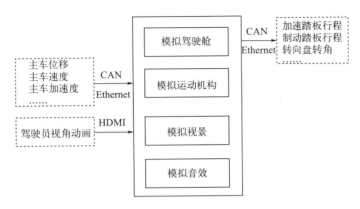

图 3-1　驾驶模拟系统结构框图

- 模拟音效用于模拟车辆行驶过程中驾驶员可能听到的声音，包括发动机噪声、轮胎噪声、风噪等。

其中，车辆运动状态是由车辆模拟系统决定的，而视野环境、音效等则是由环境模拟系统提供，关于车辆模拟系统和环境模拟系统将分别在 3.1.2 小节和 3.1.3 小节进一步介绍。

驾驶模拟系统的应用，使驾驶员主观评价环节提前到了自动驾驶系统开发阶段，这为早期开发中智能驾驶系统的改进优化提供了条件，从而能够有效降低开发成本、缩短系统开发与测试周期。

3.1.2　车辆模拟系统

车辆模拟系统中包含了车辆动力学模型、转向系统模型、发动机悬置模型、制动系统模型、传动系统模型、空气动力学模型、悬架系统模型和轮胎模型等。车辆模拟系统需要根据输入的仿真数据快速计算出车辆响应结果，并将结果信息发送到其他控制器中进行仿真计算与决策。这一过程中，实时系统可以辅助车辆模拟系统快速计算，其计算速率延迟可以低至毫秒级，如图 3-2 所示。

实时系统的数据采集板卡中集成了车载控制器局域网（controller area network，CAN）总线和车载以太网（Ethernet）通信板卡。进行测试时，车辆模型的计算数据通过通信板卡传递到其他系统，如果传递到环境模拟系统中，其环境模型随着车辆模型的运动而变化；如果传递到驾驶模拟系统中，相关模型根据车辆模型的数据情况改变运动状态。

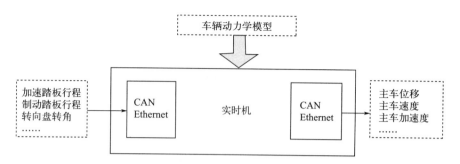

图 3-2　智能网联汽车仿真测试车辆模型处理平台

3.1.3　环境模拟系统

车辆模拟系统主要侧重对车辆状态的模拟，不具备精细的环境建模能力，因此为了创造出尽可能逼真的行驶环境，需要运用环境模拟系统进行建模。环境模拟系统框架如图 3-3 所示。

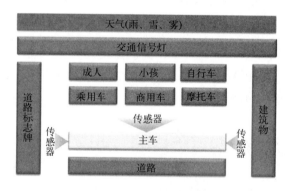

图 3-3　智能网联汽车仿真测试环境建模系统框图

从图 3-3 中可以看出，主车即车辆建模软件创建的车辆模型，车辆模型的动力学计算任务由车辆建模软件完成，车辆模型相关数据（例如车辆运动学姿态数据）通过特定接口传递到环境建模软件中，辅助环境建模软件计算决策。主车根据实际车辆情况，通常安装有摄像头、激光雷达、毫米波雷达、超声波雷达等不同的传感器，传感器的性能参数和安装位置也要与实体车辆匹配，从而保证传感器模型识别信息的准确性，保证控制器计算结果的可靠性。

由于环境模拟系统涉及的模块数据较为复杂，对各类环境要素信息的处理量较大，因此在硬件方面有必要配置高计算性能的工业计算机，并装载高清画面显示器和高性能图形处理显卡,从而保证仿真环境图形精度和图形数据处理速度,保证摄像头在环测试输出仿真画面和驾驶员视角画面的准确度。环境模拟系统的运行框架如图 3-4 所示。

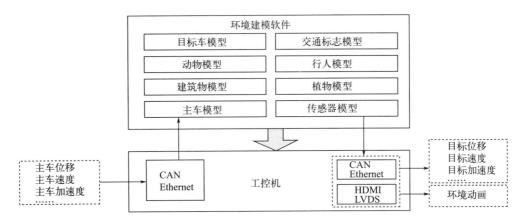

图 3-4　智能网联汽车仿真测试环境建模系统处理平台

3.1.4　传感器模拟系统

环境建模系统中可能无法精确模拟出所有传感器模型,为了满足真实传感器的在环测试需求,可以利用传感器模拟系统进行测试。在传感器模拟系统中,包含不同的真实传感器及其对应的目标模拟设备和模拟方式。传感器模拟系统的运行框架如图 3-5 所示。

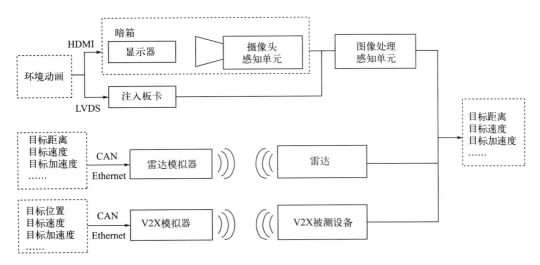

图 3-5　智能网联汽车仿真测试传感器模拟系统

对毫米波雷达的目标测试模拟方法是：将毫米波雷达模拟设备作为真实雷达的探测目标，并通过模拟设备接收真实雷达发射的信号，然后对这些信号进行时延和多普勒频移处理，模拟目标的反射回波，真实雷达可以通过接收到的反射回波获取模拟目标的信息。激光雷达、超声波雷达的目标测试模拟与毫米波雷达的目标测试模拟方法类似。

对摄像头的目标测试模拟方法主要有两种：一种是在暗箱内同时放置真实摄像头和显示器，摄像头拍摄并识别显示器中的模拟目标内容；另一种是在摄像头图像处理系统中输入仿真视频流数据，这些数据可以来自环境模拟系统，摄像头图像处理系统通过对视频数据的识别处理完成测试。

3.2 智能网联汽车仿真测试方法

3.2.1 仿真测试总体框架

近年来，自动驾驶技术的发展速度不断加快，智能网联汽车的应用日渐广泛，人们的交通出行变得越来越便捷，但同时也需要加大对预期功能安全等安全风险的重视，积极进行风险防范。为了充分确保驾驶安全，汽车行业需要对智能网联汽车进行大量场景测试。而模拟仿真技术在测试工作中的应用能够帮助汽车行业降低成本，提高效率、安全性和覆盖率，因此模拟仿真测试逐渐成为验证系统安全和评估智能网联汽车综合安全的主要方式。

就目前来看，国内外的相关研究人员正不断加大对模拟仿真测试方法、测试场景、仿真建模、工具链可信度等内容的研究力度。一般来说，不同的模拟仿真测试方法适用于不同的产品阶段和不同的智能网联汽车开发过程，与此同时，多样化的模拟仿真测试方法也在产品验证、确认和评估等环节中发挥着重要作用。智能网联汽车模拟仿真测试总体研究框架如图 3-6 所示。

根据自动化的实现程度，自动驾驶汽车可分为 L1、L2、L3、L4 和 L5 级，其中 L3 级别的自动驾驶指在特定条件下，自动驾驶系统可以代替人类控制车辆完成加速、制动和转向等操作。联合国在针对 L3 自动驾驶功能自动车道保持系统（automated lane keeping systems，ALKS）的型式批准法规中表示，可以利用模拟仿真测试的方式测试验证自动驾驶产品，并对仿真工具、模型等提出相关要求。不仅如此，日本也已经将软件在环（software in the loop，SIL）和硬件在环（hardware in the loop，HIL）测试应用到其型式批准实施过程当中。

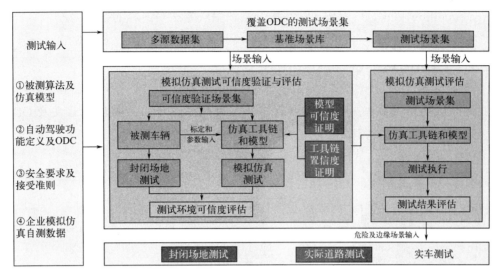

图3-6　基于场景的智能网联汽车模拟仿真测试总体研究框架

自动驾驶验证方法（vehicle mounted active denial，VMAD）非正式工作小组（informal working group，IWG）在自动驾驶全新评估和测试方法（new assessment/test method for automated driving，NATM）中指出，以模拟仿真的方式对自动驾驶系统（automated driving system，ADS）的安全性进行评估时需要使用验证无误的仿真工具链，且 SIL 测试只能在驾驶安全和安全场景评估方面有效发挥作用。

欧盟已经在关于自动驾驶系统型式批准要求的法规草案中提出了多种测试方法，且已取得一定的研究成果，如模拟仿真、封闭场地和实际道路等。国际标准化组织（International Organization for Standardization，ISO）建立的车辆动力学仿真模型和测试方法等相关标准也推动了车辆动力学仿真测试验证的发展。

在我国，相关组织和研究人员也开发出了一套智能网联汽车安全测试评估方法，并在智能网联汽车在具有多样性和复杂性的环境下的功能和性能的评估和验证工作中充分发挥仿真测试的作用。

由此可见，在技术发展成熟的前提下，模拟仿真测试能够实现对智能网联汽车安全性的有效评估；SIL 测试也能够在对智能网联汽车进行安全验证的同时降低风险和成本、提高效率和覆盖率，弥补传统验证方式在功能和算法等方面的不足。

我国需要在当前已有的模拟仿真测试技术研究和实践的基础上进一步研究、分析和开发新的基于 SIL 的模拟仿真测试评估方法，并从第三方的角度出发，针对我国在智能网联汽车安全管理方面的实际需求,深入挖掘具备自动驾驶功能的智能网联汽车产品在安全性方面的各类问题,同时加大对以设计运行条件(operational design condition,ODC)为基础的测试场景和生成方法等内容的研究力度。

3.2.2 模拟仿真测试输入

模拟仿真测试输入主要由被测算法及仿真模型、自动驾驶功能定义及ODC、安全要求及风险接受准则、企业模拟仿真自测数据等几部分组成。

（1）被测算法及仿真模型

智能网联汽车的被测算法及仿真模型主要包括：
- 待测试验证的自动驾驶算法；
- 车辆的动力学模型和参数；
- 自动驾驶系统的传感器配置、模型和参数；
- 车辆动力学模型的可信度验证和评估证明；
- 传感器模型的可信度验证和评估证明。

（2）自动驾驶功能定义及ODC

针对智能网联汽车的模拟仿真测试需提供驾驶自动化系统各项功能稳定运行的各类条件。

（3）安全要求及风险接受准则

安全要求主要包括系统后援、危险情况、系统失效、动态驾驶任务执行等方面的要求；风险接受准则与安全要求之间存在密切关联,且需要具备较高的科学性和合理性。

（4）企业模拟仿真自测数据

针对智能网联汽车的模拟仿真测试还需提供仿真模型、测试工具链、仿真测试结果和仿真测试场景集等企业模拟仿真自测关键数据。

3.2.3 仿真测试环境搭建

模拟仿真测试能够基于测试场景模拟环境、传感器和车辆动力学等内容,根据自动驾驶系统测试需求构建相应的测试环境,进而提高自动驾驶系统在模拟交通场景中进行测试的效率和覆盖率。具体来说,模拟仿真测试环境框架如图3-7所示。

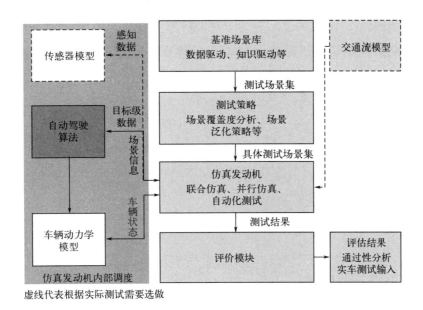

图 3-7 模拟仿真测试环境框架

模拟仿真测试可以利用基于 ODC 覆盖的方式构建测试场景集,并将该场景集作为输入上传到车辆动力学模型和传感器模型当中,对场景覆盖度等进行分析,以便根据分析结果优化测试策略,对来源于交通流模型的模拟交通流进行融合。同时,在模拟测试场景的过程中,充分发挥场景解析、地图解析、仿真运算、模型耦合和时间同步等技术和方法的作用,为测试自动驾驶算法构建相应的测试环境。

从实际操作上来看,相关测试人员在对智能网联汽车进行测试时需要先利用传感器模型在测试场景中采集道路、环境和交通流等信息,利用原始数据和目标级数据优化自动驾驶算法,助力自动驾驶算法实现感知、规划、决策和控制等功能,同时生成车辆控制指令并将其传输到车辆动力学模型当中,以便对自动驾驶算法的各项功能进行有效验证。除此之外,模拟仿真测试还具有联合仿真、并行仿真和自动化测试等诸多功能,能够大幅增强测试的精准性和高效性。

仿真发动机能够在测试结束后输出测试结果,并在此基础上利用评价模块根据量化指标进行通过性分析,进而生成自动驾驶算法模拟仿真测试评估结果,以便通过对该测试评估结果的分析精准识别测试时出现的边缘场景和危险场景,帮助相关工作人员找出符合实际情况的封闭场地测试场景和实际道路测试场景。

3.2.4 仿真测试场景集构建

就目前来看,美国、日本、英国等多个国家都在积极研究和构建自动驾驶系统安全性测试场景集。一般来说，测试场景集需覆盖 ODC 内及边界的所有场景，包含道路、交通、车辆状态等各项 ODC 相关场景要素。从流程上来看：

- 首先，相关测试人员需要广泛采集标准、法规、交通事故和自然驾驶等数据信息，并利用这些数据信息搭建多源数据驱动的基准场景库；
- 其次，相关测试人员需要分析车辆的 ODC、功能定义和安全要求等内容，对逻辑场景进行筛选和测试，掌握各项参数的取值区间和概率区间；
- 最后，相关测试人员需要根据各项参数的取值区间和概率区间分层采样，泛化逻辑场景，并找出所需的测试场景集。

具体来说，覆盖 ODC 的测试场景集构建流程如图 3-8 所示。

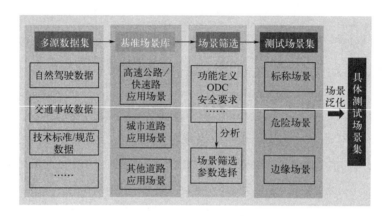

图 3-8　覆盖 ODC 的测试场景集构建

其中，在高速公路或快速路应用场景下，自动驾驶系统交互场景测试场景集部分示例如图 3-9 所示。

动态行为		周围无交互车辆	跟车行驶	有前车-目标车切入	无前车-目标车切入	前车切出后无前车	前车切出后有前车
道路	场景示意图	主车	主车　目标车	主车　目标车1　目标车2	主车　目标车	主车　目标车	主车　目标车1　目标车2
	主车行为						
直道	主车道自动驾驶	NO.1	NO.2	NO.3	NO.4	NO.5	NO.6
	自动变道		NO.7	NO.8	NO.9		NO.10
弯道	主车道自动驾驶	NO.11	NO.12	NO.13	NO.14	NO.15	NO.16
	自动变道		NO.17	NO.18	NO.19		NO.20
匝道入口	主车道自动驾驶	NO.21	NO.22	NO.23	NO.24	NO.25	NO.26
	自动变道		NO.27	NO.28	NO.29		NO.30
匝道出口	主车道自动驾驶	NO.31	NO.32	NO.33	NO.34	NO.35	NO.36
	自动变道		NO.37	NO.38	NO.39		NO.40

图 3-9　测试场景集部分示例

在"直道 - 主车道自动驾驶 - 无前车 - 目标车切入"场景下，测试场景示例如图 3-10 所示。

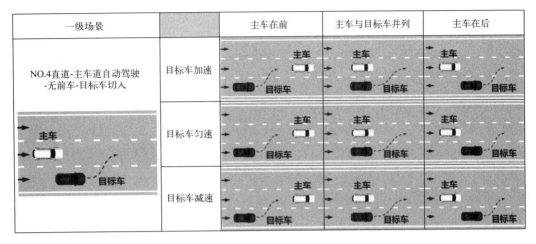

图 3-10　测试场景示例

3.2.5　仿真测试可信度验证

模拟仿真测试可信度可以帮助相关测试人员及时掌握仿真模型和测试环境等对具体测试过程的影响，为其精准判断测试的精准性和可靠性提供支持。现阶段，日本、欧盟等均已经通过相关法规支持汽车行业将模拟仿真测试应用到型式批准测试当中，并为仿真模型等工具制定了相应的可信度要求。

（1）模型可信度

模型可信度指的是基于场景的仿真测试与基于场景的实车测试在测试结果上出现的不确定性或误差。一般来说，模型可信度的概念大致可分为以下三个层次：

- 在模拟仿真中，实车测试轨迹具有无限可能，且均具有相同的行为决策；
- 所有的模拟仿真轨迹都有一个或多个实车测试轨迹与之相对应；
- 仿真测试轨迹和实车测试轨迹具有完全相同的可能性。

从第三层概念上来看，当模拟仿真轨迹与实车测试轨迹相同时，模型的可信度较高。对于因统计的不确定性造成的误差，相关工作人员可以借助模型标定的方式降低模型参数后验分布的不确定性。此外，传感器模型和动力学模型均存在一定程度上的误差，因此相关工作人员在对模拟仿真轨迹和实车测试轨迹进行对比时需要观察二者在趋势上的一致性，分析曲线拐点的状态判断情况，以及自动驾驶算法状态跳转判定和准确性。

（2）测试环境可信度验证

测试环境可信度验证的执行离不开相关测试场景集中子集的支持，而这些子集通常具有规模小、代表性强的特点。具体来说，测试环境可信度验证的流程主要包括以下几个环节，如图 3-11 所示。

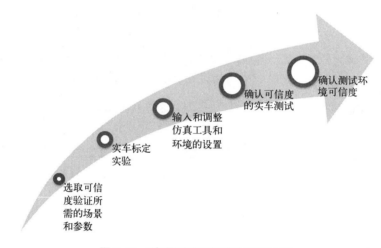

图 3-11　测试环境可信度验证的流程

- 选取可信度验证所需的场景和参数：在测试场景集中找出执行可信度验证所需的子集和仿真结果相关性能特征参数。
- 实车标定实验：在开始验证测试前通过实车标定实验的方式测量出模拟工具所需的参数。
- 输入和调整仿真工具和环境的设置：针对模拟过程中所需的目标车辆的整备质量等相关参数和实车标定实验中的数据输入，对仿真工具和环境进行调整和设置。
- 确认可信度的实车测试：在可信度验证场景集中找出相应的场景，并在该场景中对车辆进行模拟仿真测试。
- 确认测试环境可信度：在完成实车测试和模拟仿真测试后对两项测试的最终结果进行对比，并据此确认仿真环境的可信度。

3.2.6　模拟仿真测试与评估流程

在可信度较高的测试环境中，相关工作人员可以根据测试场景集模拟仿真测试自动驾驶算法，以便精准评估该算法在 ODC 内及边界的安全性。从实际测试和评估的流程上来看，测试需求分析、资源配置及接口定义、测试用例生成、测试执行、测试结果评估等均为模拟仿真测试和评估过程中的重要环节。

具体来说，模拟仿真测试与评估流程如图 3-12 所示。

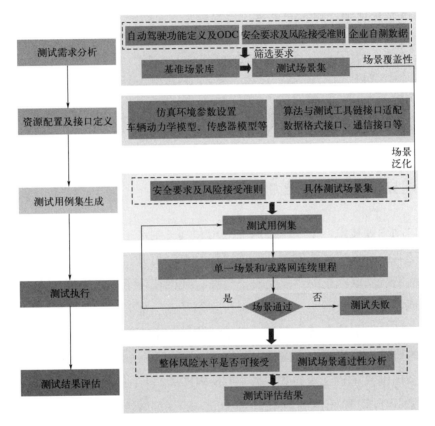

图 3-12　模拟仿真测试与评估流程

① 测试需求分析。在开始测试之前，测试人员可以在全面掌握并深入分析 ODC、安全要求、风险接受准则和自动驾驶功能定义等内容的前提下识别模拟仿真测试场景，并据此设计测试方案。

② 资源配置及接口定义。测试人员需要根据实际情况设置车辆动力学模型、传感器模型等仿真模型中的各项相关参数，匹配并定义通信接口、数据格式接口等自动驾驶算法和测试工具链之间的各类接口。

③ 测试用例集生成。测试人员需要利用测试场景集泛化生成具体测试场景集，以敏感性分析的方式对自动驾驶系统的各项安全要求和风险接受准则进行处理，进而达到降低参数空间维度的目的，构建起具有科学性和合理性等特点且能够全面覆

盖被测自动驾驶系统功能和 ODC 的模拟仿真安全测试用例集。

④ 测试执行。被测系统算法可以对单一场景和路网连续里程进行仿真测试。具体来说，当场景未能通过试验时，场景仿真测试将会被判定为失败，仿真测试用例的测试全部结束后，模拟仿真测试也会随之结束。

⑤ 测试结果评估。相关测试人员可以根据自动驾驶系统的安全要求和测试结果精准评估系统的安全性，并对比评估结果和评价标准，以便根据对比结果实现对整体安全性和测试场景通过性的准确判断。

3.3 企业仿真测试能力的建设路径

3.3.1 建立仿真测试管理办法

随着自动驾驶技术、车联网技术的应用和汽车制造工艺的智能化发展，传统的汽车测试工具、手段或评估方法已经难以满足自动驾驶车辆的测试要求。目前，用于测试评估智能网联汽车的"三支柱法"在行业内获得了广泛认可，该方法主要包含封闭场地测试、开放道路测试和模拟仿真测试三个部分。其中，模拟仿真测试作为一种有效的补充测试方法，在测试成本、测试效率方面有明显优势，可以为自动驾驶汽车的研发、生产、检测提供重要支撑。

在联合国世界车辆法规协调论坛（UN/WP29，以下按照行业惯例简称 WP29）发布的文件《自动驾驶全新评估和测试方法》（New Assessment/Test Method for Automated Driving，NATM）中，将测试技术手段分为封闭场地测试、实际道路测试、模拟仿真测试、审核评估和在用监测五个部分。欧盟于 2022 年 8 月发布的自动驾驶车辆型式认证法规 Reg.（EU）2022/1426 号文件中，要求必须对自动驾驶系统（autonomous driving system，ADS）进行合规性评估，测试方式包括封闭场地测试、实际道路测试和模拟仿真测试等，同时针对模拟仿真测试提出了测试工具链的可信度评估原则。

我国也不断推进关于智能网联汽车准入管理方法、模拟仿真测试方面的研究。2022 年 11 月，工业和信息化部会同公安部联合起草了《关于开展智能网联汽车准入和上路通行试点工作的通知（征求意见稿）》，其中对智能网联汽车生产企业试点的模拟仿真测试条件和测试能力作出要求，并要求出具相关产品在模拟仿真测试方法下的测试评估报告。文件中要求企业具备的模拟仿真测试设计验证能力包括：

- 建立专业化的模拟仿真测试机构或部门,测试人员需要具备一定的专业素养,掌握模拟仿真测试相关的技术;
- 有规范化的模拟仿真测试工作流程,测试人员有明确的职责划分,包括测试数据的输入与输出管理、测试结果验证、测试评审、测试结果确认等;
- 配备模拟仿真测试验证所需的设备、系统或工具;
- 模拟仿真测试验证能力能够满足自动驾驶功能产品的测试需求。

在国家政策的引导作用下,健全并完善模拟仿真测试是车企研发、生产智能网联汽车的必经之路。下面对企业构建仿真测试能力建设的关键路径进行简单分析,以指导企业在符合国家标准规范的前提下,促进相关测试工作正常开展。

对于智能网联汽车企业来说,首先应该在企业内部建立仿真测试管理办法,这是智能网联汽车生产企业规范模拟仿真测试工作的基本途径,在管理办法中应该明确模拟仿真测试的阶段划分及测试团队在各阶段的主要任务、测试要求和交付标准等。此外,还要对测试团队的职能、组织架构、成员任务划分及主要职责进行说明,确保整个模拟仿真测试流程有清晰的阶段划分,任务目标明确且工作内容具体。科学的模拟仿真测试管理办法能够对仿真测试实践活动起到良好的示范、指导作用。

企业模拟仿真测试管理办法的具体内容可以参考表3-2。

表3-2 企业模拟仿真测试管理办法内容

序号	企业模拟仿真测试管理办法
1	明确智能网联汽车生产企业模拟仿真测试团队组织架构、主要负责人,以及各岗位职责
2	规范模拟仿真测试的工作流程,如测试前准备、测试实施、测试结果分析和评价等
3	明确模拟仿真测试工具链中软/硬件(如 Sim Pro、测试管理系统、测试机柜等)的权限管理制度和安全操作规程等
4	明确模拟仿真测试数据管理制度,包括仿真数据的存储方案、备份方案、防篡改机制等

3.3.2 建立仿真测试工作流程

有了明确的模拟仿真测试管理办法之后,就可以对模拟仿真测试工作流程及步骤进行规划。主要工作流程可以分为测试准备、测试实施和测试评价三个阶段。制定流程是为了指导测试人员按照标准要求高效地开展模拟仿真测试工作,因此流程说明应尽量清晰、详细,同时也可以编制对应不同阶段的模板文件。

（1）测试准备阶段

测试准备阶段需要做好测试所需的准备工作，其中包括确定测试方式、配置测试用例集、配置模拟仿真测试工具链（包括仿真模型、工具或系统）、配置仿真测试数据接口、构建测试场景等。企业要根据仿真测试需求编制模板文件作为测试系统参考，具体包括模拟仿真测试方案模板、仿真测试场景集模板、仿真测试接口协议模板等。

在准备妥当后，企业不仅需要进行模拟仿真测试可信度评估，证明测试中运用的模拟仿真测试工具能够满足置信度要求，以确保测试结果真实可靠；也需要确保传感器模型、车辆动力学模型等仿真模型满足可信度要求。此外，可以将模拟仿真测试获取的测试结果与实车测试结果进行对比，从而验证模拟仿真测试结果的可靠性。同样，企业需要制定测试可信度评估报告模板。

（2）测试实施阶段

完成相关准备工作后，就可以进入测试实施阶段。该阶段由测试人员操作执行。测试流程如图 3-13 所示。

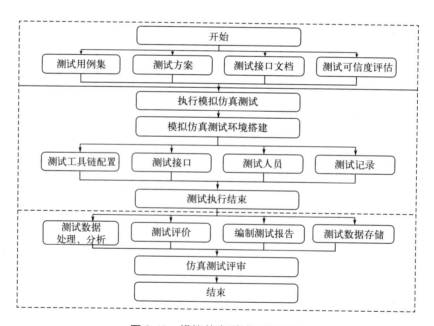

图 3-13 模拟仿真测试工作流程

（3）测试评价阶段

测试评价是体现模拟仿真测试有效性的重要环节，可以为产品的优化或迭代提供参考。从场景角度看，模拟仿真测试评价方法主要有两种：一是在单一仿真测试场景中对车辆性能进行检测,包括其安全性、舒适性、合规性等;二是在多样化的场景中,对测试场景覆盖度、场景差异等因素的影响作用进行科学分析、评价。测试评价阶段注意事项:

- 为了对测试结果做出科学评价,并对不同验证策略和方法获得的结果进行比较,促进产品优化,智能网联汽车生产企业可以在既有政策、标准的基础上定义一些关键性评估指标;
- 需要确保对测试数据的分析是科学、合理的,从而保证后续评估结论的有效性;
- 应该妥善保存模拟仿真测试中涉及的或新产生的数据,确保测试结果可追溯;
- 邀请、组织专家团队参与评估,对测试结果进行评审和确认;
- 测试团队可以编制模拟仿真测试评审模板、报告模板或测试数据说明文件模板等,指导测试人员高效完成该环节的工作。

企业模拟仿真测试工作流程中涉及的模板文件的内容说明可以参考表3-3。

表3-3 企业模拟仿真测试工作流程

文件名称	内容说明
模拟仿真测试工作流程	包括测试准备、测试实施和测试评价三个阶段
模拟仿真测试场景集模板	记录模拟仿真测试逻辑场景,并说明参数取值范围以及参数泛化的方式
模拟仿真测试用例集模板	记录模拟仿真测试具体场景,说明具体场景中的参数取值
模拟仿真测试方案模板	(1)明确在环测试方式 (2)仿真测试工具(包含软/硬件)说明 (3)仿真模型及模型参数设置 (4)测试人员及测试排期 (5)测试场景搭建说明 (6)测试工作流程说明 (7)测试数据分析、存储说明等
仿真测试接口文档模板	包括接口数据格式、数据字段定义、单位、取值范围等信息
模拟仿真测试可信度评估报告模板	(1)模拟仿真测试工具置信度评估 (2)车辆动力学模型、传感器模型等仿真模型的可信度评估 (3)基于场景的模拟仿真测试与实车测试结果对比等方式的模拟仿真测试的可信度评估
模拟仿真测试报告模板	模拟仿真测试时间、测试地点、测试人员、测试环境、测试内容/项、是否通过测试等内容
模拟仿真测试数据说明文件模板	(1)说明模拟仿真测试产生的测试数据的存储地点和方式 (2)用于模拟仿真测试可信度评估的数据的存储地点和方式
模拟仿真测试评审表模板	包括评审时间、评审地点、评审人员、评审内容、是否通过评审等内容

3.3.3 建立仿真测试标准体系

在上述仿真测试工作流程的基础上,智能网联汽车生产企业可以针对一些重要节点建立仿真测试标准体系,从而引导模拟仿真测试活动顺利开展,使复杂的测试流程、测试关键技术达到规定标准。标准体系结构一般以技术标准为主体,辅以必要的流程标准和管理标准,具体内容可以根据实践需求灵活调整。企业标准体系的具体内容可以参考表3-4。

表3-4 企业标准体系建设

文件名称	内容说明
在环仿真测试系列管理标准	说明不同在环测试方式的管理,包括测试团队、测试任务、测试要求和测试交付文件等
仿真测试场景集搭建系列技术标准	(1)明确静态场景的搭建标准,如道路标志标线、道路横纵断面设计、道路类型等,可参考相关国内外标准,如Open DRIVE等 (2)明确动态场景搭建标准,如试验车辆动作、交通流特征、天气环境、道路交通参与者动作、信号灯周期与相位定义等,可参考相关国内外标准,如Open SCENARIO等
仿真模型搭建系列技术标准	(1)明确车辆动力学仿真模型设置的参数以及各参数取值 (2)明确传感器仿真模型设置的参数以及各参数取值
仿真测试工具配置系列技术标准	说明不同在环仿真测试方式的仿真测试工具配置要求和配置方法等
仿真测试接口系列技术标准	说明不同在环仿真测试方式的接口开发规范,以及数据传输链路
仿真测试评价系列技术标准	说明不同在环仿真测试方式的仿真测试评价要求和评价方法等
在环仿真测试系列流程标准	说明不同在环仿真测试方式的规范/流程,包括测试准备、测试实施和测试评价等
仿真测试可信度评估系列流程标准	说明仿真测试可信度评估流程,以及可信度评估结果的评价指标,包括: (1)模拟仿真测试工具置信度评估流程; (2)车辆动力学模型、传感器模型等仿真模型的可信度评估流程; (3)基于场景的模拟仿真测试与实车测试结果对比等方式的模拟仿真测试的可信度评估流程

3.3.4 完善仿真测试工具链

随着自动驾驶相关技术越来越成熟,对其测试和验证的要求也越来越高,不仅测试场景需要更加多样,测试流程也趋于更复杂。由此,需要不断完善模拟仿真测试工具链,使其达到高可靠性、高置信度要求,从而确保测试结果的准确性。

仿真测试工具链主要由仿真发动机、评价模块和场景管理模块等几部分组成，且置信度要求直接与测试工具相关，会受到测试工具的失效风险、预期使用目的以及相关项或要素的汽车安全完整性等级（automotive safety integrity level，ASIL）等因素的影响。在整个仿真测试工具链中，核心模块能够借助置信度确认的方式帮助仿真软件有效规避或及时解决计算错误、同步状态改变、算法逻辑变更和超预期信号时序变更等问题，充分确保仿真运算过程的安全性和稳定性。

在测试仿真测试工具链置信度的过程中，相关测试人员需要处理好软件的数据流、控制流、单元测试、集成测试、单元设计、代码优化、代码架构、安全需求和合规性检测等方面的工作，确保工具链全生命周期的安全性。工具链可以在应用过程中积累置信度、确认软件工具、评估工具开发流程并根据相应的安全标准完成设计开发工作，进而帮助相关工作人员找出潜在错误，明确使用限制要求。具体来说，在确认仿真测试工具链的过程中，相关工作人员应遵守以下几项准则：

- 用实际证据证明仿真测试工具链能够达到分级中指定用途的要求；
- 分析仿真测试工具链在确认过程中出现的功能异常、错误输出，以及错误的后果信息和防范措施等内容；
- 检查仿真测试工具链对可预见的误用、不完整的输入数据和被禁止的配置设置组合等异常运行条件的响应情况。

另外，自动驾驶系统的测试场景要具备较高的数据容量和数据处理能力，实现对自动驾驶系统性能的充分测试。因此，智能网联汽车生产企业不仅要深刻理解数据价值，还要在此基础上建设数据闭环，提高数据链路循环效率，保证对场景数据进行实时采集与高效的分析、利用，从而促进自动驾驶技术优化迭代。

第 4 章
智能网联汽车仿真测试技术

4.1 车辆在环（VIL）测试技术

4.1.1 车辆在环测试技术的特点及应用

随着智能化、网联化车辆控制技术的发展，针对各种性能的评估与测试方法也需要不断优化与完善，否则不利于相关测试工作的开展，甚至可能妨碍智能网联汽车的推广应用。基于智能驾驶系统在测试精度、测试效率方面的要求，开发人员引入车辆在环（vehicle in the loop，VIL）测试方法，利用虚拟目标与虚拟场景辅助进行测试评估，其测试结果的有效性、可重复性比传统测试方法更高。因此，该方法正逐渐成为智能网联汽车测试的重要方法。

（1）在环测试技术的特点

在环测试技术特点主要体现在两方面，如图4-1所示。

图 4-1　在环测试技术的特点

① 仿真性强。与硬件在环仿真测试、安全完整性等级仿真测试相比，车辆在环测试是一种将汽车实体嵌入到虚拟环境中进行测试的方法，而非简单地将车辆运动模型映射到虚拟空间中。

其测试重点在于利用虚拟传感装置将对虚拟对象的感知信息传递到物理车辆控制系统，从而实现对测试环境的仿真模拟。同时，车辆在环测试与车辆驾驶测试的测试结果可能存在差距，由此可以充分利用车辆在环测试的灵活性与扩展性，设计多种验证方法来弥补测试差距。此外，车辆在环测试也可以作为一种有效的验证方式，对处于任何开发阶段的智能驾驶系统进行验证评估，满足其多样化的验证需求。

② 高模块化与高灵活性。智能网联汽车具有结构模块化的特点，这使得车辆在环系统适应各种测试环境成为可能。通过开放的汽车测试总线协议，可以将若干台车辆的总线系统共同连接到能够运行车辆交互控制模块的计算机上，在计算机的虚拟环境中对模块进行模拟测试，相关模拟数据和交互指令均传输到模块中，从而测试模块的控制性能表现。除了测试交互与控制模块组件，智能网联汽车的其他外部组件也可以采用这一测试方法。对各个模块的灵活测试能够有效提升测试验证效率，精准赋能智能驾驶系统的附加值开发。

（2）车辆在环测试应用

目前，车辆在环测试已经在纵向碰撞场景测试中普及应用。这一场景中可测试的功能主要有紧急辅助制动功能、前车碰撞预警功能、车辆防碰撞功能等。车辆性能评估涉及汽车对前方静态障碍物、动态车辆、制动车辆和行人的响应情况，而相关测试场景则属于驾驶员保护场景。此类场景通常也涵盖常规测试内容，包括制动距离预警、异常状态警告、安全带预警、车门关闭提醒等。

车辆在环测试的最大优势在于，可以根据测试需求灵活、快速地切换测试场景，测试场景准备时间相比传统测试方法大幅降低，测试效率能够得到极大提升。此外，车辆在环的测试场景拓展性强，能够为高危场景、特殊场景的测试需求提供支撑。随着车辆在环测试技术、仿真模拟测试技术的发展，测试精度有望进一步提高，虚拟现实等可视化技术可以辅助展示出被测车辆的完整状态，从而辅助测试工作顺利开展。

总之，车辆在环测试是一种具有进步意义的测试方法，其应用能够提升智能驾驶系统的测试验证能力，同时可以促进虚拟测试与现实场景测试的衔接。而且，该测试具有的安全性、可靠性、重复性等特点能够有效满足多样化的测试需求，为测试车辆性能优化、测试成本控制奠定基础。由此，车辆在环测试在智能网联汽车测试领域正得到快速推广与应用。

4.1.2 车辆在环系统组件与功能

VIL测试通常通过在碰撞场景中使用虚拟目标的方式来实现对自动驾驶系统的测试。在测试过程中，驾驶员能够直观地了解到虚拟目标在实际测试环境中的运动情况和汽车的双跳灯提醒、紧急制动、紧急转向、紧急避让等反应，进而提高测试场景与实际运行场景之间的相似度，充分确保测试场景的真实性。

VIL 测试会将目标的类型和位置信息传输到自动驾驶系统中进行处理，并在具有基于增强现实（augmented reality，AR）的应用程序的车载显示器中呈现信息处理结果，同时测试车辆会与这些虚拟目标进行相对运动。

在经过仿真增强的各个场景中，测试车辆可以根据虚拟目标来对自身的各项运动特征信息进行精准计算，并充分发挥自动驾驶系统的作用，针对目标的相对位置生成相应的决策，同时将该决策结果传输到车辆执行机构当中，构建起包含车辆、场景模拟和自动驾驶系统的闭环，以便在实际硬件和计算机软件中运行各项被测试功能，实现有效的功能测试。

VIL 测试系统主要包含自动驾驶系统、车辆、交互与控制、场景模拟和可视化五个组成部分，且各个组成部分之间可以互相交流、互相影响。VIL 测试系统中各部分的信息交互机制如图 4-2 所示。

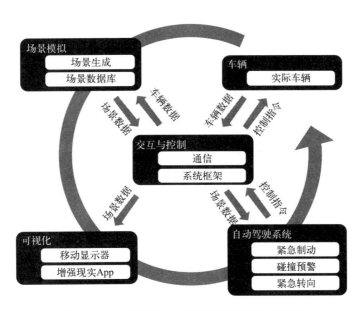

图 4-2　VIL 测试系统中各部分的信息交互机制

（1）自动驾驶系统

自动驾驶系统具有测试功能，能够利用紧急制动、碰撞预警、紧急转向等算法助力智能网联汽车实现多种自动驾驶功能，并通过对车辆感知数据和场景模拟中的目标数据的计算和分析来生成相应的决策，进而加快车辆实现自动驾驶的速度。

（2）车辆

车辆指的是需要进行功能评估的测试车辆。一般来说，VIL 测试所用到的自动驾驶/安全辅助驾驶汽车大多可以通过车辆数据总线直接请求车辆信息。以紧急制动功能为例，车辆需要通过总线直接传输制动指令，并根据指令要求利用电子控制单元（electronic control unit，ECU）控制制动。除此之外，智能网联汽车中的 VIL 测试系统还通过数据总线与转向设备、安全带预紧器、车窗升降系统等相关设备和系统相连，能够实现对多种功能的测试。

（3）交互和控制单元

交互和控制单元是 VIL 测试系统中的重要组成部分，能够在命令和控制单元的作用下实现通信功能，进而达到协调 VIL 测试系统内部进程的目的。交互和控制单元连接着 VIL 测试系统中的各个模块，且能够针对实际测试需求灵活更换各个模块，同时还能够读取、处理和发送车辆数据，传输场景模拟的计算目标，并在此基础上助力智能网联汽车实现自动驾驶。

（4）场景模拟

场景模拟能够利用仿真技术生成虚拟对象和虚拟场景，并通过构建真实性较强的测试环境的方式对车辆进行测试。场景模拟可以模拟各种车辆传感器，实现对基于传感器的车辆特定行为及变差进行建模，并在此基础上实现目标检测。具有场景模拟功能的 VIL 测试系统能够增强测试场景，采集和传输虚拟目标的相对运动信息，并利用交互和控制单元对这些信息进行处理，同时综合运用车辆的各项运动信息，通过对各项信息数据的计算来实现对车辆的功能测试。

（5）可视化

可视化主要涉及 AR 显示、3D 显示和场景渲染三种显示机制。

① AR 显示。AR 显示主要包括装配了摄像头的移动设备和专门的 AR 应用程序两部分。具体来说，在 AR 显示中，VIL 测试系统可以通过场景模拟的方式获取目标，并将该目标与视频流相结合，此时测试场景将会具备较高的可视化程度和真实性，并生成真实世界的增强视图。

② 3D 显示。3D 显示在 VIL 测试过程中和完成测试后的评估工作中都能发挥十分重要的作用。具体来说，3D 显示可以通过在整个场景中移动视角相机的方式来获取不同视角的信息，如鸟瞰视图、侧视图、第一人称视图、第三人称视图等，并在此基础上将场景转化成可视化的三维视频。不仅如此，3D 显示还可以为查看场景视图提供方便，提高查看和评估目标相对距离、速度等内容的便捷度。

③ 场景渲染。场景渲染是一种具有评估作用的显示方法，主要在后期处理阶段和测试过程跟踪回看阶段发挥作用。具体来说，场景渲染能够实时记录测试过程中的测试数据，并在完成测试工作后对这些数据进行渲染，以便通过浏览器来查看

测试结果并对其进行归档存储。

4.1.3 车辆在环仿真平台的实现

从结构上来看，智能网联汽车的车辆在环仿真平台主要包括交通仿真场景、自动驾驶控制系统和真实测试道路中的物理车辆三部分。自动驾驶 VIL 仿真系统原理如图 4-3 所示。

智能网联汽车行业可以利用以仿真发动机 4（unreal engine 4，UE4）为基础的自动驾驶仿真测试系统 Carla 来为各项相关开发测试工作构建相应的仿真场景，并将数字孪生车辆引入仿真场景当中，利用虚拟感知传感器广泛采集场景中的各项相关数据，在自动驾驶控制器中完成信息融合并生成控制决策，同时借助无线网络来传输经过决策的车辆控制命令，以便控制物理车辆在真实道路上执行各项操作。不仅如此，车辆姿态和位置信息也将会被传送到处于仿真场景中的数字孪生车辆当中，进而达到实时反映车辆的实际位置的目的，并实现对系统整体的闭环实时仿真。

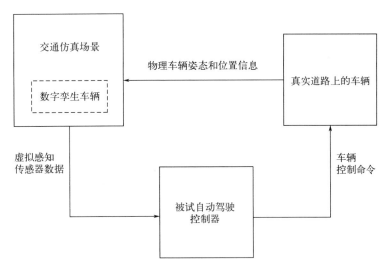

图 4-3 自动驾驶 VIL 仿真系统原理图

行驶于真实道路中的物理车辆的运动状态能够直接影响处于仿真场景中的数字孪生车辆的运动状态，因此自动驾驶 VIL 仿真系统可以在未在仿真测试平台中构建高度复杂的车辆动力学模型的情况下实现精准仿真，同时也能够控制测试成本，充分确保测试场景的多样性，并为可重复测试和极端场景测试提供强有力的支持。

基于交通仿真场景的仿真测试环境中既有可控的程序化车辆流、行人、动物等动态背景物体，也有驾驶模拟器等设备，具有真实性强等特点，能够实现对特定背景车辆的有效控制和对人类驾驶习惯的精准模仿。而且，交通仿真场景服务器还具有独立性，与真实道路上的物理车辆之间不存在直接联系，也不受场地、供电、计算能力等因素的限制，在车辆在环仿真过程中无须构建复杂的车辆动力学模型，因此在虚拟场景服务器的计算能力方面的要求较低。

在交通仿真场景中，许多需要进行测试的自动驾驶汽车都可以同时在同一个交通场景中完成测试。不仅如此，相关测试人员还可以利用交通场景仿真服务器对多台车辆在同一场景中的交互模式和相互影响情况进行模拟和分析，进而形成兼具多辆被测车辆、程序化背景车辆流和人类驾驶特性车辆等诸多内容的交通状况。

总的来说，自动驾驶车辆在环仿真平台主要具有平台结构设计、虚拟场景建设、物理车辆改装和基于机器人操作系统（robot operating system，ROS）的功能开发四项功能，如图4-4所示。

（1）平台结构设计

例如，自动驾驶 VIL 仿真平台可以利用 Carla 系统中的自动微分（automatic differentiation，AD）算法在未设置独立自动驾驶控制器的情况下进行室内模拟，在不使用5G的情况下也可以利用基于无线接入点（access point，AP）的无线局域网来为车辆驾驶控制命令、车辆姿态、位置数据等相关信息的传输提供支持。

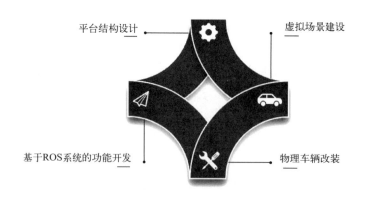

图 4-4　自动驾驶车辆在环仿真平台的主要功能

（2）虚拟场景建设

车辆在环仿真平台可以利用 Carla 系统构建虚拟场景，为自动驾驶系统的开发、训练和验证提供强有力的支持。同时，Carla 系统的应用也能够为自动驾驶车辆在环仿真提供协议、开源代码和可自由使用的开放式数字资产。

自动驾驶车辆在环仿真平台的虚拟场景建设功能既能够充分发挥 Open DRIVE 格式地图数据的作用，利用具有一定灵活性的传感器套件规格和环境条件赋予 3D 模型语义信息；也能以 FBX3D 模型格式导入相关信息数据，提高虚拟场景建设的效率和便捷度。

（3）物理车辆改装

自动驾驶 VIL 仿真平台中的传感器只用作实时定位，且车辆已经采用了载波相位差分技术全球定位系统（real time kinematic global position system，RTKGPS）与惯性测量单元（international mathematical union，IMU）结合的传感器配置方案，能够有效减少在传感器方面的硬件成本支出，达到降低车辆改装成本的目的。

智能网联汽车行业可以利用 X-MAXX 遥控模型车（remote control car，RC Car）在模拟平台中改装车辆。X-MAXX RC Car 是正常车辆按照 5∶1 的比例制作的模型，具有与正常物理车辆相同的工作原理，且装配有执行器、处理器、激光雷达和惯性测量单元等设备，能够自动获取自动驾驶控制信号并完成对车辆的精准定位，从而在降低硬件改装成本的同时获得良好的测试效果。

（4）基于 ROS 系统的功能开发

ROS 具有开源性、分布式架构、与机器人之间的适配性高等特点，能够借助各个功能独立的节点来分层次传输信息，降低实时计算的难度，同时还能为仿真测试平台提供底层标准操作系统服务，优化各项功能开发相关工作。

4.1.4 车辆在环测试流程与方法

车辆在环测试方式为开发测试流程的改造与集成提供了便利，这一测试方法主要应用于系统功能开发初期和后续开发时期，即针对传感器模块与控制模块硬件的可用性开展测试。车辆在环测试环节通常介于硬件在环测试与现实车辆测试之间，能够促进仿真测试与实地测试的有效衔接。

（1）初始开发阶段

该阶段一般以算法测试或应用模型测试为主，仿真模拟系统可以支持进行系统功能成熟度的评估。

例如，模型在环（model in the loop，MIL）测试可以用于验证软件模型的可接受性与准确性；软件在环（software in the loop，SIL）测试可以用于验证生成源代码的可靠性。而如果在模型在环、软件在环的基础上开展车辆在环测试，依据车辆运行数据，开发人员可以全面了解控制算法与现实控制对象、其他交通参与要素的交互情况，并根据测试中暴露出的系统缺陷问题进行优化改进。

（2）后期开发阶段

在这一阶段，其测试目的是确保车辆在实际道路中行驶的安全性，并促进系统功能成熟度的提升。测试难点在于：选择符合测试需求的测试场景，保证测试执行的真实性、安全性与测试结果的可重复性。通常，可以在封闭的测试场景内布置仿真车、假人等设施辅助测试，并设定车辆运行速度、碰撞速度的限速值等参数进行测试。

这一方法可以针对车辆追尾碰撞设计进行有效验证，满足普通交通场景中的智能驾驶验证需求，但受限于场景条件，难以适用于车辆高速运行或处于高复杂性场景中的测试需求。因此，车辆在环是一种较好的面向高速（这里指速度为60km/h及以上）运行中车辆紧急制动系统测试的方法，该方法不仅能够保证测试执行的真实性和可靠性，还有利于避免在现实场景中发生碰撞，降低了测试损耗。

（3）功能的校准与综合测试

车辆在环不仅可以通过虚拟现实技术对测试功能进行校准（其可视化的优势能够辅助提升校准效率，并辅助测试评估工作），还可以为汽车执行机构测试和系统功能可靠性、安全性测试提供重要支撑。由于在测试过程中不会应用到物理传感设备，因此物理传感设备的性能不会对测试过程造成干扰。此外，虚拟仿真场景、仿真传感数据的应用，可以为车辆执行机构与功能测试提供丰富的差异化测试条件，使自定义场景高效测试成为可能。

4.2 硬件在环（HIL）测试技术

4.2.1 硬件在环测试的系统结构

硬件在环（hardware in the loop，HIL）是一种用于复杂设备控制器的开发与测试技术，目前正被广泛运用于汽车控制器开发过程中。在ECU开发过程中，系统软件和机械硬件结构通常是并行设计的，只有在集成后才能开展测试工作。如果在集成后发现了一些具有严重风险的安全漏洞，就有可能造成人身伤害、设备损坏和项目延误。为了减少这些漏洞的发生，HIL测试得到了广泛的关注。

HIL仿真测试是一种功能强大的测试方法，它能够将智能网联汽车的部分硬件或硬件模块组合置于仿真环境中进行测试。在具体的测试过程中，涉及的仿真系统会有所不同。比如，针对摄像头、探测雷达等设备的测试，通常需要用到环境模拟系统、车辆模拟系统和传感器模拟系统，测试方法是利用仿真环境数据激活真实传感器的功能，从而评估传感器功能状态，另外还可以对传感器的物理性能进行测试。再比如，针对车辆控制器的测试，可能涉及环境模拟系统、车辆模拟系统和控制器系统等，测试方法是在搭建仿真环境的基础上，使用真实控制器处理仿真数据信息。

针对智能网联汽车执行器部件的测试，可以将汽车的转向系统、制动系统等输入仿真测试环境中，通过设置数据参数对其进行激活和测试验证。从理论层面分析，汽车的任何部件或系统均可以输入仿真环境中进行测试。

汽车硬件在环测试的整体结构并不复杂，主要由实时处理器、I/O 接口和操作界面组成，如图 4-5 所示。

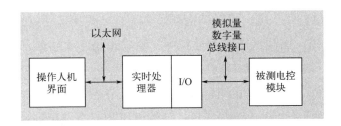

图 4-5　汽车硬件在环测试的整体结构

（1）实时处理器

实时处理器可以提供车辆被控对象的模拟，能够用来运行仿真模型以及信号处理，例如数据记录、激励生成、模型执行等，是 HIL 测试系统的核心部分。通常情况下，实时系统用于精确仿真系统中不能够进行实体测试的部分。

（2）I/O 接口

I/O 接口，即输入、输出接口，是主机与外部交换信息的重要设备，可以用来产生激励信号，获得相关有效数据。I/O 还可以为实际的 ECU 与虚拟的车辆系统提供传感器或执行器的交互。

（3）操作界面

操作界面通常用于配置管理、测试自动化、测试分析与报告等，它可以与实时处理器进行通信，提供测试命令与可视化界面。

汽车的 HIL 测试具有以下优势：

① 测试功能丰富。在对汽车系统或部件进行实际的车辆驾驶测试过程中，HIL 测试可以模拟天气条件、路线细节、驾驶风格和极限工况等多种外部因素，这样便于测试出系统的各类故障类型，有助于系统进行后续的优化升级。

② 实现早期测试。在开发新系统或新部件时常常会有一些存在缺失部分的产品需要测试，为了尽早测试系统模型或者零部件，这些未完成的缺失的部分或者环境可以运用 HIL 进行仿真模拟。举例来讲，在开发电控单元的过程中有时缺少可用的目标硬件，这时就可以利用 HIL 仿真模拟，以此来调节和控制算法。

③ 测试平台可复用。HIL 测试对于各种型号的电控单元都十分高效，而且能够通过开放式 I/O 实时地联合测试多个电控单元，具有优秀的拓展性。在外部因素能够被仿真的情况下，它完全可以实现系统的变化与确切的重复性。

④ 自动化测试高效。与其余的测试相比，HIL 测试更为客观与标准，能够重复使用其测试用例库，使其测试平台具有复用性。值得注意的是，诸如汽车工业、航空航天等的测试系统实验耗时多、成本高。对于这类系统，在未进行实际测试前通过 HIL 仿真模拟真实工况，而后调整至最佳状态是关键且必要的。

⑤ 安全性较高。在测试车辆的过程中，驾驶员是存在接触潜在高风险条件的可能性的。同理，电池管理系统（battery management system，BMS）作为被测试方，也具有暴露在危险环境中的可能性。在类似上述情况的高危测试环境下，通过 HIL 仿真可以有效保护相关人员与物资，使测试更加安全地进行。

4.2.2 硬件在环测试的流程步骤

硬件在环测试是一种高效、灵活的控制器测试方法。这一方法不仅可以代替大部分实车测试，还能够支持智能网联汽车控制域测试，从而降低测试成本、缩短测试时间，提升智能网联汽车在环测试效率。此外，这有助于推动智能网联汽车控制系统的优化迭代，加快实现真正的应用落地。

顾名思义，硬件在环测试包含了"硬件"和"在环"两大要素。其中，作为被测试对象的"硬件"通常是指控制器实物，包括高级驾驶辅助系统控制器、整车控制器或其他电控单元等；"在环"则强调了被测对象（控制器）处于闭合回路中，进行"信息接收→指令传递→反馈信息接收→新指令再传递"的控制过程。

测试闭环是硬件在环测试的基础。针对不同的测试场景和测试需求，构建测试闭环的方法也不同。以智能驾驶控制器与被控制对象（如执行器）均为物理实体的测试过程为例：控制器向车辆执行器发送转向、制动、加速等控制指令以后，执行器做出相应的动作，同时，车辆上的传感器会将采集到的动作状态信息（如横摆角、车速等）反馈给控制器，然后控制器根据新的反馈信息计算并输出新的控制指令。如此循环往复，从而达到测试目的。

开展 HIL 测试时，可以使用 HIL 设备模拟真实被控对象，并通过改变参数来改变被控对象的状态，从而检测不同条件下控制器的性能和工况。HIL 设备收到控制指令后，可以将所模拟的状态信息反馈给真实控制器，由此形成测试闭环，如图 4-6 所示。

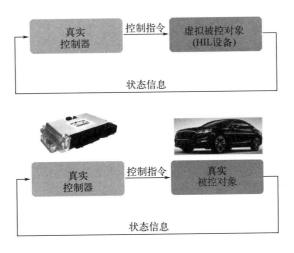

图 4-6　HIL 测试原理

使用 HIL 设备模拟被控对象时，其数据传递方式要与真实被控对象和控制器之间的接口形式和协议相同，HIL 设备要基于控制指令输出正确的响应状态及数值。为了便于开展测试活动，可以将 HIL 测试所用到的软硬件设施集成到一个机柜中。一般来说，完整的 HIL 测试主要分为以下步骤，如图 4-7 所示。

图 4-7　HIL 测试的主要步骤

- HIL 工具开发：测试所需的工具包括 I/O 接口板卡、实时仿真机和传感器模拟器等硬件工具和车辆动力学仿真软件、传感器仿真软件等软件工具。

- HIL 系统集成：该步骤主要涉及两个方面的工作，一是基于测试需求，对相关测试工具进行集成，以具备完整的 HIL 测试环境条件；二是在 HIL 测试环境中导入能够驱动模型运行的被测算法，从而实现闭环测试。
- 测试场景开发：基于智能网联汽车的驾驶算法运行域，设计系统化的测试场景。
- HIL 测试执行：一般来说，人工配置好测试用例后，即可自动执行测试任务，并输出相应的测试评估数据。这能够大幅提升测试效率，并且基于较高的重复性，可以获得可靠的测试结果。

4.2.3 VCU 硬件在环仿真测试

整车控制单元（vehicle control unit，VCU）是智能网联汽车的关键控制元件之一。它可以基于实时采集到的加速踏板开度信号、制动踏板信号、挡位状态信息、钥匙状态信号和车辆当前所处状态等信息，结合控制策略进行分析、处理、决策，然后将控制信号传递到电机控制器、电池管理系统、空调控制器等执行系统中，确保车辆正常运转。

实际上，VCU 需要控制、协调各个模块，确保车辆驱动控制、安全控制、能量管理、信号传递和故障诊断等任务顺利完成。而 VCU 在应用层的具体功能如图 4-8 所示。

图 4-8 VCU 在应用层的具体功能

总的来说，VCU 硬件在环仿真测试系统主要包含以下几个部分。

（1）VCU 硬件在环测试平台

VCU 硬件在环测试平台的主要功能就是支持智能网联汽车整车模型实时运行，具体功能包括模拟控制器的输入信号、接收控制器的输出信号，确保信号类型与模型接口匹配，从而辅助实现对 VCU 硬件在环的闭环控制，确保对控制器的测试和验证结果的可靠性。

（2）VCU 硬件在环测试平台硬件

在搭建仿真测试环境的过程中，一般会应用到虚拟技术（virtualization technology，VT）的产品或服务。为了满足数据处理需求，一般采用性能与 VT 实时系统匹配的 I/O 板卡和总线通信模块，这些硬件设施共同集成到标准尺寸机柜中。

相较同类测试设施，VT 硬件的优点是：集成程度高，板载信号调理模块支持对汽车感知信息的模拟与传递，一部分板卡具有板载故障输入功能，为故障诊断测试提供了重要支撑；同时，VT 设备可以与 CANoe❶ 等适配，满足网络管理、交互层、诊断协议等层面的测试需求。

（3）VCU 硬件在环测试测试平台软件

① 试验管理软件 CANoe。该软件不仅支持集成监控、测试界面和图形化的编程界面，还可以基于实时操作系统的交互数据，实现模型参数的可视化展示，并对其进行修改标定等。其中，图形化界面的功能可以辅助搭建虚拟仪表，Test Setup 模块则能够驱动测试脚本自动执行。

② 自动化测试软件 vTESTstudio。该软件主要用于创建能够满足 ECU 自动化测试需求的开发环境，同时可以适用于产品从模型测试到系统验证的所有开发阶段。该软件中集成了各类测试用例编辑器，可以支持对测试图、测试表、状态图和相关程序算法的编辑；可以灵活设置测试序列参数，参数化的测试用例设计避免了大量的编程需求，且有着较高的测试覆盖率；通过"文件夹""库"等各种结构选项并结合软件自身的模块化结构，使测试工程的配置、维护更为简便。

③ 车辆动力学建模软件 DYNA4。DYNA4 也是一款模块化的智能驾驶仿真模拟软件。该软件可以为仿真测试提供高精度的车辆动力学模型，模型涵盖了发动机系统、底盘系统、制动系统、转向系统、传动系统、冷却系统、电池、电机及逆变器等要素。软件模块化的结构支持测试人员根据仿真模拟需求自行编辑、替换，可以通过交互界面快速完成参数设置。模块的开放性为模块二次开发提供了条件，具

---

❶ CANoe：CAN open environment，德国 Vector 公司推出的一款辅助总线开发、车载网络开发的系统。

体可以在 Simulink 模块图的基础上实现。

在应用方面，VCU HIL 仿真测试平台的作用表现在以下方面：

- 可以对整车的运行环境、实时运行状态进行模拟，为 VCU 提供整车运行模拟时所需的各种输入、输出信号。
- 可以模拟多种车辆运行的工况条件，例如按照某一固定速度匀速行驶的工况、"新欧洲"驾驶循环标准（New European Driving Cycle，NEDC）测试中的工况等，验证方向有 VCU 对不同工况的响应速度是否符合预期等，并对可续驶里程及能耗限额进行估算。
- 支持对 VCU 功能和策略的有效性验证，这些功能或策略包括加减速操作、换挡操作、VCU 上下电逻辑、加速所需时间、最大车速等。
- 可以通过对整车控制器局域网（controller area network，CAN）通信网络进行模拟，对 CAN 节点及其报文收发功能进行测试，验证 VCU 所需的关键数据在 CAN 网络中的传递情况。
- 模拟整车行驶过程中可能出现的故障和问题，辅助验证 VCU 响应策略的有效性。
- 可以精准模拟某些极端路况环境条件，辅助完成一些实车测试难以实现的测试目标。

4.2.4 MCU 硬件在环仿真测试

电机控制器（motor control unit，MCU）是新能源汽车驱动系统的重要元件，其主要作用是将高压直流电转化为高压交流电，进而驱动电机运行，使车辆完成行驶、加速、制动等动作。驱动板和控制板是 MCU 的两个主要组成部分，如图 4-9 所示。

① 驱动板。主要包含脉冲宽度调制（pulse width modulation，PWM）驱动电路模块。MCU 控制器根据 VCU 整车控制器下发的指令和电机控制算法，将具体操作控制信号传递给逆变器，通过对金属氧化物半导体场效应晶体管（metal oxide semiconductor field effect transistor，MOSFET）或绝缘栅双极晶体管（insulate gate bipolar transistor，IGBT）等半导体器件开关的高频控制输出三相交流电，进而驱动电机运动。

② 控制板。包含电源控制、CPU 控制、旋变模块、数模通道和硬件保护电路等模块，能够实现数据处理、计算、操作控制等功能。

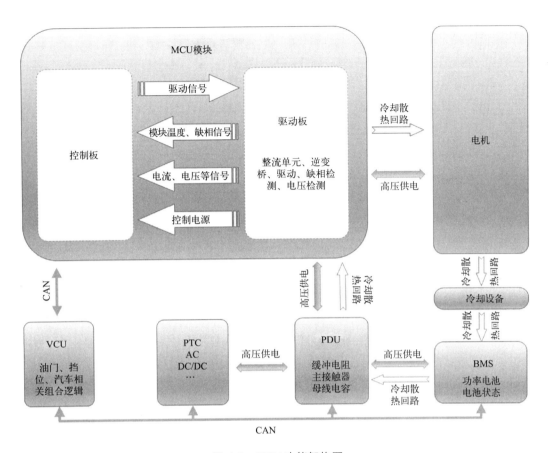

图 4-9 MCU 功能架构图

（1）MCU 功能

MCU 的性能、质量对车辆运行的安全性有着重要影响。其主要控制功能体现在以下几个方面。

① 高压上下电控制。高压上下电控制是一种通过控制高压电的通断来控制电机状态（如启动、运行调节和停止等）的控制方式。如图 4-10 所示，当电机处于休眠或低压状态时，VCU 先根据 KL15 硬线信号判断是否需要进行高压上电、车辆是否处于可上电的状态，然后将上电请求下发到 MCU；MCU 接收到上电请求后会自动检测电路状态，如果电路正常，则执行上电操作并将报文传递给 VCU。同理，当电机处于高压状态时，先由 VCU 判断是否进行高压下电，MCU 再根据 VCU 指令执行放电操作。

② 驱动控制。具体实现过程是：VCU 根据整车运行状态和驾驶员操作要求发出转矩指令，MCU 控制板根据指令计算并输出 PWM 信号，逆变器根据指令信号要求控制高频半导体器件开关，从而将直流高压电转化为三相交流高压电，以驱动

电机运行，最终完成驾驶员的操作要求。

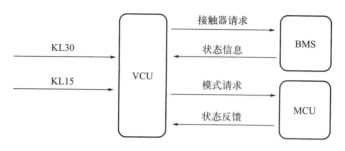

图 4-10　MCU 高压上下电过程

③ CAN 通信控制。依托于 CAN 总线，MCU 可以与整车其他电子电气部件进行实时数据交互，从而实现指令响应、电气状态实时监控、具体操作执行等功能。

④ 放电操作控制。如图 4-11 所示，当存在放电需求时，电池管理系统（battery management system，BMS）断开主接触器，VCU 向 MCU 发送放电请求，然后由 MCU 进行主动放电。

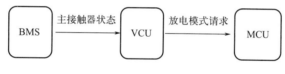

图 4-11　MCU 放电过程

⑤ 故障保护。MCU 可以通过对电机、旋转变压器、逆变器等电子电气模块实时运行数据的分析，实现对相关系统的监控与故障保护。MCU 可以检测到的故障类型有：直流母线电流过流故障、直流母线电压过压（或欠压）故障、电机温度故障、电机控制器温度故障、超速故障、IGBT 故障、CAN 总线通信故障等。MCU 确认故障后，可以自动执行相应的保护措施。

（2）MCU HIL 仿真测试系统

MCU HIL 仿真测试系统主要分为信号级、功率级和机械级三个等级。

① 信号级 MCU HIL 测试。在该测试系统中，MCU 采用实体物理设备，同时应用仿真模型系统搭建电机、逆变器、传动系统、旋转变压器等仿真模型作为 MCU 的控制对象。由此可以通过调整被控对象模型参数改变测试条件，以满足多样化的测试需求。信号级 MCU HIL 的测试过程中不会应用到较高的电流和电压，可以保证整个测试活动的安全性。

② 功率级 MCU HIL 测试。在该测试系统中，MCU 和逆变器采用实体物理设备，其他参与要素则应用虚拟仿真模型。开展测试时，需要为 MCU 和逆变器创造真实的电子负载条件。由于功率级 MCU HIL 测试需要应用到较大的电流和电压，因此其安全风险较信号级 MCU HIL 测试更大。

③ 机械级 MCU HIL 测试。在该测试系统中，MCU、电机和逆变器采用实体物理设备，其他参与要素则采用虚拟仿真模型，另外还需要提供机械测试台架等设备，因此测试成本、安全性要求也更高。但机械级 MCU HIL 测试所反映的电机驱动系统性能情况最为全面。

（3）MCU HIL 测试软件平台设计

MCU 控制器在运行过程中要用到电流、电压、温度、位置、转速等信息，模拟的各类感知数据可以通过 CAN 总线或虚拟节点传递到 MCU，驱动其运行计算。在 MCU HIL 测试中，一般使用可视化仿真工具 Simulink 搭建电机测试相关模型，模型可以分为四个部分：

① 传感器部分。需要提供的仿真传感数据包括工作电流、电压、电机转子温度、电机转子转速等。

② 逆变器部分。以 PMSM 电机驱动系统为例，逆变器的主要任务是将动力电池输出的直流电压转换为交流电压（包括调频调压和定频定压两种类型）以改变电机运行状态。而测试模型可以对这一过程进行模拟。

③ 电机部分。对电机的运行情况进行模拟，电机模型可以基于编码器模型传递的信息判断转子的位置和速度，据此计算出电机的电流和输出力矩等数据，然后将这些数据反馈到 MCU 控制器中。MCU 控制器基于其反馈数据再次发出控制信号，由此实现对电机模型的闭环控制。

④ CAN 通信控制部分。主要用于模拟 MCU、CAN 总线或虚拟节点之间的数据传递状态，同时支持人工修改信号值，从而创造出多样化的测试条件。其中，CAN 网络中传递的信号包括母线电压信号、逆变器信号、转速信号和温度信号等。

（4）MCU HIL 测试系统的功能

总体来看，MCU HIL 测试系统主要具备以下功能：

① 整车运行环境与信号模拟。通过整车仿真模型的运行来模拟 MCU 的测试环境，并为 MCU 提供所需的整车模拟输入信号等。

② 辅助整车功能验证。主要针对整车系统级功能和电子零部件级功能的验证需求开展测试活动。

③ 故障工况模拟与重现。模型可以根据控制器故障工况数据进行场景重现和

模拟,尤其在一些复杂的故障工况测试中发挥重要作用。

④ 极限工况仿真测试。极限工况主要指极端天气条件、有着较高安全风险的实车测试工况或实车测试难以实现的测试工况。可扩展的 MCU HIL 测试系统则能够有力支持此类测试活动的开展。

⑤ 故障自诊断策略验证。主要用于测试 MCU 电控单元的故障自诊断策略是否有效。其中,MCU 可能面临的故障包括对电源短路、对地短路、开路等电气故障和校验 CRC 错误、Rolling Counter 错误、BUSOFF(总线关闭)等网络故障。

⑥ CAN 网络通信模拟。模拟整车 CAN 网络节点与 VCU、BMS 等系统的连通情况,并基于 CAN 模拟总线向 MCU 传递关键数据。

4.3 软件在环(SIL)仿真测试

4.3.1 软件在环测试原理与步骤

智能网联汽车软件在环(software in loop,SIL)测试能够在构建和应用汽车动力学模型、传感器模型和控制算法模型等多种模型的基础上对汽车的控制器进行仿真测试,从而在避免损耗实际车辆的前提下及时找出测试车辆中的潜在问题,并有针对性地增强智能网联汽车的安全性和可靠性。

(1)软件在环测试的原理

从原理上来看,SIL 测试就是通过在仿真环境中引入被测软件并利用仿真器对真实硬件行为进行模仿的方式来实现基于数据的软件测试验证,从而达到精准评估被测软件的准确性和可靠性的目的。智能网联汽车行业在对车辆进行 SIL 测试时应构建车辆模型、传感器模型和控制算法模型等多种模型,并充分发挥实时操作系统和仿真器的作用,对被测车辆的运行环境和控制效果进行仿真模拟。

(2)软件在环测试的主要步骤

① 构建模型。构建车辆动力学模型、传感器模型、控制算法模型等相关模型,并在此基础上借助仿真器等仿真工具来完成各项仿真模拟工作。

② 仿真测试控制器。在仿真环境中引入控制器,并对智能网联汽车的控制器进行仿真模拟测试。

③ 采集和分析相关数据。采集、分析和处理仿真过程中的各项相关数据,并根据数据的分析处理结果对被测软件进行评估。

④ 评估测试结果。根据测试数据和评估标准评估被测软件的设计和功能。

（3）软件在环测试的优势与局限性

① 软件在环测试的优势主要表现在：

- 测试效率高：仿真测试能够大幅减少实际道路测试数量，缩短在实际道路测试方面花费的时间，进而达到提高测试效率的目的。
- 测试成本低：仿真测试能够有效规避实际道路测试中由天气、交通状况等难以预见的因素造成的麻烦，进而达到减少测试成本支出的目的。
- 安全性强：仿真测试能够为智能网联汽车行业及时找出各项潜在问题提供支持，进而达到充分确保智能网联汽车的安全性的目的。

② 软件在环测试的局限性主要表现在：

- 模型精度提高难度大：为了确保 SIL 测试的有效性，智能网联汽车行业需要进一步提高车辆模型、传感器模型和控制算法模型的精度，但这一过程需要耗费大量时间和资源。
- 仿真场景和实际场景之间存在差异：仿真测试能够对大多数行驶环境和状况进行模拟，但受仿真场景限制、传感器模型简化等因素的影响，无法实现与实际场景完全一致。
- 数据隐私与安全：智能网联汽车在对软件进行 SIL 测试时需要采集和分析大量车辆和传感器数据，因此还需加强对数据安全的保护，提高各项数据信息的安全性。

（4）未来发展趋势

近年来，自动驾驶技术飞速发展，SIL 测试技术的成熟度越来越高，针对智能网联汽车的 SIL 测试技术也将得到进一步发展。具体来说，SIL 测试技术未来的发展道路主要包括以下几个方向：

① 与实车测试融合。SIL 测试所模拟出的行驶环境和状况与实际场景之间存在差异，智能网联汽车行业需要推动 SIL 测试与实车测试的融合，以便进一步提高测试的精准性和可靠性。

② 多层次测试策略。SIL 测试可以利用包含单元测试、集成测试、系统测试和道路测试等多个层次的测试策略来充分满足各项测试需求。

③ 智能化仿真。人工智能技术在智能网联汽车 SIL 测试中的应用能够提高测试的智能化程度，助力车辆实现对交通场景和状况的自动识别和模拟，进而达到提高测试的效率和精准度的目的。

④ 强化数据利用和分析。智能网联汽车行业需要加大对测试过程中的各项数据的分析利用力度，深入理解被测车辆的各项驾驶行为和性能表现，并在此基础上

完善自动驾驶技术，提高汽车行驶的安全性。

4.3.2 软件在环仿真环境的搭建

近年来，智能网联汽车的自动化程度越来越高，系统的复杂度也迅速提高，基于行驶里程的实车道路测试已经无法满足当前的测试需求，因此智能网联汽车行业需要探索新的自动驾驶汽车性能测试验证方法。就目前来看，智能网联汽车行业已经将基于场景的测试作为实现自动驾驶汽车性能测试的有效方法和重要环节，并开始利用虚拟仿真等技术手段整合各项相关软件、硬件以及模型，提高测试的安全性、高效性和可重复性，同时也借助对测试场景的虚拟仿真来减少在测试方面的成本支出。

SIL 测试能够支持被测算法在 SIL 仿真工具链的基础上利用虚拟仿真技术打造虚拟化的测试环境，从而在自动驾驶系统开发环节发挥重要作用。如图 4-12 所示，SIL 仿真工具链主要由数据转换模型、场景仿真软件、通信接口模型、车辆动力学软件和自动化测试软件等组成，能够采集和传输虚拟场景中的各项环境信息，在数据信息层面为被测算法按照内部逻辑的计算活动提供支持，以便向车辆动力学软件输送车辆控制信息，为车辆动力学软件计算和显示位置、姿态等信息提供支持，进而构建测试闭环，利用自动化测试工具制定测试用例，根据相关标准和规范中的评价指标对智能网联汽车的自动驾驶功能逻辑有效性进行测试验证。

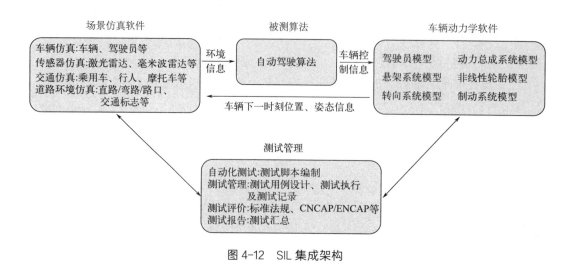

图 4-12 SIL 集成架构

完整的 SIL 仿真工具链在测试场景构建工作中主要需要完成以下几项任务。

(1) 虚拟测试场景构建

SIL 测试需要先构建虚拟试验环境，获取真实道路行驶的状态信息，以便支持被测控制算法稳定运行，同时也要针对智能网联汽车在道路测试过程中的气象环境、道路环境、动态环境和交通流环境等实际行驶条件来展开测试工作。

- 气象环境：车辆行驶环境中的温度、湿度、光照、天气等信息。
- 道路环境：车辆行驶环境中的道路形状、路面情况、交通标志、交通标线和障碍物等信息。
- 动态环境：车辆行驶环境中的交通信号、可变交通标志、交通警察等动态指示和车辆通信状况等通信环境信息。一般来说，仿真结果是否可信需要根据动态环境的真实情况进行判断。
- 交通流环境：车辆行驶环境中的交通流环境和微观交通流环境。从宏观上来看，交通流环境指的是道路在某段时间中的整体交通情况；从微观上来看，交通流环境指的是被测车辆的实际位置和在该位置时的运动状态。

(2) 车辆动力学模型参数配置

就目前来看，智能网联汽车领域广泛应用的动力学软件能够针对车辆特性构建相应的模型，并在缺乏结构数据的车型开发初期充分发挥软件数据库的作用，构建基础车辆动力学模型，根据实际情况进行仿真工况设置。数据库中具有多种类型的悬架和转向系统的样例模板，能够支持 SIL 测试建立不同类型的组件、车辆和测试结果的库文件，并在此基础上灵活切换车型和工况仿真，以便按照仿真结果进行有针对性的调整，从而在产品设计环节就开始对产品的性能进行优化设计。

(3) 传感器模型开发

SIL 仿真测试可以利用摄像头、激光雷达、毫米波雷达、超声波雷达等多种传感器设备感知车辆周边环境、采集环境信息，并精准识别、探测和追踪环境中的静态物体和动态物体，分析和处理导航仪等设备中的各项相关地图数据，以便车辆驾驶员提前感知并防范风险，进而达到提高车辆行驶的安全性、舒适性和智能化程度的目的。

高级驾驶辅助系统（advanced driving assistance system，ADAS）可以通过传感器采集环境场景中的光、电、声信号，并从数字信号中获取飞行时间、多普勒频移等原始信号，以便利用感知算法和目标跟踪等方式来获取目标列表信号，从而充分发挥控制算法的作用，综合利用各项信号和控制算法实现对车辆的有效控制。

智能网联汽车可以借助原始数据模型和目标列表模型来进行传感器仿真，充分满足各个应用场景在测试方面的需求。具体来说，原始数据模型能够输出多种物理效果，大多在开发和测试各个部件、各类原始信号的过程中发挥作用；目标列表模型中的目标列表信号不会影响传感器的物理特性，且具有参数配置难度低的优势，大多在快速测试验证原型或概念的过程中发挥作用。

（4）自动化测试与评价

智能网联汽车行业在制定测试用例时需要参考被测算法的功能定义、测试规范和接口信息，并明确测试功能点，全方位深入分析基于驾驶场景数据和标准法规等相关内容的虚拟测试场景，按照国际标准化组织（International Organization for Standardization，ISO）、中国新车评价规程（China-New Car Assessment Program，C-NCAP）和欧盟新车安全评鉴协会（E-NCAP，Euro-NCAP）等专业组织机构确立的相关测试评价规程来测试被测算法的各项功能。

近年来，智能驾驶仿真技术不断发展，相关应用日渐多样，智能驾驶功能测试的复杂度也随之升高。SIL 测试需要充分发挥自身在测试便捷度方面的优势，提高测试效率，为开发和测试人员在设计开发环节及时发现系统缺陷提供支持，以便及时对各项缺陷进行处理，缩短开发周期，实现高效开发。

4.3.3　纯电动汽车动力总成 SIL 仿真

纯电动汽车的结构和设计具有复杂度高的特点，相关测试人员在对其测试的过程中需要综合运用汽车技术、电机驱动技术和动力电池技术等多种技术手段以及现代控制理论等理论知识来将控制过程提升至最佳状态。

2012 年 3 月，我国科学技术部就发布了《电动汽车科技发展"十二五"专项规划》，大力推动电动汽车科技快速发展，并提出继续坚持"三纵三横"的研发布局。不仅如此，我国汽车行业还积极顺应汽车动力系统电动化转型的趋势，面向"纯电驱动"落实技术转型战略，并深入研究"三横"共性关键技术，以便全面掌握并灵活运用驱动电机及其控制系统、动力电池及其管理系统和动力总成控制系统。

软件在环仿真技术在纯电动汽车动力总成方面发挥着十分重要的作用。一般来说，在电动汽车开发初期，软件在环仿真技术的应用能够在不依赖台架和整车试验的情况下利用软件来代替硬件完成动力总成系统部件选型工作，并实现对整车性能和控制策略的开发情况的准确评价。不仅如此，在台架试验和实车测试环节，还可以利用模拟仿真技术来获取相应的数据信息，同时也可以利用软件仿真技术来压缩开发成本，提高开发效率。

动力总成仿真系统在环仿真技术研究过程如图 4-13 所示。

（1）软件在环仿真系统开发

软件在环仿真系统主要由七个模块构成，如图 4-14 所示。

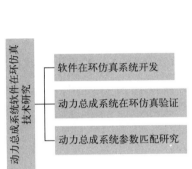

图 4-13　动力总成仿真系统在环仿真技术研究过程

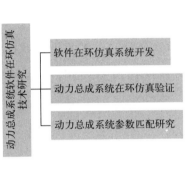

图 4-14　软件在环仿真系统

① 城市道路工况模块。能够从存储单元将行驶工况车速的时间序列读取到内存单元当中，并以时间间隔为参考按相应次序传输到车辆动力学模块当中，从而在选择不同城市道路行驶工况的过程中发挥作用。

② 车辆动力学模块。能够对由滚动阻力、空气阻力、加速阻力和坡度阻力构成的车辆实际行驶阻力进行精准计算，并在仿真界面中设计、匹配和确定车轮半径、整车质量、迎风面积、空气阻力等各项相关参数。

③ 整车控制器模块。能够广泛采集制动信号、电流信息、车辆行驶控制信息、电池组模块的端电压以及电机控制模块的转速和转矩信息，并通过对各项信息的综合分析来确定车辆当前的运行模式，计算出电机系统目标转速的输出数值。

④ 动力系统关键部件选型模块。可以在掌握汽车的传动系统参数的基础上以台架试验的方式来处理初步电机系统和电池组，并与城市道路工况模块协同作用，进一步明确汽车的实际工作点分布情况，同时对传动系统参数进行优化，提高汽车的实际工作点所在区域与电力驱动系统区域之间的匹配度，进而完成对动力系统关键部件的初步选型工作。

⑤ 驱动电机模块。包含坐标变换、中间量计算、气隙磁链子系统、定子和转子电磁子系统、转矩和运动子系统五个子系统，且能够充分发挥具有体积小、成本

低、响应快、成熟性好、可靠性强、调速范围广等特点的交流异步电机的作用，优化匹配这五个子系统中的各项相关参数。

⑥ 电机控制器模块。能够在交流异步电机中的电压、电流、磁通和电磁转矩处于强耦合状态，且电磁转矩和磁通以及电流动态同步变化的情况下，针对电机系统效率、目标功率、交流异步电机所输出的转矩信息、车辆动力学模块所输出的实时车速信息等相关信息数据计算出电机系统的整体效率，并及时输出计算结果，将总线功率需求传输到动力电池组模块当中，以便利用车辆动力学模块精准计算并快速输出汽车的实时车速。

⑦ 动力电池组模块。可以输入电机实际需求功率，输出电池组的充电效率、放电效率、开路电压和实际工作过程中的端电压等信息，并借助 Simulink 自定义函数来完成电池组开路电压的设置工作，同时针对电池组的充电效率和放电效率等数据建立相应的计算模型。

（2）动力总成系统在环仿真验证

动力总成系统在环仿真验证主要由动力电池组充电过程和放电过程仿真、驱动电机工作过程仿真、整车性能仿真等多项内容构成，且充电电流和放电电流与仿真精度之间存在一定的反比关系。

一般来说，纯电动汽车整车仿真模型包含变速箱、整车控制、驾驶工况、驱动电机、动力电池组等多个模型，且各个模型均可以调整相应文件的方式来输入相关参数。除此之外，在对纯电动汽车动力总成系统进行测试验证的过程中，相关测试人员还需充分考虑热模型对自身所开发的电池组中的电流的影响。

（3）动力总成系统参数匹配研究

在开展动力总成系统参数匹配研究试验之前，相关测试人员需要先构建试验台架，明确汽车行驶工况，开发动力总成在环仿真系统，测试验证动力总成系统的关键部件特性和参数匹配研究情况，同时也要进行关键部件选型并开展台架试验，以便确定动力总成系统关键部件，根据常用工况区域为汽车匹配相应的传动系统，并在此基础上运用底盘测功机试验验证实际匹配情况。

其中，动力总成系统参数匹配主要涉及对驱动电机、电池组电压、电池组容量和传动系统挡位等具体参数的选择工作；车辆性能测试的测试内容主要包括续航里程、百公里能耗、车辆动力性能，同时还要对比新匹配纯电动汽车的参数和原车技术参数。

第 5 章
智能网联汽车 ADAS 测试

5.1 ADAS 系统与 V2X 技术概述

5.1.1 ADAS 系统应用与发展

高级驾驶辅助系统（advanced driver assistant system，ADAS）是运用智能物体识别、侦测与追踪技术对传感器所采集到的环境数据进行处理，辅助驾驶员预测可能发生的危险，甚至干预车辆运行的主动安全技术。从技术发展角度看，ADAS可以看作是无人驾驶的突破口，企业或研发机构可以在 ADAS 的基础上进行技术攻关与创新；从应用角度看，ADAS 已经逐步实现商业化，具有良好的市场开发前景。

一般来说，汽车安全系统设计可以分为主动安全设计和被动安全设计，如图5-1 所示。主动安全设计是在事故发生前采取预防措施，避免人员受伤，如电子稳定控制系统（electronic stability program，ESP）、驱动防滑控制系统（acceleration slip regulation，ASR）、制动防抱死系统（anti-lock braking system，ABS）等。被动安全设计是为了在事故发生后及时进行干预，以避免或减轻人员受到的伤害，如在车辆中配置安全带、安全气囊、车门防撞钢梁等。ADAS 作为新兴的汽车主动安全电子系统，目前还未真正实现大范围普及，具有巨大的发展潜力。

图 5-1 安全系统相关技术在碰撞时间轴上的工作顺序

随着经济发展，越来越多的新技术、新能源、新材料等被投入社会生产生活的应用中，并催生新的生活和消费理念。在汽车领域，消费者对智能化的偏好正逐步增强，ADAS 辅助驾驶系统也越来越受到欢迎。ADAS 可以实现车辆灯光自动控制、交通标志识别、自动泊车等智能化操作，可以有效减轻驾驶负担，为新手驾驶员提供便利。另外，智能识别、智能感知技术的进步也可以为 ADAS 的发展提供条件。

安全问题一直是汽车应用领域最受关注的问题之一。在汽车安全系统设计中，主动安全技术比被动安全技术更具有优势，目前也是汽车安全技术发展的重点。当主动安全技术提高到一定水平时，甚至可以替代一些被动安全技术。根据统计，人为失误是交通事故发生的重要原因之一，而 ADAS 系统的普及应用，可以有效降低事故发生率。例如，ADAS 在黑暗、浓雾等恶劣环境条件下也能够对建筑物或障碍物进行精准感知，从而提醒驾驶员可能存在的危险；同时，ADAS 可以实时监测驾驶员的面部表情和生理指标，对于异常状态或不规范行为及时预警，从而降低驾驶风险。随着 ADAS 的安全预警作用得到普遍重视，其有望成为像安全带、安全气囊一样的汽车必需品。

相关法律的制定和完善对 ADAS 的普及应用能够起到一定的推动作用。目前，ADAS 技术在提高道路安全性、降低事故发生率、减少财产损失等方面的作用在世界范围内得到了充分肯定，中国、美国、韩国、日本等多个国家通过法律规范要求在新车型中配置 ADAS 相关系统，如前方碰撞预警系统（forward collision warning，FCW）、车道偏离预警系统（lane departure warning system，LDWS）等。

同样，非官方的汽车安全认证机构也能够发挥市场导向作用。例如新车碰撞测试（new car assessment program，NCAP）评级系统，测试内容包括正面和侧面碰撞等被动安全技术，成人保护、儿童保护、行人保护是其重要评价指标。目前在美国、欧洲各国、韩国、日本、中国都有类似的安全评价机制。NCAP 由于其测试数据的可靠性和准确性，在促进厂商提高汽车安全性能方面发挥了积极作用，成为消费者购车的重要参考依据。近年来，部分国家的 NCAP 组织正在着手准备将汽车主动安全技术纳入评级范围，这将有力推动汽车主动安全技术的发展，使得 ADAS 受到更多的关注。同时，由于 NCAP 更加贴近市场并且可以与不同的厂商进行合作，因此能够推动其评级标准的进一步完善，成为 ADAS 技术发展的重要驱动因素。

5.1.2　ADAS 系统的类型划分

按照功能划分，ADAS 系统主要分为感知、控制、执行等模块。
- 感知模块：对环境的精准感知是基础，只有优先识别出障碍物、复杂路况和运行环境等，才能对可能存在的危险做出预警，给予驾驶员提示或干预车辆运行。从目前的发展阶段看，感知模块的发展最为成熟，汽车厂商正对多种感知系统、感知手段进行研发测试。
- 控制模块：基于相关感知数据，对系统算法、数据处理能力有较高的要求，但技术层面的问题仍需要解决。
- 执行模块：需要根据控制模块的需求，完善相关软硬件设备。

基于上述模块的发展进程，ADAS 系统大致可以划分为识别预警和主动干预两大类型，如图 5-2 所示。

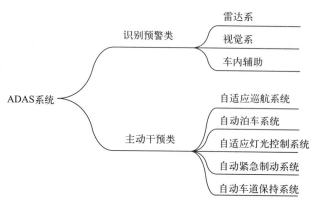

图 5-2　ADAS 系统的类型

（1）识别预警类

识别预警类 ADAS 的主要作用在于对车辆内部、行人、障碍物、路面等相关因素的精准感知。在后装市场中，识别预警类 ADAS 的商业化要快于前装市场，如 Mobileye 系列已经实现了车道偏离预警、交通标志识别、行人或障碍物识别等 ADAS 功能的配置；在前装市场中，Mobileye、红旗等厂商也正在着手实现大规模 ADAS 前装的落地。

识别预警类 ADAS 的传感器主要可以分为雷达系、视觉系和车内辅助三类。

① 雷达系。雷达系 ADAS 主要运用的是毫米波雷达传感技术，车载毫米波雷达通过天线向外发射毫米波并接收目标反射信号，从而获得目标位置、距离、速度等信息，车辆控制系统根据反馈的环境信息进行预警或干预驾驶。雷达系 ADAS 主要包括前方碰撞预警（FCW）、自适应巡航控制（adaptive cruise control，ACC）、盲点监测（blind spot detection，BSD）等驾驶辅助系统，与视觉系 ADAS 相比，具有感知精度高、受天气光线影响小等优势，但可能会带来更高的成本。

目前，在全球毫米波雷达市场中，德国、美国、日本等国家占据主导地位，中国车载毫米波雷达行业起步较晚。随着相关技术的发展，雷达系 ADAS 的成本有望进一步下降，并激发出更大的发展潜力。

② 视觉系。视觉系 ADAS 系统主要依托于成像传感器技术和相关图像信息处理算法实现行车安全预警。ADAS 摄像头可以安装在车身多个部位，对车辆前方、后方、侧方等视野区域的环境动态进行感知，捕获识别目标并结合算法模型计算出

目标的距离、速度等。

车道偏离警示系统（LDWS）、交通标志识别系统（traffic sign recognition，TSR）、行人识别预警系统（pedestrian recognition warning）等都属于视觉系ADAS的范畴。由于ADAS摄像头的成本较低且技术相对成熟，视觉系ADAS的装车率正在快速增长，逐渐成为ADAS系统的主流。

③ 车内辅助。车内辅助类ADAS能够对驾驶员状态进行监测，并改善其驾驶体验，以降低驾驶风险。比如，HUD抬头显示系统（head up display）利用光学反射的原理将导航、车速、油压、胎压等系统信息投影到前挡风玻璃上，这样驾驶员就不用低头查看仪表，从而将注意力集中于前方道路；再比如，疲劳驾驶预警系统（BAWS）能够捕捉驾驶员打哈欠、眯眼睛等异常行为信息，有效识别驾驶员的疲劳状态，并以语音或灯光方式进行提示。

车内辅助类ADAS由于安装方便、配置灵活、实用性较强、成本较低，已经得到大范围普及。未来，通过与语音交互等智能技术进行融合，其有望获得更为广阔的发展前景。

（2）主动干预类

主动干预类ADAS基于感知识别技术，能够对车辆运行情况进行直接干预，主要包括自适应巡航系统（adaptive cruise control，ACC）、自动泊车系统（automatic parking assist，APA）、自适应灯光控制系统（adaptive light control，ALC）、自动紧急制动系统（autonomous emergency braking，AEB）、自动车道保持系统（automated lane keeping systems，ALKS）等。由于其比识别预警类ADAS有着更高的技术要求和研发成本，其通常仅用于价格高昂的车型。但从某种意义上说，这些技术已经步入了自动驾驶的轨道，为未来真正实现无人驾驶奠定了基础。

此外，主动干预类ADAS需要连通感知、控制、执行等各个环节，有着极高的实时性要求，对全车零件、设备、系统的适配性、兼容程度要求较高，且在研发制造过程中需要联合研发部门、软件开发部门、设备与零件供应商、传感器供应商等多个部门，共同合作进行功能测试与调整。因此主动干预类ADAS主要存在于前装市场，且有较高的行业壁垒，而拥有较为完善的整车制造产线和智能化、自动化技术研发能力是进入主动干预类ADAS领域的重要条件。

5.1.3 V2X的概念与技术分类

智能网联汽车中应用了车联网无线通信技术（vehicle to everything，V2X），能够提高车辆的通信能力,实现车与人、车与车、车与路、车与云之间的智能信息交换,从而达到确保车辆安全行驶和提升道路通行效率等目的。ADAS 连接了雷达、摄像头和高精地图等,具有目标探测、环境感知、环境判断等功能。但由于 ADAS 的传感器探测具有探测误区多、探测范围不全等缺陷,难以充分确保车辆安全行驶,也无法帮助车辆有效规避危险,因此车辆需要通过综合运用 ADAS 和 V2X 来提高自身的互联能力,并在此基础上加强与外界的信息交流,以便降低交通事故的发生率,实现安全行驶。

ADAS 和 V2X 在汽车中的综合应用既能够大幅降低安全事故的发生率,也能够减少油耗,提高传感器探测和信息互联的效率。而且,随着技术不断成熟,ADAS 和 V2X 的融合应用在汽车行业中的热度将会越来越高,有望成为智能网联汽车产业链中的热门领域。

就目前来看,智能网联汽车 V2X 主要包括车辆与车辆通信(vehicle to vehicle,V2V)、车辆与基础设施通信(vehicle to infrastructure,V2I)、车辆与行人通信(vehicle to pedestrian,V2P)以及车辆与互联网通信(vehicle to network,V2N),如图 5-3 所示。

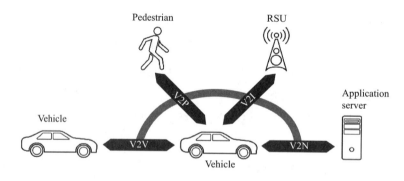

图 5-3 智能网联汽车 V2X 的内涵

① V2V。V2V 能够打破固定基站对信息通信的限制,支持处于行驶状态中的汽车在不使用基站的情况下与其他汽车进行信息通信。以智能网联汽车的防撞系统为例,装配了基于 V2V 技术的防撞系统的智能网联汽车能够向车主提供处于同一路段中的其他车辆的状态信息,帮助车主预判车辆行驶过程中发生安全事故的可能性,以便及时解决潜在风险,避免发生安全事故。

V2V 可以利用专用短程通信技术(dedicated short range communications,DSRC)将位置、方向、速度等数据信息以每秒 10 次的频率传送向周边的车辆,为周边的汽车规避安全事故提供帮助。不仅如此，V2V与卡尔曼滤波技术的融合还能为智能汽车采集信息提供技术层面的支持，帮助智能汽车提高信息采集的精准度和便捷度，增强汽车防撞系统的可靠性。

② V2I。V2I是一种支持智能汽车与道路和其他基础设施之间进行通信的技术，能够帮助智能汽车高效采集交通信号灯的信号时序、路障的具体位置等交通管控数据，而V2I与ADAS的融合还能够进一步提高交通信息预警的精准度和可靠性，以便根据预警信息及时采取相应的措施进行风险防范。

③ V2P。V2P具有通信功能，能够精准感知道路中的行人与车辆之间的相对运动状态，分析二者相撞的风险程度，并据此发出安全预警信息，实现车辆与行人之间的信息交流，从而降低人车冲突风险，保护行人和车辆的安全。但由于城市交通环境复杂，智能汽车中装配的传感器常常会受到建筑物、路侧设施和其他车辆的干扰，且传感器的检测范围十分有限，因此目前许多智能汽车即便融合了V2P技术也难以完全预测人车冲突风险。

④ V2N。V2N指车辆与互联网之间的通信，既能够支持车辆与网络应用平台或云平台进行信息交流，也能够支持车辆使用网络应用平台和云平台的各类应用。

与此同时，以车联网为网络基础的行人避撞系统在信息的实时性方面还具有较高的要求，若要实现精准高效的人车避撞，就必须将通信时延降至最低。具体来说，V2N能够真实记录并在云端存储ADAS系统中出现碰撞时的实时状态信息，实现碰撞信息全程可追溯，从而为相关人员查询车辆碰撞信息提供方便。

V2X具有网络拓扑稳定性差、外部环境干扰大、行车轨迹可预测、小数据包众多等特点。从技术的研究方向上来看，V2X大致可分为专用短程通信技术和基于长期演进技术（long term evolution，LTE）的车联网无线通信技术两种类型。

① DSRC。具有传输效率高、传输时延短、实现难度低等特点，能够在短距离内精准识别高速运动的车辆，并为其与基础设施和其他车辆等物体双向传输图像、语音和数据等信息提供帮助，从而有效支撑车辆与道路之间的信息交流，并实现更多智能化应用。

从构成方面来看，DRSC系统主要包括3部分，分别是车载单元（on-board unit，OBU）、路侧单元（road-side unit，RSU）和DSSRC协议。现阶段，DSRC系统能够为车速200km/h的车辆提供通信服务，且反应时间低于50ms，平均信息传输速率为12Mbps，最高信息传输速率可达27Mbps，信息传输距离可达1km。

由此可见，智能汽车可以利用DSRC每秒钟向距离1km以内的车辆发送10次位置、车速和方向等数据信息，同时接收其他车辆发出的数据信息，并根据接收到的数据信息向车辆驾驶员发出信号灯闪烁、语音警告、转向盘震动等预警信息，以便驾驶员根据实际情况及时调整车辆的运行状态，避免发生交通安全事故。

② LTE-V2X 技术。一种融合了分时长期演进技术（time division-long term evolution，TD-LTE）和 V2X 技术的 LTE 后续演进技术，能够广泛应用于交通领域当中，为汽车行业提供智能交通系统（intelligent transport system，ITS）解决方案，促进汽车行业和交通行业向智能化方向发展。

LTE-V2X 可以在相关通信协议和数据交互标准的框架下为 V2V、V2I 和 V2P 提供数据共享和数据交互的渠道，也能帮助交通领域提高交通管控、车辆安全驾驶和动态信息服务等应用的智能化程度。与此同时，LTE-V2X 也能强化各个通信基站之间的联系，降低改造成本，细化改造流程。

LTE-V2X 具有通信距离长和信息传输速率高的优势，因此 LTE-V2X 的研究价值较高，但同时也存在通信安全缺乏保障、车辆高速运行时响应效率低等不足之处。就目前来看，全球范围内已有多家企业（高通、LG、华为等）开始对 LTE-V2X 进行研究，力图推动 LTE-V2X 快速实现大规模的落地应用。

从构成上来看，LTE-V2X 系统主要包括用户端、路侧单元和基站三部分；从通信方式上来看，LTE-V2X 通常采用蜂窝链路式（LTE-V-Cell）通信和短程直通链路式（LTE-V-Direct）通信，如图 5-4 所示。

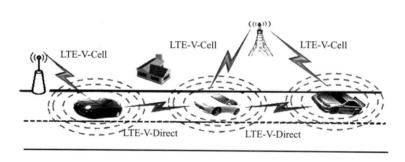

图 5-4　LTE-V2X 的两种通信方式

- LTE-V-Cell 主要在传统的移动宽带授权频段中发挥作用，能够利用用户设备来处理多种传统的车联网业务。
- LTE-V-Direct 能够利用 PC5 通信接口为 V2V、V2I 提供直接通信的渠道，充分保障车辆行驶的安全性。不仅如此，以 LTE-V-Direct 为通信方式的智能汽车还能通过广播、终端直通和 RSU 实现信息交互，从而降低 RSU 的使用数量。

由此可见，LTE-V2X 系统能够充分满足智能交通在行驶安全、信息娱乐和后台监控等多个方面的要求，并综合运用蜂窝通信和直通通信等数据传输技术为智能交通提供多种智能化应用。

③ DSRC 与 LTE-V2X 技术的发展。就目前来看，美国、日本等国家十分重视对 DSRC 技术的研究，且对基于 DSRC 技术的基础设施的研究和应用已逐渐成熟，相关技术体系也日渐完善，已经能够为车与车、车与路之间的互联互通提供有效支持；除此之外，LTE-V2X 也正处于飞速发展阶段，能够整合各个已有的通信基站，并减少在改造方面的成本支出，进一步细化改造流程，同时还能凭借自身在通信距离和信号传输速率等方面的优势提升自身的研究价值，从而推动相关研究人员加大研究力度，以便未来早日解决车辆在高速行驶时出现的反应延迟时间长和通信安全问题。

5.1.4　V2X 测试的内容与方法

智能网联汽车作为一种融合了网络通信、交通管理、云计算、自动化控制等技术的智能产品，其现有的测试评价体系并不完善，测试方法和流程也尚未统一，一些复杂的测试需求还无法实现。因此，探索出能够有效支撑智能网联汽车测试的测试评价体系，已经成为行业发展的重要目标之一。

近年来，随着智能网联汽车技术的快速迭代，其测试评价体系的发展有以下特征：
- 测试范围：从单一功能测试发展为综合验证评价体系；
- 测试手段：从传统的实际场地测试发展为多技术支撑的多样化测试方法；
- 测试对象：从单车智能测试发展为智能网联系统和整车融合测试。

目前，智能网联汽车相关的技术方案大多专注于单车智能技术，其测试评价也大多侧重单车智能测试，面向网联化和智能化融合的应用技术还不成熟，与之对应的测试方法也有待开发和完善，如图 5-5 所示。以下从互联互通测试、V2X 模拟仿真测试、覆盖性能测试、车路协同与智慧道路分级评测四个方面，对车联网仿真测试实践进行介绍。

（1）互联互通测试

近年来，"三跨"（跨通信模组、跨终端、跨整车）、"四跨"（跨芯片模组、跨终端、跨整车、跨安全平台）、"新四跨"（跨芯片模组、跨终端、跨整车、跨安全平台＋高清地图定位）等一系列 C-V2X 应用示范活动的举行，使协议一致性测试与认证的理念获得了业界的广泛认同，对提升不同厂商设备的互操作性起到了一定作用。

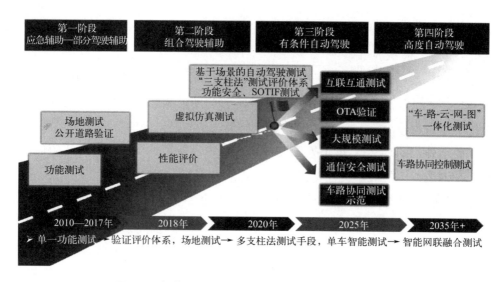

图 5-5 智能网联汽车测试评价技术发展阶段示意图

但由于软件版本或协议栈的差异、对标准细节理解的差异,以及物理层、应用层数据标准的不统一,车载单元(on-board unit,OBU)与路侧单元(road-side unit,RSU)之间的泛在链接难以建立,信息、数据通路被层层壁垒所阻隔。因此,除了推进协议一致性测试工作,还要协同构建可靠的互联互通测试评价体系及认证体系,打通不同设备间的连接通路,为 C-V2X 落地奠定基础。

(2)模拟仿真测试

在 C-V2X 应用仿真测试方面,运用较多的测试系统有 V2X 协议解码器、V2X 信号模拟器、全球导航卫星系统(global navigation satellite system,GNSS)模拟器和仿真软件等。进行测试时,先应用仿真软件构建仿真测试场景,如图 5-6 所示。此类仿真场景不仅搭载 V2X 预警功能,场景中包含的数据类型还应包括车辆定位信息、道路车辆运行状态信息和路侧单元信息等。

仿真软件可以将这些仿真测试数据进行解析并打包成 V2X 数据报文,通过 V2X 信号模拟器发出的 PC5 射频信号传递到被测设备一端;同时,可以通过矢量信号源生成各种制式卫星信号,利用 GNSS 模拟器将模拟的定位信息通过空口传递到被测设备。V2X 协议解码器则用于解码被测设备接收到的 V2X 消息报文,从而判断设备在数据收发方面是否符合预期。

在未来智能化与网联化融合的智能网联汽车仿真测试中,需要在传统仿真场景中融入无线信道场景,从而使仿真测试场景更加真实、测试结果更加准确。完善的 C-V2X 仿真场景库是确保仿真测试可靠性的重要条件。

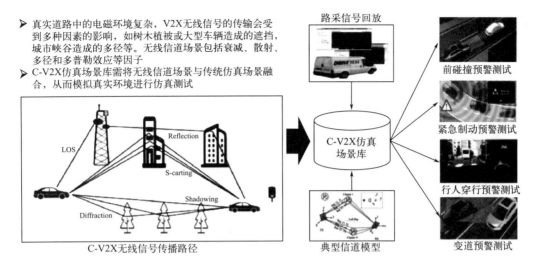

图 5-6　C-V2X 仿真场景创建示意图

（3）覆盖性能测试

为了确保车联网 C-V2X 的安全性，应该对数据传输速率、可靠性和时延进行严格要求，而良好的无线信号覆盖是达到理想通信质量的基础。

我国政府对 C-V2X 产业发展和车联网基础设施建设给予充分重视，于 2018 年发布了《车联网（智能网联汽车）直连通信使用 5905～5925MHz 频段管理规定（暂行）》的通知，从政策角度为车联网的频率使用提供了保障，同时，还对频谱资源的使用进行持续监测，以确保其合理、合规。

（4）车路协同与智慧道路评测

车路协同是智能网联汽车发展的重要驱动力，而基础设施的数字化建设可以支撑车路协同的发展。目前，我国的车路协同建设正逐步推进，一些车联网先导区和示范区正积极进行道路升级改造，但与此同时，还未形成统一、明确的建设标准和实施规范，各个区域的基础设施数字化和智能化方案也存在差异，对示范区改造效果、测试结果的评估工作尚未完成。2021 年，我国发布推荐性国家标准 GB/T 40429—2021《汽车驾驶自动化分级》，这意味着车侧的分级标准已经初步明确，而路侧的分级标准正在酝酿之中。

为了更好地推进车路协同与智慧道路评测，除了需要积极开展针对车路协同技术的大规模测试示范活动，还需要努力研究、探索路侧设施的智能化和网联化分级标准及测试评价体系（如图 5-7 所示），引导路侧设施的数字化发展。完善的评级系统和标准规范，不仅有利于引导智能网联汽车的健康发展，加速其商业化进程；也有利于明确公路、交通系统等基础设施的建设目标，促进其智能化、数字化建设。

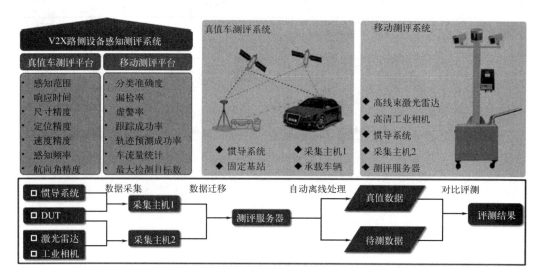

图 5-7　V2X 路侧设备感知测评系统

5.2　智能网联汽车 ADAS 测试方法

5.2.1　ADAS 系统的仿真测试

智能网联汽车能够通过车载传感器感知车辆周围以及车内情况，结合网络与通信技术向驾驶者预先发出警报，使得车辆驾驶人员第一时间发现潜在的危险。若驾驶人员不能及时正确应对，车载控制系统能够直接操控车辆，开启紧急制动或者避让等功能。在与智能网联汽车相关的各种技术中，尽管 ADAS 发展稍晚，但伴随处理器技术的迅速发展以及传感器技术的不断进步，ADAS 也发展得越来越快。而且，由于智能网联汽车市场对 ADAS 技术的安全性和功能要求高，就需要完备的测试与评价技术为其保驾护航。

与传统汽车相比，智能网联汽车的智能化感知、决策与控制等对相关的测试评价体系也提出了更高的要求，传统的汽车测评方法已然不再适用。下面对智能驾驶测试评价方法及其将遇到的挑战做简要介绍。

汽车驾驶离不开人（驾驶员）、车（车辆）、路（交通环境）的相互作用，三者构成一个闭环控制系统，根据三者的不同，可以把 ADAS 的测试评价方法分为四类：仿真测试、驾驶模拟器测试、受控场地测试、实车测试。驾驶员、车辆以及交通环境三者既可以是真实的，也可以是虚拟的。

从图 5-8 中可以看出，由仿真测试至实车测试，真实元素在增多，模拟的元素逐渐变少，测评结果越来越准确。实车测试的测评结果最为准确，因为是真实的驾驶人员在真实的道路环境里与真实的车辆进行互动，但这类测评周期较长、成本也高；而仿真测试的成本较低、周期也短，只不过其"人""车""路"三个元素均是虚拟的，测评结果的可信度逊色于实车测试。此外，对于部件、系统、控制器等的测试可使用驾驶模拟器和仿真测试两种方法；对于整车级别的测试可使用受控场地测试和实车测试两种方法。

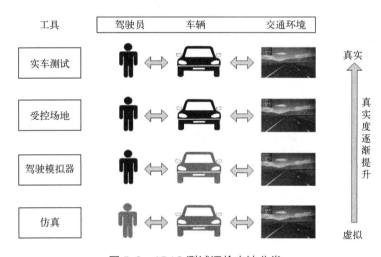

图 5-8　ADAS 测试评价方法分类

作为智能网联汽车的重要组成部分，ADAS 系统的仿真测试需要进行重点介绍。目前，智能网联汽车应用到的算法已经较为完备，自动驾驶算法需要突破的难点是极端场景。针对这种情况，可以利用仿真平台将算法和模型导入并生成，进而对其进行专门的研发与检验。

智能网联汽车 ADAS 系统的仿真测试主要包括模型在环（MIL）仿真、软件在环（SIL）仿真以及硬件在环（HIL）仿真：

- ADAS 系统会先经由模型在环仿真来测评，集成多种模型，包括驾驶员模型、交通环境模型和传感器模型等，以此来精简算法与调控参数，使其符合预期的性能标准及功能要求；

● 然后便是编译 ADAS 控制模型的软件代码，经由软件在环仿真检验，其他的交通环境以及车辆动力学模型等经由实时仿真把控；

● 硬件在环仿真主要适用于真实硬件，其主要优势在于高度重复性，可以进行多次安全测评，灵活性好、可信度高，既高效又节约成本，而且其实际硬件的使用能够极大地提高结果的准确性。

综上可知，仿真测试中的三个部分均存在虚拟元素，因此其评估结果只能体现智能网联汽车性能和功能方面的状况，并不能参与用户端的相关评价。但这些对 ADAS 是不可或缺的，所以在研发初期，可用驾驶模拟器来获得相关评价结果。

5.2.2　ADAS 驾驶模拟器测试

目前，动态驾驶模拟器已被我国不少科研院所和高等学校引进，通过让真实的驾驶人员在虚拟的驾驶舱里模拟驾驶操作来完成测评。这个虚拟的驾驶舱主要由两部分组成，即驱动机构（八自由度）和模拟器舱。有了模拟驾驶舱和虚拟的交通环境，驾驶员能够获得接近真实的驾驶感受。同时，针对此时的虚拟环境与驾驶员的动作，虚拟驾驶舱的驱动机构还可以模拟出相应的车辆运行姿态。

与实地测试相比，ADAS 驾驶模拟器测试的重复性好，可以根据需要不断进行重复测试，尤其适用于具有危险性和复杂性的驾驶场景，能够尽可能保障驾驶人员的人身安全。不过，需要注意的是模拟驾驶场景仍然与真实的道路环境和车辆行驶状态具有一定的差别，虚拟场景中车辆运动感较差，驾驶人员的体验感也可能不够理想。比如，虚拟场景中驾驶人员不可能真正面对如同真实驾驶场景一般的风险，但与此同时这也是一把双刃剑，当模拟器模拟事故场景时，驾驶人员的反应可能与在真实事故中的反应差别较大，所以，此类测评可能难以获得较为准确的测评数据。

5.2.3　ADAS 受控场地测试

ADAS 系统在受控场地内的测试更具准确性，因为它用真实的车辆来完成测试。受控场地测试主要涉及模拟的环境、模拟的驾驶员（真实的驾驶员）、真实的车辆三部分。其中，模拟的环境一般可以重现真实交通场景，例如包含各类交通标志、各种车道线型和千差万别的道路形貌等的专门的测试场所。

目前，多个国家均在不断推进智能网联汽车专用试验场的建设。我国已于北京、上海、重庆等地设立多个智能网联汽车试点示范区，用以推进智能网联汽车研发以及相关测试安全性的提升。同时，该类示范区还能够推动相关机构、企业间的沟通与合作。比如，2021年初，我国国家级车联网先导区于天津的封闭测试场开始试运行，该测试场一共划分了七个测试区域，包括ADAS直线区、城市道路测试区、山路模拟测试区、高速道路测试区、动态多功能测试区等，力求模拟多样的交通场景，创设各种模式的测试场地。

受控场地测试的优势在于其对ADAS系统的测评具有迅速性、可重复性以及准确性。这类测试一般不涉及系统的构成和自身的控制运行，所以ADAS系统的规范及标准要求基本上主要面对这类测试。

5.2.4 ADAS系统实车测试

实车测试大致可分为两种：一种是封闭场地测试，会采用真实车辆和类真实的客体对象，然后进行典型行驶工况模拟，封闭场地测试中环境是可控的；另一种是开放道路测试，即采用真实车辆和真实的客体对象进行模拟测试，以此对该车辆的系统算法、感知性能以及执行状态进行全方位测评，开放道路测试中的环境是不受控的。

事实上，在真正的交通场景中，驾驶环境可能复杂且多变，而驾驶模拟器测试与受控场地测试仅能够模拟部分交通场景，因此，ADAS系统开放道路测试具有一定的必要性。我们可以将实车测试系统理解为在受试车的外部再加装一套ADAS系统，只不过这个系统配置的算法精度更高、对外部环境的感知能力更强。同时，会在受试车上装配好各类数据采集设备和传感器（如卫星天线、摄像头、通信模块以及激光雷达等），发挥其实时测量的优势。

如图5-9所示，可以看出实车测试系统架构运用卫星天线和通信技术远程访问、管理并监测相关数据；运用雷达和摄像头全面采集受试车行驶中的各种参数，包括车辆状态参数、驾驶环境参数等。该系统不仅可以实现数据的在线采集，还能够在离线情况下进行数据分析、数据回放，更能够迅速形成统计报告来对ADAS进行评估。

不过，ADAS系统实车测试虽然准确性高，更贴近真实运行场景，但其并非没有缺点，比如真实的道路情况永远是复杂多变的，复制所有场景无疑耗时费力又无法达成。美国的兰德公司曾指出，最少要有五十亿英里的实际道路测试，方可证明自动驾驶的安全性高于人类驾驶，也就是说，如果受试车辆为 100 支车队，测试速度控制为 25km/h，每天 24h 进行测试，那么几乎要几百年以后才能完成测评。这时这项测试的缺陷便暴露了出来，即时间成本和经济成本过高，操作性低。所以，目前亟须找到一个可以达成 ADAS 车辆测试的"高效"评价方法。

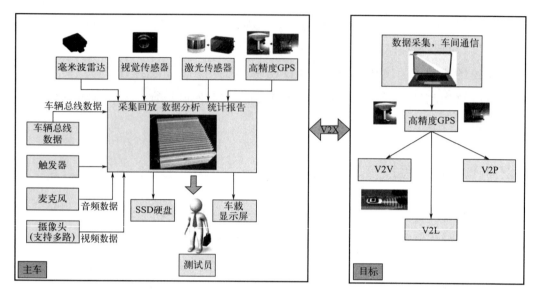

图 5-9　实车测试系统架构

5.2.5　ADAS 测试面临的挑战

前面已经对比分析了 ADAS 系统的仿真测试、驾驶模拟器测试、受控场地测试以及实车测试，不难发现目前 ADAS 测试仍然面临一系列挑战。

（1）标准体系建立缓慢

如果不针对智能驾驶汽车设计、开发、生产和销售等方面进行统一和规范，那么未来就会产生因标准不同而引发的混乱。因此，要在智能网联汽车刚兴起时就设立规范标准，并且制定相应的评测技术，以此推动这一领域的标准化发展。近几年，美、日等国已经逐步推行智能网联汽车测试标准，并为其制定相关法律法规，如安全标准、保险等。我国也开始推进这项工作，不过尚在初级阶段，过程比较缓慢。

2021 年，我国完成《智能网联汽车术语和定义》的征求意见稿，但智能网联汽车所涉及的盲区监视系统（blind spot detection system，BSD）、智能泊车辅助系统（intelligent parking assist system，IPAS）、车道保持辅助系统（lane keeping assist，LKA）等评测标准还没有完全形成体系，因此，我国应进一步推进标准体系建立，加速测评方法的制定，为智能网联汽车上路核准助一臂之力。

（2）测试场景提取困难

从现阶段来看，测试场景的提取是一个亟须破解的难题。由前面的测试评价方法分类可知，无论哪一种方法，都需要有测试场景元素，系统的工作范围与场景的数量密不可分。按照规范，测试场景通常是标准场景，但事实上，在真正的驾驶过程中，交通场景会受到道路（类型、宽度、数量、交通标志等）、天气（晴天、雪天、夜晚、逆光等）、交通参与者（目标汽车、目标人等）等多种因素的影响，这些因素中任意几个便可以构成新的场景，因此测试场景的提取和复现是极为困难的。

（3）测试设备技术滞后

智能网联汽车测试还将面对的一道"沟壑"便是测试设备技术的滞后。智能网联汽车在持续发展与进步，相应的测评设备技术也要日益精进、突破，但我国目前此类测评设备功能比较有限，大多数只能够支持封闭场地测评，能够进行开放道路测试的则少之又少，适合整车厂开发需求的产品也比较少。因此，我国的智能网联汽车测评主要运用的是外国的仿真测试软件，如德国 IPG 公司和 dSPACE 集团的软件。

前面所提到的四种测试方法，每种都能与 ADAS 开发流程的不同环节相互对应，它们之间相辅相成、相互依存，且可以凭借车、路、人三者间的关系从逻辑上贯穿起来。从开发系统的角度来看，在开发初期就应该对系统进行仿真测试、受控场地测试以及驾驶模拟器测试，提早发现问题并妥善解决，最终 ADAS 完成后，再采用实车测试对其进行终极检验与评估。

对于 ADAS 系统的开发而言，确立规范的评价标准是十分必要的，只有这样才能评价其功能安全与否以及测试结果是否可信。此外，除以上三方面挑战以外，汽车制造企业还应关注以下两个问题：

- 用户体验对于实车测试也是比较关键的，不同的驾驶员对同一辆车的系统可控性评价可能会不同，主观差异可能较大，这是无法用设备精准体现的。
- 在以上四类测评方法中，占比最大的是仿真测试，其对于智能网联汽车的发展尤为重要。唯有不断精进 ADAS 系统测试技术，积累更多的测试经验，方可在研发早期找到更多问题，弥补 ADAS 潜在的不足，以此确保 ADAS 系统功能的稳定，ADAS 系统的完整性可以得到保障、可信度能够不断加强，最终形成产品竞争优势。

5.3　智能网联汽车软件测试方法

5.3.1　汽车软件的性能测试

近年来，世界各国大力推动工业向智能化的方向发展，交通安全、出行效率和环境保护等方面的问题逐渐凸显出来。汽车行业需要将以车用无线通信技术（vehicle to everything，V2X）为技术基础的智能安全辅助驾驶系统装配到智能网联汽车当中，为车辆之间的无线通信提供支持，进而提高道路交通的安全性、畅通性以及道路运输效率。

就目前来看，基于智能网联汽车的研究和测试的热度正在不断升高，且已具备相关标准规范，V2X 技术已经被应用到智能交通领域当中，我国也在《中国制造 2025》当中明确表示智能网联汽车是我国战略规划中的重点研发产业。V2X 智能网联技术的应用需要控制器、执行器、传感器等多种物联网设备的支持，同时融合现代通信与网络技术，进而为车与人、车与车、车与路、车与后台之间的智能信息交互和共享提供强有力的支持，助力智能网联汽车实现高度智能化的环境感知、智能识别、决策控制和协同执行等功能，进一步提高智能网联汽车的自动化程度。

就目前来看，V2X 技术在汽车智能化中的应用还不够成熟，与 V2X 技术应用相关的交通安全、信息安全、软硬件设备稳定性、软硬件设备兼容性、车载无线设备频谱共存、车载无线设备电磁兼容等方面的问题也并未解决。因此汽车行业在推动 V2X 技术广泛应用到智能网联汽车领域的过程中还需进一步加强对技术应用的测试和示范运行。

随着物联网等技术的发展，除传统的个人计算机、智能手机和平板电脑外，智能网联汽车也成为一种大规模扩展应用的智能终端。V2X 技术的应用既赋予了智能网联汽车自动驾驶功能，也能够提高汽车驾驶的安全性和稳定性，因此，基于 V2X 的软件测试技术应全方位覆盖智能网联汽车的所有功能和性能，具备安全性测试和可靠性测试的能力，且符合各项相关行业标准规范的要求。

V2X 技术中包含了大数据、移动互联网和云计算等多种先进的数据处理相关技术，能够快速分析处理大量数据信息，并根据分析结果完成智能决策，同时智能网联汽车也可以在 V2X 技术的支持下将自身的行驶数据和车辆情况等数据信息上传到车联网系统当中，并在车联网系统中广泛采集其他车辆的行车数据等信息进行反馈。由此可见，智能网联汽车所使用的数据处理相关技术和功能需要具备较强的性能。

一般来说，车联网应用软件的开发人员和测试人员需要完成大量较为烦琐的品质测试和性能测试工作，但这一工作存在工作量大、方法不先进、效率低下、成本高、周期长等不足之处，难以充分满足测试软件在迭代和用户负载方面的需求。云测试模型在车联网领域的应用能够通过在本地制作自动化测试脚本并在云端的服务器平台运行脚本的方式高效完成 V2X 软件性能压力测试工作，确保软件实现大用户负载和并发。

5.3.2 汽车软件的功能测试

汽车电子电气系统功能能够直接影响到车辆的安全性，当汽车电子电气系统功能出现系统性失效或随机硬件失效问题时，可能会导致功能性故障，进而让车辆面临巨大风险。近年来，智能网联汽车电子电气系统快速发展，系统的复杂度和集成度越来越高，功能安全风险也随之提高，因此汽车行业应明确安全防范的重点，加大对系统故障后行为的关注度。

为了充分保证智能网联汽车的安全性，有效控制残余安全风险，汽车行业所使用的功能安全检测方法应符合国际标准 ISO 26262 的要求。具体来说，国际标准 ISO 26262 对车辆的整个生命周期中所有环节的各项功能都有明确的标准规范，将汽车安全完整性等级（automotive safety integrity level，ASIL）由低到高分成了 A、B、C、D 四个等级，汽车行业也需要通过功能安全验证测试来判断系统的安全性。

从实际操作上来看，汽车行业在对智能网联汽车进行功能安全测试时，需要先对待测系统的功能和组成情况进行分析。一般来说，待测系统通常包含传感器、控制器、执行器等多个组成部分，同时也要判断系统及其组成部分所需达到的 ASIL 等级，以故障注入测试的方式检测单点故障。

在功能验证环节，系统会将一些典型故障注入到待测对象当中进行探测，并在一定程度上进行降级响应，同时也会利用测试评估准则来限制被注入故障的系统出现不符合车辆安全目标的失效行为。

5.3.3 汽车软件的安全性测试

随着车联网的快速发展和智能网联汽车生产量的增长，车联网相关安全防护建设的重要性日渐突出，汽车行业需要防止车联网中的远程通信服务提供者（telematics service provider，TSP）平台、手机应用（application，App）、车载远程通信（telematics）、车载信息娱乐系统（in vehicle infotainment，IVI）、控制器局域网络（controller area network，CAN-BUS）车内总线等网络和应用平台中出现安全漏洞，减少用户所面临的安全风险。V2X技术在智能网联汽车中的应用为车辆实现安全驾驶提供了技术层面的支持，系统可以通过分析处理大量相关数据的方式，充分发挥数据的潜在价值，利用车辆的各项敏感信息来强化风险方案和管理，进而达到降低安全风险的目的。

基于V2X的智能网联汽车可以借助内部测试和数据共享等多种方式获取各项漏洞信息，并将漏洞分成云服务、通信、车内和外部威胁四种类型，分别进行分析、审核、验证和存储。汽车行业中的企业在发现通用型漏洞后可以将其公开到整个行业当中，并建立安全漏洞智库。不仅如此，汽车行业还会利用V2X等多种先进技术对数据的产生、传输、存储和应用等各个环节进行风险检测和评估，实现对车辆的安全性测试。

具体来说，安全性测试主要有以下作用：
- 识别汽车驾驶身份；
- 防止敏感信息泄露；
- 确保各类典型车载应用软件的安全性；
- 强化智能网联汽车系统的防破坏能力和自修复能力。

安全性测试的测试途径可分为以下三种类型：

① 基于渗透的安全性测试。通过模拟黑客输入的方式攻击车联网系统，进而找出车联网系统在运行过程中存在的安全漏洞。

② 基于风险的安全性测试。通过整合安全测试、软件开发、风险分析与管理等多个环节来全方位考虑各项安全风险漏洞，并集成误用模式、异常场景和风险分析等技术手段对各个环节进行安全测试。

③ 基于威胁的安全性测试。通过识别和测试软件面临的安全威胁的方式从外部对软件进行安全性测试。具体来说，威胁建模可分为识别被保护资产和分解应用程序两部分，其中，识别被保护资产的过程中主要需要完成识别入口点、出口点、信任边界、数据流描述和安全威胁等工作，并明确威胁实现过程。除此之外，威胁建模还能够利用攻击树构建威胁实施过程模型，将潜在的损失、威胁、可利用性、受影响用户数和威胁的可发现性等量化成不同的威胁等级，以便精准计算威胁风险值。

5.3.4 汽车软件的可靠性测试

智能网联汽车软件可靠性测试需要构建嵌入式软件可靠性应用模型，并结合原有故障模型和故障注入技术在处于运行状态下的智能网联汽车系统中注入故障，同时对被测系统进行行为分析，判断系统的稳定性和可靠性，并根据实际情况生成定性或定量的测试验证结果。基于故障注入的可靠性测试框架如图 5-10 所示。

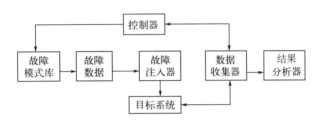

图 5-10　基于故障注入的可靠性测试框架

智能网联汽车软件可靠性测试应具备电气信号故障注入、通信接口故障注入、软件缺陷故障注入等多种故障模式，并在被测系统中连续注入各项根据相应的策略进行整合的故障，在技术层面为仿真模拟各类故障场景提供强有力的支持。

故障注入测试系统可以根据各项影响智能网联汽车软件可靠性的具体因素对产品计量、通信和时钟进行精准测试和深入分析。一般来说，故障注入系统主要由控制器、故障模式库、故障数据、故障注入器、数据收集器和结果分析器六部分构成。在故障测试过程中，控制器可以利用故障模型或故障模式库获取故障数据；故障注入器可以向待测系统中注入各项故障数据；数据收集器可以广泛采集故障对目标系统影响的相关信息，并将这些信息上传到结果分析器当中，通过对各项相关信息的分析来生成统计数据。

5.4　基于云平台的汽车软件测试

5.4.1　云平台测试概念与内容

近年来，车联网资源整合呈现出向云计算方向发展的趋势。从本质上来看，云计算系统是一种可以动态部署、动态分配、动态重分配、实时监控各项虚拟化的计算资源和存储资源的分布式计算系统，能够为用户提供符合服务质量（quality of service，QoS）要求的计算服务、数据存储服务和平台服务。

智能网联汽车可以借助其他几种移动终端的测试方法和测试管理经验来优化自身的软件测试工作，并根据交通工具的基本属性制定以测试云为基础的测试方案，充分满足车辆对各类软件的测试需求，减少智能网联汽车软件测试工作量。同时，智能网联汽车应用云测试能够在实现大规模集群的基础上充分满足用户的各项相关需求，并为其提供多样化的服务。具体来说，服务内容主要包括以下几种类型：

① 个性化的测试环境。在用户发出环境资源和测试云服务的请求后，云服务提供商将会根据用户的请求为其提供完整可用的环境。

② 多用户并发测试。云测试平台中包含多种多样的编译测试工具和用例覆盖工具，能够处理功能测试、性能测试、安全性测试和可靠性测试等多种测试工作。云测试平台可以针对测试周期选用与之相符的测试类别，根据实际需求完成终端单元测试、车内网集成测试、多系统接入平台（point of interface，POI）测试等工作。

③ 管理服务。智能网联汽车后台信息服务中融合了移动互联网技术，能够对第三方内容和数据进行整合，并融合大量相关信息，为用户提供车辆检测、道路救援、实时交通和网上预约等多种服务。但同时该系统也极易在车辆网络测试中出现问题，因此汽车行业需要在云测试平台中充分发挥各项相关数据的作用，实现测试管理功能，借助测试脚本、测试数据和测试主题来对各项测试任务和缺陷进行有效管理，并利用符合用例的云端完成上传、分享、下载和迁移等工作。

④ 自动化测试与控制服务。云测试平台可以针对实际测试需求以科学合理的方式分配调度测试任务，并对其进行自动化测试和用例控制。

⑤ 测试集成解决方案。车联网系统大多具有复杂度高的特点，因此在对其进行测试时需要从不同的角度和维度入手进行全方位测试。具体来说，云测试平台可以根据测试需求加工输出系统测试用例，完成特性分析、因果分析、场景分析、优先级分析和功能逻辑分析等工作，并合理应用各类相关解决方案、测试模型、测试方法，组合多种相关算法，制定集成化的测试方案。

⑥ 仿真测试环境。云测试平台可以利用车辆仿真软件打造虚拟的实验场景，在实验场景中仿真模拟已经确定的交通情况，并借助Matlab/Simulink软件环境完成建模、仿真计算和验证等工作，同时综合应用模糊控制、虚拟现实和自适应神经

网络算法等先进的技术手段进行测试和智能化研究。

⑦ 在线检测与跟踪。云测试平台中的查询机制可以为用户查询测试用例的执行情况、测试主机的运行情况和测试主机的负载情况等信息提供支持。

5.4.2 汽车软件测试技术架构

基于云平台的智能网联汽车软件测试技术架构在部署软件测试工具时应用了"云+端"模式，集成了品质检测、品质公共服务支撑、安全防护与品质保障等多种平台，能够实现多种测试功能，为个人、企业、政府和运营商提供全方位、智能化的智能网联汽车品质测评服务。基于云平台的智能网联汽车测试技术架构如图 5-11 所示。

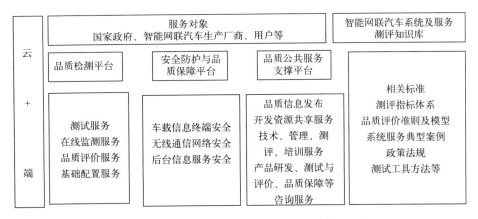

图 5-11 基于云平台的智能网联汽车测试技术架构

（1）品质检测平台

智能网联汽车品质检测平台具有性能测试、安全性测试、可靠性测试、兼容性测试和软件功能测试等多种测试功能，能够在对智能网联汽车的操作系统和移动应用软件的测评中发挥重要作用。汽车行业在搭建智能网联汽车品质检测平台的过程中需要综合应用脚本录制、软件探针、快速匹配和多维特征提取等多种先进技术，整合云测试、自动化测试、虚拟化测试和多协议分析仿真等先进理念，以便实现测试、在线监测、品质评价和基础配置等功能，为用户提供高质量的服务。

（2）安全防护与品质保障平台

安全防护与品质保障平台能够实时监测 CAN 总线网络数据、全球定位系统（global positioning system，GPS）数据信息、4G 和 Wi-Fi 等信息通信过程、信息处理任务和消息推送任务的运行环境，充分确保车载信息终端、无线通信网络和后台信息服务在运行过程中的安全性和稳定性。

（3）公共服务支撑平台

公共服务支撑平台主要由发展规划、测评技术、标准法规、知识产权咨询系统、软件开发资源共享系统、软件信息收集分析检索系统和智能网联汽车软件品质信息发布系统组成，能够为软件开发商和智能网联汽车软件主管部门、科研院所、研发企业等组织提供多样化的服务。

具体来说，公共服务支撑平台可以为软件开发商提供共性资源，支持其进行软件开发，同时也可以广泛采集、整理和分析各项品质信息，持续跟踪重大品质问题，进而有效解决智能网联汽车中存在的各类品质问题。除此之外，公共服务支撑平台还可以向各个相关主管部门、研发组织提供发展规划、技术咨询和知识产权分析等服务。

（4）系统及服务测评知识库

系统及服务测评知识库由系统服务典型案例、品质评价准则、品质评价模型、测试工具、测试方法等多个部分组成，能够为云平台精准检测智能网联汽车软件的功能、性能、安全性、可靠性和兼容性提供强有力的支持。其中，政策法规库可以广泛采集各项关于智能移动终端以及智能网联汽车的标准规范和政策法规，并将其发布在相关平台当中。

5.4.3 智能汽车操作系统测试

智能网联汽车相关软件和底层虚拟化技术与其硬件架构之间存在密切关联。具体来说，操作系统具有十分强大的交互功能，能够为人车、车车、车网等方面的交互提供强有力的支持。智能网联汽车操作系统（operating system，OS）主要由QNX、Linux、Windows CE、Android 和风河等几部分构成；操作系统平台主要由云数据服务和自动驾驶相关软硬件等内容组成。

随着云计算技术和网络技术的快速发展，汽车操作系统研发逐渐成为汽车行业未来的发展方向，同时测试人员在系统测试过程中也需要建立补丁情况更新、漏洞信息通报、安全漏洞分析、安全应急处置和信息处理机制，以便确保操作系统运行的安全性。

测试云能够以虚拟化的方式处理主机、服务器、存储空间和网络环境等基础设施，并在此基础上构建具有共享性的资源池，支持测试人员在不受时间和地点限制的情况下开展连续性的功能测试和性能测试，并实时生成测试结果。不仅如此，测试云还能够动态监控和动态管理各项测试资源，自动备份和恢复被测系统，挖掘、诊断、分析和优化软件中存在的问题。

从安全缺陷上来看，操作系统管理可充分发挥自身在通信、语音识别、车辆工况、路况、乘客信息等方面的作用，广泛采集各项相关数据信息，并根据移动操作系统的特点实时分析各项功能组件的安全性；从系统模块上来看，相关工作人员需要明确设计原理，深入了解测评代码的功能、性能和安全性的有效方法，对形式化描述方法进行整合，并实现代码级的静态扫描和动态分析。

Linux 和 Android 等操作系统具有免费使用、自由传播等特点。汽车行业在对智能网联汽车的操作系统进行测试时需要利用源代码分析技术进行用户身份认证、数据访问控制和存储安全检测，以便精准判断系统的安全性。Android 操作系统可以借助控制流、数据流分析技术实现源代码级的操作系统静态分析，借助基于应用程序编程接口（application programming interface，API）封装的管理程序对操作系统的内核进行静态分析。操作系统可以通过对软件安全缺陷的形式化描述来建立相应的安全规则，并在安全缺陷静态分析检测过程中充分发挥反编译、字节码编译、安全缺陷检测模型、二进制应用程序反汇编和恶意代码形式化描述等测试方法的作用，明确结构特征和变量调用关系，发现软件中存在的安全问题。

不同的智能网联汽车操作系统通常需要使用不同的行为终端侧安全评测方法，检测功能会直接受到系统开放度和应用程序编程接口丰富度的影响。一般来说，测试云在对开源操作系统进行检测时，需要将监测模块引入系统代码和应用程序接口当中，以便定制和扩展监测点，并对系统进行动态跟踪；测试云在对非开源系统进行检测时，需要借助应用程序编程结构来跟踪检测程序层面的各类问题。不仅如此，测试云的应用还能够实现定位功能监测、运行权限监测、语音识别操作监测、系统资源非法占用监测等诸多功能，为相关工作人员了解恶意代码的行为特征提供支持。

5.4.4 汽车移动应用软件测试

V2X 技术的应用能够在连通车内网、车际网、车载移动互联网的前提下集成第三方应用，并整合、分析、处理大量相关信息。就目前来看，车联网系统已经融合了移动社交、电子支付、地图导航、移动办公等多种应用，终端操作系统中的各项移动应用软件存在安全防护能力不足的缺陷。

随着恶意移动应用的数量不断增多，操作系统将会面临巨大的安全威胁，智能网联汽车的行驶安全也无法得到充分保障。测试云可以通过移动应用安全测试的方式对各项移动应用进行实时检测和分析，并在线对其进行加固和认证，以便提高智能网联汽车的安全性。

在移动应用软件中，各类恶意代码在表现形式上存在较大差别，大多恶意代码都具有区别于其他代码的静态文件特征和动态行为模式。以特征码扫描为基础的检测技术和启发式扫描技术等先进技术能够深入挖掘恶意代码中的静态结构性内容，在技术层面为智能网联汽车移动应用软件的静态分析提供支持，同时基于云平台的智能网联汽车软件安全测试还可以动态跟踪恶意操作，并利用动态扫描、分类检测等方式检测移动应用软件的安全性。

车载信息终端能够利用无线通信网络将 CAN 网络数据和 GPS 数据信息传送到后台信息服务平台当中，并在线实时监测传感器和网络通信服务，确保车载终端与后台服务平台之间信息交互的安全性和稳定性。当各项软硬件出现异常时，智能网联汽车系统应向用户发出提示信息，以便用户及时对系统进行调整或对汽车采取停用处理，防止出现危险事件。

5.4.5 软件可靠性测试评估体系

汽车行业可以综合运用 ISO/IEC 25010 质量度量模型和 SMART 准则打造智能网联汽车软件可靠性测试评估体系。

具体来说，在建立智能网联汽车软件测试评估体系的过程中需要先确立基本原则，再针对相关评估要求设立相应的评估指标，然后将系统划分成目标层、准则层和方案层三个层次：

- 目标层涉及软件的可靠性；
- 准则层主要由车载信息终端、无线通信终端和后台信息服务终端构成；
- 方案层中具有各个主线的故障密度、失效概率、失效强度、初始故障数、剩余故障数、平均失效时间和平均失效间隔时间等测试指标。

智能网联汽车软件可靠性测试评估体系如图 5-12 所示。

汽车行业应先充分了解厂商和用户的实际需求，并在此基础上综合运用相关安全性测试技术以及当前已掌握的信息安全测试标准、信息安全测试方法、功能安全测试标准和功能安全测试方法构建和完善智能网联汽车安全测试评估体系，并确保该体系的可行性。

软件可靠性测试评估体系		
车载信息终端	无线通信终端	后台信息服务终端
初始故障数	故障密度	初始故障数
剩余故障数	失效概率	剩余故障数
故障密度		故障密度
失效概率	失效强度	失效概率
失效强度	平均失效时间	失效强度
平均失效时间		平均失效时间
平均失效间隔时间	平均失效间隔时间	平均失效间隔时间

图 5-12 智能网联汽车软件可靠性测试评估体系

一般来说，智能网联汽车安全测试评估体系包含测试评估内容、安全性测试方法、安全性测试策略等多个组成部分，如图 5-13 所示，且各个组成部分均与信息安全、功能失效造成的安全风险等息息相关，能够直接影响整个车联网系统的安全性。

安全性测试评估体系		
测试评估内容	安全性测试策略	安全性测试方法
用户认证机制	基本安全防护测试	功能验证
加密机制		
安全防护策略	安全防护体系	漏洞扫描
数据备份与恢复		安全攻击模拟
病毒智库	功能安全分析策略	安全侦听
功能安全评估及风险分析		

图 5-13 智能网联汽车安全性测试评估体系

第 6 章
智能网联汽车实车测试

6.1 智能网联汽车封闭场地测试

6.1.1 封闭场地基础设施建设

为推动智能网联汽车产业健康有序发展，2021年4月，工业和信息化部发布《智能网联汽车生产企业及产品准入管理指南（试行）》（征求意见稿），并在该文件中明确了智能网联汽车产品的申请准入测试要求。具体来说，申请准入的智能网联汽车产品应同时满足模拟仿真测试要求、封闭场地测试要求、实际道路测试要求、车辆网络安全测试要求、软件升级测试要求和数据存储测试要求。同年7月，工业和信息化部正式印发《关于加强智能网联汽车生产企业及产品准入管理的意见》，进一步提高产品的质量和安全性，为产业实现健康可持续发展提供支持。

智能网联汽车正式上路之前需要完成的测试如图6-1所示。现阶段，自动驾驶算法测试过程中有90%左右的工作需要借助仿真平台来处理，还有9%的测试工作需要在测试场中完成，也就是说，需要在实际道路上完成的测试工作仅占1%。近年来，仿真技术快速发展并逐渐被应用到多个领域当中，智能网联汽车行业正在不断加大仿真技术的应用力度，增强自动驾驶功能研发的高效性和经济性，力图借助仿真平台来完成99.9%的测试工作，至于剩余的0.1%，可以在封闭测试场地中完成约0.09%，在实际道路中完成约0.01%。

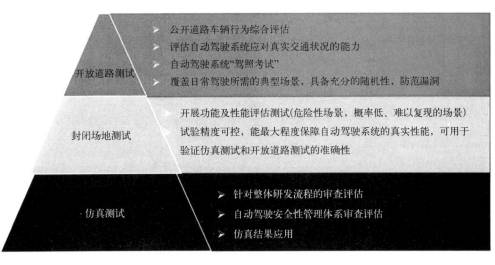

图6-1 智能网联汽车正式上路之前的测试

不仅如此，车路协同技术中路侧边缘计算智能驾驶汽车模型需要在基础设施方面投入大量资金，且受真实道路情况的限制而难以进行测试。智能网联汽车行业需要为其打造一个专门用于测试的环境，以便完成路侧智能驾驶汽车模型测试工作，推动车路协同技术快速发展。

从总体上来看，智能网联汽车行业封闭场地基础设施的建设目标是通过建设和模拟道路交通基础环境、场地内交通环境以及气象环境的方式来支持客户研究、验证和测试各项与智慧道路和自动驾驶相关的技术。具体来说，道路交通基础环境主要包括道路、桥梁、隧道、停车场和交叉口等内容，场地内交通环境主要包括行人、自行车和机动车等内容，气象条件主要包括雨、雪、雾等内容。

智能网联汽车行业封闭场地基础设施建设的分项目标大致可分为以下几项：

- 建设道路基础设施：为开展封闭场地实际驾驶测试提供支持；
- 建设大数据中心：为自动驾驶和车路协同进行存储、交换和共享各项相关数据信息提供支持；
- 建设智能网联测试服务平台：为实时感知、监视交通环境和测试进程，以及传输相关数据和管理测试场提供支持；
- 建设模拟驾驶测试平台：为实现高水平模拟驾驶测试提供支持。

智能网联汽车行业在建设智能网联汽车封闭测试场景时需要从基础设施和智能网联汽车测试服务平台两个方面入手。其中，基础设施建设主要包括如图 6-2 所示的内容。

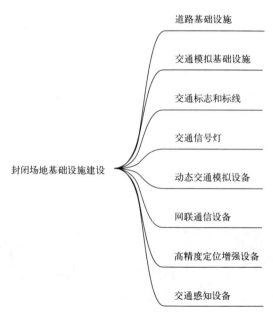

图 6-2 智能网联汽车封闭测试场景中基础设施建设的主要内容

（1）道路基础设施

针对各项相关标准规范中的要求建设测试道路：

- 从类型上来看，测试道路建设应覆盖高速、城市和乡村等多种类型；
- 从线型上来看，测试道路建设应包含对直路、弯路、坡道等多种线型的道路的建设；
- 从交叉路口形式上来看，测试道路建设应包含对十字交叉、丁字交叉和环岛等形式的道路的建设；
- 除此之外，还需建设立交桥、涵道等多种其他类型的特殊道路。

（2）交通模拟基础设施

交通模拟基础设施主要包括减速带、模拟收费站、模拟加油站、模拟停车场、模拟充电站、模拟光照设施、模拟雨天设施、模拟雾天设施、模拟街景设施、模拟限高设施、模拟限宽设施、模拟高速服务区、模拟湿滑路面设施、模拟夜间路灯设施、模拟公共汽（电）车站台、道路隔离设施与安全设施等设施。

（3）交通标志和标线

智能网联汽车行业需要按照国标中的相关要求在测试道路中建设和完善各类交通标志和标线。

（4）交通信号灯

智能网联汽车行业需要在交叉路口建设交通信号控制系统，及时采集交叉路口场景信息并借助信号机将这些信息传送给处于该场景中的自动驾驶汽车，以便车辆在行驶过程中确保自身的安全性和稳定性。在信息传输过程中，智能网联汽车行业所使用的信号机应符合 GB 25280—2016《道路交通信号控制机》标准，且能够兼容国家运输 ITS 通信协议（national transportation communications for ITS protocol，NTCIP）。

（5）动态交通模拟设备

智能网联汽车行业所需建设的动态交通模拟设备涉及施工区、障碍物、事故现场、交通管控等诸多内容，且需要对行驶场景中的机动车、非机动车、行人和动物等进行模拟，其中行人包括成年人、儿童、老人和残障人士等。

（6）网联通信设备

智能网联汽车行业在为自动驾驶汽车建设网联通信路侧设备时应综合考虑场地内道路的实际情况和自动驾驶评估内容专项要求，并确保自身所建设的网联通信设备既能进行蜂窝通信也能进行智联通信，同时还要满足国家和国际的各项相关标准规范的要求。

（7）高精度定位增强设备

为了提高差分信号定位的精准性，智能网联汽车行业应建设差分基站，并确保差分信号能够达到以下几项要求：

- 支持实时动态码相位差分技术（real time differential，RTD）和实时动态（real time kinematic，RTK）载波相位差分技术差分信息；
- 可对北斗卫星导航系统（beidou navigation satellite system，BDS）和全球定位系统（global positioning system，GPS）中的不同制式的多频点信号进行差分和强化；
- 具有较强的兼容性，能够与大部分知名生产厂家推出的移动终端相连接。

（8）交通感知设备

智能网联汽车行业的封闭测试场景中需要建设交通感知设备，如视频监控、激光雷达、毫米波雷达等。

① 视频监控功能要求。

- 监视交通现场；
- 识别和记录交通行为；
- 统计交通流量和占有率；
- 自动识别车牌。

② 激光雷达功能要求。

- 识别路面、固定顶杆、道路边界等路侧激光雷达所处位置周边的各类固定结构；
- 识别道路环境中可移动的物体；
- 以目标聚类的方式划分行人、大型车辆、小型车辆、非机动车和其他障碍物的具体类别；
- 持续跟踪目标运行情况，并通过对目标的位置、尺寸、速度和方向等信息的分析预测目标的运动轨迹。

③ 毫米波雷达功能要求。

- 统一管理雷达设备，并利用以太网传输雷达安装参数、道路信息、交通配置信息等各项相关数据信息；
- 定时输出排队长度、排队车辆数量、排队次数等车辆排队信息；
- 定时输出断面过车信息；
- 检测虚拟线圈，并采集以断面为基础的车辆存在信息。

6.1.2 智能汽车测试服务平台

智能网联汽车封闭场地测试场景中的测试服务平台应具体包括如图6-3所示的内容。

图6-3 智能网联汽车封闭场地测试中测试服务平台的内容

（1）智能感知实时监控平台

该平台的主要任务是实时采集、处理、分析、融合不同来源的交通数据信息，为智能驾驶系统决策执行提供支撑。

这些数据主要来自V2X通信网络，包括路侧感知设施（如毫米波雷达、摄像头）、交通管理设施（如信号灯）和其他车辆系统终端等。相关数据除了服务于车辆安全控制，还能够以可视化呈现的方式辅助交通管理，基于车辆位置、运行状态、运行轨迹等信息实现网联场景范围内的数字化、一体化、智能化、自动化管控和运维。此外，平台数据的分发共享可以为测试研发活动提供有力的数据支撑。

（2）高精动态地图服务平台

高精动态地图服务平台要求打通与交通管理平台、智能感知实时监控平台、智能网联汽车信息服务平台等平台的接口，通过路端、车端与云端等多源实时动态数据的集成，构建完善的智能网联汽车及道路交通地理信息系统在线服务体系，为智能网联车辆提供实时、准确的交通路线动态数据和高精度的地图数据，并支持在线更新与精准推送。

其中，地图数据的推送方式主要有两种：一是通过无线网络直接传递到路端和车端系统，这对网络通信速率和时延有较高的要求；二是先传递到路侧边缘云平台,再由路侧边缘云分发给有限区域范围内的车辆。

(3) 智能网联汽车能力评估平台

智能网联汽车能力评估平台支持场景数据统计、串联场景自动切换和场景任务自动调度等功能,并能够综合场景数据和车辆运行数据对智能网联汽车的驾驶行为进行分析评估。评估内容主要涉及综合驾驶能力、执行能力、网联驾驶能力、交通法规遵守能力、应急处置与人工介入能力五个方面。

(4) 智能网联汽车安全信息服务平台

安全信息服务平台可以基于采集到的实时场景数据和车辆运行数据对被测车辆单车运行异常、道路交通异常状态和路况异常变化等信息及时预警,避免测试场区内发生安全事故。此外,还可以通过语音或交互界面输出被测车辆违规情况,辅助进行自动应急响应管理。

(5) 智能网联汽车信息安全测试平台

该平台能够为智能网联汽车信息安全保障体系的构建提供支撑。平台基于智能网联汽车试验场"管、端、云"的特性,以车载单元(OBU)、路侧单元(RSU)和通信基础设施等密码环境为载体,建立公共密钥基础设施(public key infrastructure,PKI)安全信任中心,进而为被测对象(如 OBU、RSU)和试验场安全认证中心平台等数据处理平台签发统一的数字证书作为身份验证标识,为数据信息传递提供全面的安全服务,促进安全的网络标识环境的构建。

(6) 智能网联汽车模拟仿真测试平台

该平台主要由车辆动力学模块、传感器模块、交通场景模块和测试管理模块构成。

- 车辆动力学模块主要用于模拟车辆对智能驾驶控制指令的响应、执行情况,具体操作有转向、加速、制动等。
- 传感器模块用于模拟安装于车辆上的各类传感器,并提供与模拟场景相匹配的传感数据。
- 交通场景模块为测试车辆提供虚拟交通场景支撑。
- 测试管理模块通过实时数据的交互、反馈实现对以上三个模块的管理(包括测试流程与测试数据),确保模拟仿真测试的有效性。

综上所述,智能网联汽车测试服务平台中集成了交通运行模型、车辆标准化动力学模型、各类驾驶员模型等,可以通过统一的输入接口与智慧交通控制系统相连接,从而为智能网联汽车测试提供基于真实数据的动态交互场景库服务。同时,在线测试环境及测试集、动态库及中间件、仿真环境、参考实现、软件接口等要素构成了完整的开发工具链,为多样化场景 自动构建、体系化应用开发与测试奠定了基础。

6.1.3 封闭场地的安全性测评

2018 年 4 月,工业和信息化部、公安部和交通运输部联合发布《智能网联汽车道路测试管理规范(试行)》,同年 5 月 1 日,该规范正式开始施行。根据该规范的要求,测试主体在申请道路测试时所递交的材料包含其自身在封闭道路、场地等特定区域进行实车测试的证明材料。除此之外,北京、上海、重庆、深圳、天津、杭州、江苏等多个地区的智能网联汽车道路测试管理方法也对测试主体提出了相同的要求。

因此,汽车行业的企业在进行智能网联汽车上路测试时必须完成封闭场地技术试验和安全性测试评价这两项工作,充分确保自身产品符合我国的各项相关管理规范。

(1)封闭场地的技术试验

智能网联汽车领域的各个相关组织、机构和专家均认为智能网联汽车需要经过大量行驶里程的测试才能验证其安全性。例如,兰德公司认为智能网联汽车需要在行驶里程达到上亿公里的前提下来分析各项里程测试数据,并通过与传统汽车的对比来验证车辆的安全性和可靠性;宝马公司认为智能网联汽车的总测试里程不能低于 2.5 亿公里。

就目前来看,我国的智能网联汽车测试主要由大部分虚拟测试和少量道路测试构成,汽车行业的相关工作人员还需进一步验证虚拟环境和测试结果是否有效。由此可见,为了实现有效的智能网联技术测试,汽车行业应重视在实际道路环境中的各项技术试验。

由于在公共道路上对技术不够成熟且可能存在风险隐患的智能网联汽车进行技术试验可能会造成交通安全问题,因此相关工作人员需要在技术试验过程中对其进行人工干预。美国加利福尼亚州车辆管理局在智能网联汽车自动驾驶模式脱离报告中公开的各项相关数据显示,在公共道路测试时,大多数智能网联汽车每行驶 10~100km 就需要一次人工干预。这种技术层面的缺陷带来的测试风险既会影响道路使用者及其自身的安全,也可能会造成后果十分严重的交通安全问题。

为了确保智能网联汽车能够在公共道路上安全行驶,汽车行业需要先在封闭测试场中搭建大量不同类型的实际道路场景,并在这些场景中对车辆的安全性进行试验验证。在实际验证过程中,试验员可以在风险可控的前提下开展与实际道路环境相近的智能网联汽车实车试验,找出车辆在实际运行过程中出现的各类技术问题并对其进行调试,同时也可以在此基础上明确车辆安全稳定运行所需的道路环境条件。除此之外,试验员还可以在封闭的场地中测试智能网联汽车的自动驾驶模式,全方位了解并掌握测试车辆的自动驾驶操作习惯、实验方式和突发情况应对方法,进而为后续进行公共道路测试打下良好的基础。

在实际道路环境中进行技术试验是智能网联汽车落地应用过程中的重要环节,当技术成熟度不足以支撑车辆实际运营时,汽车行业的相关工作人员需要在封闭测试场地中对智能网联技术进行试验验证,并根据实际验证情况有针对性地增强车辆的安全性和可靠性。

(2)封闭场地的安全性测试评价

智能网联汽车在落地应用之前需要通过各项相关测试和验证来证明自身能够在公共道路上安全稳定运行。对相关管理部门来说,应积极采取科学合理的措施将智能网联汽车在公共道路中进行测试的潜在风险降至最低水平,并构建智能网联测试技术标准体系,建设智能网联汽车专用的考试场地,深入挖掘和研究各类行之有效的测试评价方式方法。

相关管理部门可以通过在封闭场地中对智能网联汽车技术进行安全测试的方式来实现对技术安全性的精准评估。从实际操作上来看,相关管理部门应先明确智能网联汽车封闭测试场地在测试训练场地、能力评估场地、配套设施等各个方面的技术要求,针对智能网联汽车的研发测试、训练场地与道路测试能力评估等内容搭建符合各项相关要求的能力评估场地,制定较为完善的道路测试能力评估方案,并据此进行道路测试,同时在此基础上建立起智能网联技术的测试评估体系标准。

在智能网联汽车实现商业化的过程中,汽车行业的企业和相关管理部门需要充分确保智能网联汽车的运行安全,并通过在封闭场地中对车辆进行安全测试评价的方式来为智能网联技术的发展提供支持。

6.1.4 国内外封闭场地测评要求

现阶段,美国、英国、法国、德国、瑞典、日本、韩国、新加坡等发达国家已经为汽车行业提供了专门用于智能网联汽车技术测试的道路,并要求智能网联汽车在进入公共道路运行之前先完成在封闭场地中的试验验证。还有一些国家已经开始引入第三方组织来对测试车辆进行测试和评价。

在我国，智能网联汽车在进入公共道路运行之前也需要完成在封闭场地中的各项测试和试验。例如，工业和信息化部、公安部和交通运输部要求，测试车辆需要在封闭道路、场地等特定区域中完成实车测试，并通过符合国家或省市的相关要求且具有汽车行业相关业务的第三方检测机构的检测。此外，在北京市，智能网联汽车在进入公共道路运行之前需要先在经过自动驾驶测试管理机构认证的封闭试验场完成规定里程与规定场景的测试，并获取该测试场地的测试报告；在上海市，智能网联汽车在进入公共道路行驶之前需要先在第三方机构指定的封闭测试区域中完成测试评价规程中既定的各项相关测试项目，并在确保每个项目的有效次数不低于30 次且测试结果的达标率不低于 90% 的前提下获取能够充分证明自身运行安全的封闭测试区实车检查和试验报告。除此之外，其他各个应制定并发布针对智能网联汽车的相关管理标准规范的地区也已经明确了车辆封闭场地试验要求。

近年来，全球各国都在不断加大智能网联汽车封闭测试场地和相关示范区的建设力度，力图借助有效的技术试验、测试评价和示范应用来在技术层面为智能网联汽车的运行安全提供充足的保障。我国在建设封闭测试场地时应综合考虑地理环境、气候、交通状况、交通运输系统等多个方面的各项因素，并支持政府机构与民间组织进行合作，从而全面利用各方资源，充分确保场地环境的多样性和完整性以及测试平台的全面性和完善程度，提高智能网联汽车技术试验和测试评价的有效性。

总而言之，智能网联汽车技术正在快速发展，但智能网联汽车在上路行驶之前必须经过大量场地测试和场景验证，以便为智能网联汽车在公共道路上的运行安全提供充足的保障。由此可见，各国汽车行业均需对智能网联汽车进行长期大量的封闭测试，并在测试前做好各项相关准备工作，相关管理部门需要制定并完善封闭场地建设和测试的相关标准规范，为汽车行业的各个相关机构互相合作提供支持，推动智能网联汽车健康稳定发展。

6.2 智能网联汽车开放道路测试

6.2.1 国外开放道路测试的发展概况

与研发和应用智能网联汽车相关的道路测试大致可分为虚拟测试、封闭园区测试、指定道路测试、公开道路测试等。目前，国外智能网联汽车测试已逐步完成转型，由实验室研发进化至道路测试。一些发展较快的国家则已逐渐进入公开道路测试阶段。为进一步推动智能网联汽车持续健康发展，一些国家通过立法构建智能网联汽车安全体系，明晰其法定地位、明确其责任机制等，对其进行制度设计。

美国作为首个推动智能网联汽车道路测试的国家，曾在2011年就将道路测试写入相关法律。近些年，很多国家都在大力推动智能网联汽车测试发展，加大投资建设示范区，积极攻克测试相关的技术壁垒，不断推进智能网联汽车的发展，以努力占领市场先机，比如美国、日本等国相继颁布智能网联汽车测试相关的法规及政策，不遗余力地促进道路测试的发展。

- 美国最初通过州立法来保证智能网联汽车公共道路测试的开展，例如得克萨斯州、加利福尼亚州等皆可以在全州进行相关测试，并逐步进行一些试点项目，推动智能网联汽车的商业化落地。
- 2018年，欧盟曾公开其推动智能网联汽车发展的计划时间表，预计在2030年全面进入智能网联汽车时代。欧洲各国也积极推进相关道路测试，如法国曾在2018年开展智能网联汽车的网约车测试项目，这也是欧洲最早的智能网联汽车网约车的测试。
- 日本对智能网联汽车的关注点主要集中在远程智能网联驾驶系统方面，着重开发该系统的实用化技术。2017年，日本推出了相关标准，准许智能网联汽车在舱内无人的情况下进行道路测试，并把远程监控员视为承担交通责任的驾驶人。

6.2.2 我国开放道路测试存在的问题

目前，我国的智能网联汽车道路测试发展还不成熟，尚处于封闭园区测试到开放道路测试的过渡阶段。2018年我国公安部、交通运输部以及工业和信息化部联合推出了《智能网联汽车道路测试管理规范（试行）》，对智能网联汽车的测试主体、测试驾驶人及测试车辆等作出一系列规定，以规范智能网联汽车道路测试管理。我国各省市政府也都积极推动智能网联汽车道路测试的发展，目前北京、上海、深圳等城市相继推出了本地道路测试相关规定。

但与此同时，我国开放道路测试仍然存在诸多问题，集中表现在如图6-4所示的几个方面。

（1）测试政策法规与标准规范不健全

对于我国目前道路测试的发展情况，可以从国家以及地方两个角度切入分析：

- 从国家角度来讲，道路测试的相关政策以及法规体系还不完善，要想推行

道路测试还存在政策法规方面的阻碍,例如交通事故认定、交通安全管理以及测绘限制等;

- 从地方角度来讲,不同地区对测试里程数、测试场景以及测试员资质等要求各异,各地之间没有建立统一的标准,从而造成测试结果各不相同,测试效果大打折扣。

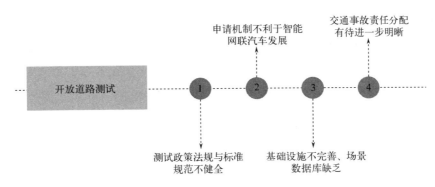

图 6-4 我国开放道路测试存在的问题

(2)申请机制不利于智能网联汽车发展

现阶段,我国智能网联汽车开放道路测试的申请机制也存在问题:

- 申请流程方面,一些城市审核申请的周期长,要求的材料颇多,牌照延期手续复杂;
- 测试场景方面,开放路段较少,场景比较简单,且高速公路路段的测试迟迟没有开放,一些城市还会对测试时间作出要求,对能够进行测试的天气条件进行规定;
- 测试手段方面,各地的测试方法都较为单一。在虚拟道路上开展仿真测试对智能网联汽车驾驶技术的提高具有重要意义。目前我国的相关测试更多地聚焦于实车道路测试上,对仿真测试的关注度比较欠缺。

(3)基础设施不完善、场景数据库缺乏

要想确保道路测试顺利完成,就要进一步完善道路基础设施。当前我国一些城市的指定测试路段的道路基础设施存在一些问题,例如道路标线模糊、交通信号灯不一致等,在进行测试时车载摄像头可能很难识别相关标识,无法作出准确判断。

此外,我国还没有创设自身的测试场景数据库,无法消除智能网联汽车道路测试场景匮乏、测试成本较高的困难。对于智能网联汽车测试中的失控、碰撞等数据,目前也没有相关的分析和共享的机制,而这些数据对于减少事故发生和证明系统技术的成熟度是极为关键的。

（4）交通事故责任分配有待进一步明晰

现阶段实施的交通事故侵权责任规则是在驾驶员对车辆进行人为操作的基础上建立的，而智能网联汽车在发展到 L4 或 L5 级别时，车辆的行驶基本由自动驾驶系统替代人类进行驾驶。这时驾驶责任和义务会发生变化，将由汽车厂商、系统供应商等主体一同承担。这也会造成一个问题，就是交通事故的侵权责任认定会较为麻烦，所以当前的规则要进行适当调整。

测试主体为了保证测试事故导致的相关损失可以按时赔付和有效承担，可以提前购买保险、交纳保证金，还可以利用多种担保工具来保障多方利益。不过，现阶段我国保险系统还没有广泛推出智能网联汽车驾驶相关的保险产品。

6.2.3 我国开放道路测试的发展对策

对于以上我国智能网联汽车道路测试方面的各项不足，我们应当积极完善当前的道路测试规则，建立相关的保障体系，适当开放试点项目，逐步扫清测试中的各种障碍，书写智能网联汽车驾驶规范的新篇章。

（1）修订完善路测规范

从国家角度，要加快建立健全相关的法律法规体系，可以从保险责任、路测准入方面着手，对《中华人民共和国测绘法》《中华人民共和国道路交通安全法》以及《智能网联汽车道路测试管理规范（试行）》等法规进行修订；要促进国家和各地间协调同步，统一标准，并推进不同地域间的测试结果可以得到相互认证，对各地间的认证流程也要进行统一和规范。

从地方的角度，要进一步精简申请与审批流程，减少企业测试的花销；要争取不断丰富测试场景、多放开一些测试道路、适当延长测试时间，通过这样来改变测试场景单一的尴尬处境。当此项技术趋于成熟，可以确保道路安全时，可以准许在相对较差的天气条件下进行测试，也可以准许在早晚高峰进行测试；要逐步放开高速公路路段测试；要将仿真测试与实际道路测试紧密结合起来，全面提高测试效果。

（2）完善道路测试基础设施

① 不断完善道路测试的基础设施建设，及时解决道路标线和标志的模糊和"隐形"问题，使车辆在进行测试的过程中可以对标线等有效识别。

② 加强场景数据库的建设，对其构建与采集数据进行规范化，设立明确标准，

确保数据畅通，推进场景数据库产业化落地。

③ 测试主体要把测试时的失控和脱离自动驾驶状态等数据按时报给监管机构，机构处理和分析各项数据，按期将测试车辆由于技术失效造成的脱离驾驶状态的报告公布出来。

（3）逐步开放道路测试试点

如果智能网联汽车拿到了相关的道路行驶资格证书，同时其可靠性和安全性得到了评估、验证与许可，那么可以准许部分公共道路开放货运和客运试点项目。之后可以对试点项目的测试数据进行处理和分析，以此判断智能网联汽车驾驶技术的成熟度，并根据相关数据推测该驾驶系统对道路交通安全以及社会经济发展产生的影响，为其日后的商业化落地积累经验。

（4）明确责任分配机制

由人类驾驶过渡到自动驾驶，驾驶责任主体发生了改变，所以交通事故的责任承担规则也需得到修订，以期适应智能网联汽车道路测试的新要求。

① 明晰责任归属。在确保归责原则的前提下，分别对自动驾驶系统操作、驾驶员操作和第三方过错这三种情况导致的事故责任分配进行详细规定，进一步明晰汽车制造厂商、经销商、系统供应商、车辆驾驶者以及车辆归属者等各主体需承担的相关责任。

② 运用好责任保险制度。要深入发掘我国现行交通事故责任保险制度的价值，同时要结合智能网联汽车驾驶技术的发展阶段，积极探索新的责任保险制度，规划和推广新型的保险产品。

6.3 国外典型的智能汽车试验场

现阶段，智能网联汽车在世界各国发展势头正猛，许多国家都已经深刻地认识到打造智能网联汽车测试场是当务之急，相继开始在此项目上规划投资。目前在这个项目上做得比较好的是日、美等国，其测试场地各有优势，在智能网联汽车驾驶测试中取得了较好的效果，也为其他国家日后在该领域的建设起到了示范作用。

美国、瑞典、英国、日本、加拿大等国家在研究智能网联汽车方面起步早一些，也相对较早地规划和建设了专门的智能网联汽车测试场地，如由密歇根大学主导、密歇根州支持的无人驾驶虚拟之城——MCity，是世界上第一个专为测试智能网联汽车打造的模拟测试小镇。除了Mcity，瑞典的AstaZero试验场和英国Mira

试验场也是比较具有代表性的场地。此外，日本独立的测试机构日本汽车研究所（Japan Automobile Research Institute，JARI）打造了 JARI 茨城县的智能车测试场并开始进行改进和优化；PMG 作为加拿大唯一对机动车检测中心进行负责和管理的技术公司也已经在着手建立试验场，并在测试方法等方面也做出了积极的尝试。

6.3.1　美国：Mcity 自动驾驶试验场

该试验场是在 2015 年落成并开始使用的，处于密歇根大学校园内，以该大学交通改造中心为主导进行规划打造。不同于传统的试验场地，Mcity 是为测试智能网联汽车而量身定制的模拟测试小镇，占地 32 英亩（相当于 12.9 万平方米），运用逼真的交通设施设计和非常贴近实际生活的交通标志，高度还原真实的行车环境。

在道路设计上，Mcity 充分考虑到了真实交通中的各种情况：比如路面，打造了泥土路面、碎石路面、沥青路面以及混凝土路面等多种材质的路面；再比如道路结构，设置了正朝向的直线道路、不同情况的弯曲道路、各类交通环岛、十字路口、丁字路口、上下坡道路等。此外，Mcity 不同宽度的道路还可以设置不同的车道数量，由此可以产生多种交通场景。

在路旁的设施上，Mcity 在场地中打造了仿真度极高的建筑立面，全试验场都放置了可变化的信号灯以及标志牌等设施，而且路旁的树木花草、邮筒、桥梁、消防栓、垃圾箱等都是依照实际生活中的道路情况进行陈设的，就是为了测试智能网联汽车的传感器、执行器等在不同环境下的运行情况，如表 6-1 所示。

表6-1　Mcity测试场布置列举（部分）

项目	内容
路面元素	水泥路、柏油路、仿真砖铺装路、泥土路、碎石路等
交通设施	交通标志、车道线、信号灯、减速带、人行横道、指示牌、城市建筑、邮箱、消防栓、候车椅、计时码表、金属桥、铁轨等
交通场景	日常行车场景：循线行驶、通过路口、斜坡、环岛、交通管制区、施工区域等； 通信测试场景：人造林荫区域、隧道、正方位道路（定位） 其他：照明设施场景、变化光源、做旧道路标牌等
测试区域	高速试验区：包含出入口、交通标志、护栏、防撞设施的高速公路 低速试验区：模拟城市和近郊，包含数英里长的两车道、三车道、四车道，还包括乡村道路 停车区域：多种车位，如侧方停车、倒车入库、斜对角停车等

现阶段，不仅有福特、丰田和通用等汽车企业投资 Mcity 并入驻测试，日立、德尔福等零部件公司和互联网企业也相继入场。Mcity 已吸引了数十家企业的投资，我国的广汽和长安汽车也位列其中。

Mcity 已在世界范围内起到了良好的模范作用，为各国日后打造试验场地提供了优秀的范例，譬如它所使用的柔性化设计理念，打造出了兼容性好、灵活度高的测试场景。即便如此，Mcity 还是存有弊端：一是其场地有局限，虽然有近 7km 长的道路供测试使用，但仍然无法满足一些特殊的驾驶测试；二是其场景的陈设还是与真实场景有一定差异，不够复杂和多样。

6.3.2 瑞典：AstaZero 试验场

AstaZero 于 2014 年落成，位于瑞典西南部的布罗斯，是由瑞典国家研究院与查尔姆斯理工大学、瑞典奥托立夫公司、沃尔沃汽车联合建设的，主要是供沃尔沃汽车使用。

该试验场地总面积有 2 平方千米，铺设路面面积为 25 万平方米，主要有四个测试区域：一是城市区域（由街道、建筑物和四个街区组成）；二是乡村道路（长为 5.7km）；三是高速公路测试区域；四是多车道测试区域。该试验场为科研机构、高等学校、全球汽车制造商以及零部件供应商等提供了一个良好的开放的试验平台，如表 6-2 所示。

表6-2 AstaZero测试场道路

道路	特征
乡村路段	5.7km（一半设计车速为 70km/h，另一半设计车速为 90km/h），两侧树林、麋鹿测试、十字路口、丁字路口、可变标志牌、公共车站、临时停车带等
城市路段	4 座方形建筑物、公交车站、路灯、人行道、自行车道、信号灯、排水沟等；环形路口、丁字路口、环形回车道和实验区等多种测试环境
多车道路段	700m、四车道、可变车道、临时障碍物、可变照明路灯等
高速区域	240m 直径圆形区域 + 两条加速道路、刚性围栏、充电插座、存储仓库等

根据计划，AstaZero 试验场有两个建设阶段。2014 年 8 月第一个阶段建设完成并已开放，第二阶段尚在筹备中。目前第二阶段的主要工作是广泛收集汽车业界的需求，来保证能够建成汽车主动安全方面最完备的测试环境。此外，隧道、雨水发生器、喷水、造雾设备和干燥设备等测试环境也会在第二阶段中进行运用，如

表 6-3 所示。

表6-3 AstaZero测试场布置列举（部分）

项目	内容
基础设施	全区域电力部署、光纤通信及控制线缆、全区域 Wi-Fi 覆盖、所有控制室和车库提供高速互联网连接、全区域手机信号覆盖、V2V 和 V2I 安装准备
差分全球定位系统	覆盖整个区域的基站、RTK 目标追踪系统、视频系统与位置同步
测试模拟系统	提供整个测试场的模拟，车辆测试可以先在虚拟环境中模拟运行，然后再进行实地测试
控制中心	控制中心可以了解场地内不同测试车辆的精确位置信息，除了中央控制站，AstaZero 测试场地内还有两个控制塔以及几个控制室

6.3.3 英国：Mira 试验场

英国的米拉（Mira）试验场位于英格兰中部地区。它的特点是可以提供保密性好的场地以满足各类驾驶需求。

这个场地呈三角形，具有 24 个环路，总长约为 95km，占地约为 3.4km^2。试验场共有 9 个区域，每个区域都有独特的用处。该试验场既能进行智能网联汽车测试，又能进行传统车辆测试，提供了一个既安全又可重复的、类似于实验室又高度贴近现实的测试场景。位于该测试场中的 City Circuit 是单独为智能网联汽车测试打造的，其优势是可以在测试方面提供基础设施与服务，可以有效连接城市中的环境与情况，主要侧重于在城市环境中测试系统，如表 6-4 所示。

表6-4 Mira测试场布置列举（部分）

项目	内容
基础设施	道路布局设计用来模拟城市驾驶环境 测试道路外围周长 2km 基础设施长度超过 300m 的多车道公路 多种道路表面 交叉口和十字路口网络 完整的城市路标 双向交通流 电源管道及电力接口贯穿整个道路 用户定义的交通信号 允许安装特定技术的 T 台支架

续表

项目	内容
通信和定位	IEEE 802.11ayb/g/n（Wi-Fi）RTK-GPS IEEE802.1 IP（在欧洲和北美，5.9GHz 波段被分配给 V2V 和 V2I） GSM/GPRS/3G 蜂窝网络 地面实况定位（三维运动捕捉系统） RTK-GPS GNSS 通信限制 4G NOW 无线网 集中控制系统
模拟现实	通信访问和拒绝 模拟大量的移动通信流量 先进导航服务 城市峡谷模拟 V2V 和 V2I 通信 城市交通管理与控制

6.3.4 日本：JARI 试验场

日本机动车研究所（Japan Automobile Research Institute，JARI）于 2011 年就已经开始建立智能网联汽车的测试场，其内部包含了汽车研究院的大部分主要场馆和建筑。

2013 年，日本内阁提出《世界领先 IT 国家创造宣言》，并将自动驾驶作为战略重点；2014 年，日本在此基础上正式启动"战略性创新创造项目自动驾驶系统研究开发计划"（innovation of automated driving for universal service，SIP-adus），并计划在自动驾驶相关测试体系方面投资 304 亿日元，大力推动自动驾驶技术的研究、发展和应用。

2016 年，日本正式开始推进"无人驾驶评价据点整备项目"，并将该项目交由 JARI 来执行，同时在该项目的推进过程中，日本国内外企业和科研院校在无人驾驶安全测试模拟设施建造方面也会收到来自整备项目的资金补助。具体来说，日本实行该项目的主要目的包括以下几项：

- 参与制定国际相关自动驾驶规则和标准；
- 加快研发节能性强的自动驾驶技术的速度；
- 减少交通运输时的碳排放量。

根据整备项目的要求，中标单位需要为各个项目的测试工作分别准备恶劣环境测试区域、城市道路测试区域和多功能测试区域 3 个测试区域。现阶段 JARI 主测试场一共有 9 条测试道路，整个场地的占地面积约为 302 万平方米，可以进行多类车辆测试，如车辆的制动性测试和安全性测试等。

6.3.5　加拿大：PMG 试验场

PMG 作为加拿大唯一对机动车检测中心进行负责和管理的技术公司，也是北美颇为优秀的车辆试验机构。PMG 公司拥有着超长的测试跑道，这 25km 的跑道为 PMG 公司提供了足够多的车辆动态测试，积累了丰富的数据处理经验。当前，PMG 公司正着手打造智能网联汽车测试创新技术研发中心，并开始对其试验场进行专业化的改进和建造，如建设隧道、丁字路口、十字路口、乡村道路和高速道路等。

按照不同的天气情况，PMG 的试验场可以创设各类符合要求的试验路面，比如结冰、积水、积雪以及湿滑等形态的路面。同时，PMG 试验场可以对转向控制系统进行远程操作，这样 PMG 就能安全且准确地重复各类行驶模式，甚至可以重复极端驾驶情况。

6.3.6　国外汽车试验场的实践启示

智能网联汽车采用了现代网络及通信技术，搭载了优秀的控制器、传感器等装置，能够实现车人路协同，具有智能决策、感知复杂环境以及协同控制等功能，可以在安全行驶的前提下，做到舒适、高效与节能，真正实现自动驾驶。

在汽车产品开发、改进以及生产中，测试环节是其中十分重要的一环，场地测试尤其如此，对验证全车的舒适程度、操控性能以及是否安全等方面具有重要影响。智能网联汽车搭载了更多的先进装置，可以与外界进行通信，并替代人类完成自动驾驶。所以在进行智能网联汽车的测试时，要集中检测车辆对外部环境的感知能力，也就是关注车辆与外部的人、基础设施、其他行驶车辆之间的交互。

同时，随着智能网联汽车的不断更新迭代，以后对其进行的测试会更加丰富多样，需要凭借更多种类的设备、场景和方法来完成测试。所以在没有开放公共道路测试之前，建设专门的试验场是各国推进智能网联汽车发展的关键项目。

通过对国外典型的自动驾驶试验场总结分析，给我国智能网联汽车试验项目的建设带来一些经验与启示，如图 6-5 所示。

（1）高度还原的测试场景

除去试验场中道路建设的差异，尽最大努力还原真实的交通场景是十分必要的。

就比如路边的仿真建筑物、可变化的交通标志牌以及信号灯和公交站等交通设施，这样可以使智能网联汽车的测试环境与现实环境更加贴近，使测试结果更加准确。

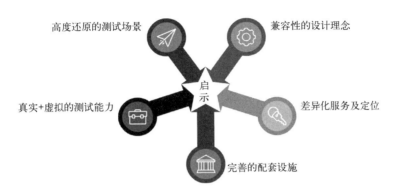

图 6-5　国外汽车试验场的实践启示

（2）兼容性的设计理念

各国的测试场在场地设计时都为日后测试场的改进和升级留出了相应的空间，如瑞典 AstaZero 的可变车道线、美国 Mcity 的多用途空地以及英国 Mira 的可变交通标志牌和符合多类需求的通信设备等。

（3）差异化服务及定位

过于类似的试验场对于推动技术发展是没有益处的，还可能对建设试验场的竞争优势造成负面影响。因此，进行试验场规划时，各个试验场的优势应不尽相同，如有的场地面积大、有的测试道路较长等，只有各自发挥所长，才能够更好地形成资源的集聚。

（4）完善的配套设施

这些试验场不仅有为测试提供的各种类型的道路，如高速道路、乡村道路等；还有可以满足用户各类需求的配套设施，例如充电桩、休息室、会议室以及车辆维修站等。

（5）真实＋虚拟的测试能力

很多具有代表性的试验场在打造真实的测试道路的基础上，还将试验场进行数字化建模，以此进一步优化虚拟仿真测试，不断提高测试车辆的效率。

在网联化、智能化浪潮的推动下，智能网联汽车领域开始着重规划和打造专用试验场。目前在这一方面，国外的试验场更加先进，部分试验场已经开始使用。近些年我国智能网联汽车蓬勃发展，车辆的测试需求不断增加，打造试验场开始成为当务之急。北京、上海、浙江等地已经先后打造完成国家级智能网联汽车示范区，上海和重庆等地经过改造的场地也已开始使用，但个别专用试验场还处在规划建设阶段。

第 **7** 章

智能网联汽车行人保护测试

7.1 国内外汽车碰撞安全法规

7.1.1 被动安全法规体系

汽车的安全装置可分为两类，一类是主动安全装置，如指示与报警装置、制动防抱死系统、车身电子稳定控制系统、主动悬架以及车距雷达报警系统等；另一类是被动安全装置，在车辆发生事故时可以起到保护作用，从而尽可能减少事故造成的伤害。进行被动安全研究的主要方式之一便是汽车碰撞试验。

总体来讲，被动安全的研究可以分成两部分，即车内安全与车外保护。就车内安全而言，主要是在设计阶段就要考虑车身结构的安全性以及乘员系统的约束性，最大限度地利用车身部件的形状改变来吸收能量，从而弱化对车内乘员的伤害，结合乘员约束系统对乘员进行最大程度的保护。就车外安全来说，一般会使用车身外表安全装置，同样在设计时也会着重关注车身的结构安全，尽最大可能减小对行人的冲击。

为了在发生交通事故时减少对车内乘员与车外行人造成冲击与伤害，就要进一步研发车辆的被动安全装置和技术。一般而言，交通事故的发生主要有追尾碰撞、侧面碰撞、正面碰撞以及车辆翻滚等情况，碰撞人员受到的伤害主要有以下5类：

- 乘员身体因受到碰撞超出车外，遭到伤害；
- 乘员同车内结构产生再次碰撞，受到伤害；
- 汽车结构因碰撞变形而侵入乘员舱，对乘员造成伤害；
- 碰撞之后起火，对乘员与行人造成伤害；
- 碰撞后车辆对行人造成伤害，主要是发动机盖对头部和保险杠对腿部的冲击伤害。

汽车的被动安全性法规就是依照以上几种情况而制定的，现阶段该法规存有两套体系，一个是包括欧洲经济共同体（European Economic Community，ECC）和欧洲经济委员会（Economic Commission of Europe，ECE）汽车法规在内的欧洲法规体系，另一个是美国的联邦机动车辆安全标准（Federal Motor Vehicle Safe Standards，FMVSS）。以上两套体系都对车辆安全措施的有效性做出了相关规定，要求新研发的汽车都要进行冲击试验与碰撞试验，而且还对此制定了相关的试验手段以及评价标准。澳大利亚与日本也参照以上体系制定了相关法规与标准，并且已经开始推广实施。

我国向来重视汽车被动性安全装置和技术，早在1999年便出台了相关法规CMVDR294（China Motor Vehicle Design Rule294）《关于正面碰撞乘员保护的设计规则》，2003年又在此基础上进行修改完善，颁布了《乘用车正面碰撞的乘员保护》，在汽车的强制性检验中添加了正面碰撞试验这一项。目前我国即将出台新的碰撞试验标准，该标准会把追尾碰撞以及侧面碰撞纳入其中。此外，汽车正面偏置碰撞也有望纳入国家的推荐标准。

7.1.2 实车正面碰撞法规

依据相关数据统计发现，车辆发生侧面碰撞与正面碰撞的概率较大，因此，这两类碰撞引起较高关注。相对而言，翻滚以及追尾碰撞发生概率较小，但也会导致财产以及人员的损害，所以也应该同样受到重视。接下来针对以上几类碰撞法规进行简要梳理。

根据正面碰撞试验法规，正面碰撞试验主要是为了检查车厢结构强度、前围板吸收能量程度以及保险杠等。受试车辆按照某个速度行驶与可变性或刚性壁障产生碰撞，之后凭借车内假人的传感器的数据来推测伤害程度，用以衡量车辆安全装置的有效性。涉及此类碰撞的法规有欧洲的ECER94和美国的FMVSS208。澳大利亚、日本以及我国的正面碰撞法规都是在以上两个法规的基础上形成的。

美国的FMVSS208法规对正面碰撞试验有以下规定：需使用刚性壁障表面，试验速度为30mph（48.28km/h）。正面碰撞试验有结构试验和约束系统试验两种，结构试验是指壁障表面和车辆的横截面构成30°角，发生碰撞时车辆左前端先受到冲击；约束性试验是指壁障表面与车辆的纵轴线呈90°角。这两种试验都要分系安全带和不系安全带两种情况试验。评价指标主要有：

- 碰撞时车门不可以被撞开；
- 碰撞后车门可以打开（不使用工具的情况下），车内仿真乘员可以正常出入；
- 若发生燃油泄漏，其泄漏量每分钟不可以超过30g；
- 胸部持续3毫秒加速度不超过60g，头部伤害指标不超过1000，大腿压缩力不能超过10kN，胸部相对于脊柱的压缩变形量不大于76.22mm。

欧洲的ECER94正面碰撞测试法规于1998年推广实施，主要针对总质量不超过2500kg的M1类车型。该规定的试验速度为56km/h，壁障类型为铝合金材质的蜂窝状变形壁障，形式是40%的偏置碰撞。做出以上设置主要是基于在起草该法规时，许多专家都认为试验的方式要客观真实地呈现事故现场的具体情况。

我国的正面碰撞法规 CMVDR294 是在欧洲法规的基础上形成的，与之不同的是，我国没有使用偏置碰撞试验，而是参照美国和日本法规，设置了速度为 50km/h，完全重叠、垂直刚性固定壁障碰撞试验。

7.1.3 实车侧面碰撞法规

根据相关统计显示，发生事故的各类碰撞中，除了正面碰撞外，侧面碰撞的占比也很高，而且侧面碰撞的受害情况要大于正面碰撞。

侧面碰撞法规主要试验的是车辆的侧门强度，主要检测车辆侧支柱以及底支柱与车门间的连接结构强度，以尽可能减小侧面碰撞时车身对乘员造成的伤害。在侧面碰撞的规定上，美国与欧洲两套体系都采用了移动变形壁障（moving deformable barrier，MDB），按照某个速度撞向车辆侧面，在被撞一侧前后座位上放置假人，之后按照传感器数据判断受伤程度。其不同之处在于 MDB 以及采用的假人。

我国推广实施的侧面碰撞试验标准是在欧洲的 ECER95 系列法规的基础上形成的，其中因法规体系与标准体系的不同对车型修改、产品非一致性以及认证申请等部分进行了删减。

7.1.4 实车追尾碰撞法规

除去前面谈到的正面碰撞和侧面碰撞，车辆在行驶过程中还会遇到翻滚事故、追尾事故以及由碰撞引发的起火、爆炸等事故。通常情况下，这类事故的伤害程度较大，是事故中造成乘员伤亡的关键因素。对此，不少国家都推行了燃油泄漏法规，例如，欧洲的 ECER34 法规，日本的 TRIAS11-4-14 标准，美国的 FMVSS301 法规。其中，美国的燃油泄漏法规是检验法规，是最完备的，可以全面检测车辆的燃油系统。

针对车辆追尾碰撞时车辆自身的结构保护，也有相应的法规对此进行规范。例如欧洲的 ECER32 对 M1 类车辆发生碰撞时车厢结构的抗撞性做出了相关规定；美国的 FMVSS223 和 FMVSS224 对于总质量超过 4536kg 的挂车和半挂车尾部的碰撞防护装置做出了相关规定。

值得注意的是卡车后面的防护装置，其对于追尾卡车的轿车的乘员安全具有十分重要的影响。若缺少防护装置，轿车在与卡车后面发生追尾时，卡车的后车厢底部将直接穿透轿车的前挡风玻璃进入车辆内部，威胁前排乘员的生命安全；若增加了相关防护装置，则此装置会与轿车车头产生碰撞，轿车前部的各类吸收能量以及缓冲的设置均能发挥效用，进而保护舱内人员的生命安全。

7.1.5　安全气囊试验标准

最近几年，安全气囊相关的质量纠纷越来越多，造成这种局面有诸多因素。目前对于气囊的起爆角度、速度等参数尚没有统一的标准，而且消费者对气囊认识有所欠缺，对其作用的发挥估计过高。

安全气囊的发展还不够成熟，在 ISO 等标准体系里，多是术语定义以及试验方式类的标准，在欧美的法规中多是依据正面碰撞与侧面碰撞提出对乘员保护的要求。而对于安全气囊系统，目前尚没有国际通行的法规对其各项参数进行规定与统一，基本都是各企业按照各自的标准生产的，但事实上，各企业的相关标准差异并不大。

我国汽车标准的制定与修订由全国汽车标准化委员会负责，安全气囊标准这一部分的相关工作主要由车身分技术委员会来承担。我国关于安全气囊的现行标准主要有 ISO 12097-1、ISO 12097-2、ISO 12097-3 三个部分，分别是安全气囊部件的术语、安全气囊模块试验以及气体发生器组件试验。为促进安全气囊产业进一步发展，2001 年我国针对安全气囊标准专门成立了研究工作组，并在 2002 年依据 ISO 12097 标准来形成适用于我国的标准，工作组对美国 2000 年颁布的 FMVSS208 与欧洲的 ECE 中涉及安全气囊的部分进行研究，推动了我国汽车领域安全气囊技术的进步与发展。

根据交通事故的相关数据统计来看，三点式安全带与安全气囊的保障性最好、最为安全，有效防护率可达 60%；如果只用安全带，保护率在 45% 左右；若只用安全气囊，保护率仅为 18%。所以说安全气囊作为配套的保护措施较为有效，但单独使用收效甚微，关键还是要系好安全带。唯有将安全气囊与安全带组合起来才能发挥最好的保护作用，反之则收效甚微或产生更坏的结果。比如在车辆发生低速碰撞时，气囊的开启可能会造成意外的伤害，从而削弱了其防护作用，不过在一般程度或者较为严重的事故中，气囊对舱内人员的保护作用较大。需要注意的是，安全气囊并不是随时都可以发挥作用的，在某些特殊情况下，安全气囊是无法顺利展开的，比如碰撞护栏造成的翻车事故、正面碰撞以及与尾部无防护装置的卡车发生追尾事故等。

7.2 智能网联汽车行人检测方法

7.2.1 基于视觉传感器的行人检测

在智能网联汽车研发的过程中,要注意到正常工况时的车辆控制和运行处理,主要指对各类型车辆的行为监测、状态预测和风险评估等。除此之外,还要能够及时判别和处理极限工况,例如山体滑坡、道路施工、突然出现的行人等。极限工况分为动态和静态两种,目前动态(行驶车辆等)的处理还比较麻烦,难以实现;静态(道路施工)的则可以通过高精度地图来进行处理,待车用无线通信技术(vehicle to everything,V2X)真正推广应用时,也可以通过它进行处理。

行人是重要的交通元素,能否有效保证行人的生命安全是智能网联汽车研发时应着重考虑的关键问题。智能网联车应该采取一切手段实现对车辆前方行人的准确检测和有效预判,同时向驾驶员和行人发出警报,避免危险的发生。

下面我们首先对基于视觉传感器的行人检测方法进行简单分析。视觉传感器是一种可以识别目标和处理图像的传感器(如图 7-1 所示),不仅可以大量地检测信息,还极具性价比,广泛应用于智能网联汽车领域。其信息检测主要涵盖预处理、获取图像、目标的分类与定位跟踪等,在对目标进行分类和追踪方面,主要采用的方法有模板匹配法、行人运动特征、统计形状模型等。

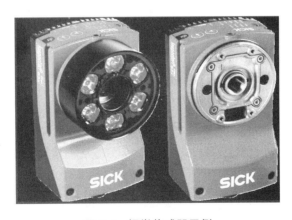

图 7-1 视觉传感器示例

(1)基于行人形状模型的方法

依托行人模型,也就是进行模板匹配,主要是定义行人形状模型,与图像中的各个部位进行匹配,最终找到目标。行人形状模型可分为立体模型、轮廓模型和线性模型等。在进行识别时,要注意先创设好假设约束,在视觉序列图里找到符合行人特征的目标,之后按照体现头和肩膀的二值模型找到行人的头,利用相关函数来确定头部位置,最终凭借立体视觉技术进行测距,确定行人边界。这样就产生了基本的模板,可以用来进行行人的检测匹配,更高效地选定目标。

这种方法在进行行人检测时具有其自身的优势。它可以较为精准地识别行人,无论是运动的还是静止的。因为在进行检测时车辆一般都处于运动之中,摄像机也会随之运动,图像也会一直变化,该方法有效避开了这种图像变化所产生的麻烦,凭借行人特征来定位行人,较为准确与高效。该方法还需不断优化,因为行人的外形多种多样,穿着打扮千变万化,这就要尤其关注模型的丰富性,否则检测未必精准,且行人处于运动状态下,可能信息完整性不够,从而无法与模板精准匹配,这就给模型匹配法提出了新的亟待解决的问题。

(2)基于行人运动特性的方法

这种方法主要通过行人运动的节律性和周期性来定位图像中的行人,凭借光流法进行识别。我们可以在光流分割中,对具有明显特征的节点进行逐帧跟踪,例如对同种色彩的像素值节点进行多帧综合分析,然后将运动节点根据概率模型来划分、归类,用于后期检测阶段。

与此同时,如果行人存在较为一致和连贯的线性运动,那么在逐帧的图像排列里则会体现出直线运动的路线,唯有在图像序列里发现较为规则的运动轨道,系统方能判定找到匹配的行人。由于物体运动的周期性和刚性的特点,我们可以通过平均参与光流的不同将非刚性的行人与刚性的行驶车辆进行区分,加之行人运动的节律性、周期性特点,可以进行更快、更好地区分。

这种方法同样适用于图像不断变化的情况,因为它可以通过行人特有的运动模式和节律来进行识别,但由于非刚性的行人各部分的运动不尽相同,所以在获取行人图像时较为不易,而且检测一般需要多帧图像,识别行人的时间也会相应延长,甚至可能造成延迟。对于检测静止的行人,这种方法的检测效果也一般。

(3)基于统计学的方法

从统计学方法的角度来看,首要解决的便是特征表达问题。先在样本中进行不断训练,获得行人分类器,之后通过分类器逐个图像比对、辨别,其中训练这一环节是能够在离线状态下进行的,不会与识别时间冲突,分类器运行稳定。但该方法也存在缺陷,那就是样本的数量与提取特征的方法对结果的精确度有很大影响。

7.2.2 基于部分特征组合的行人检测

根据人脑和腿部两个典型人体部位的检测来阐述这种组合检测方法。这两个部位有其自身的组合特点，依据于此便能检测行人。先用方向梯度直方图（histogram of oriented gradient，HOG）对行人特征进行样本提取，结合算法训练获得腿部的强分类器。检测时，先将训练得出的参数导入程序里，然后通过不断缩放、逐步细化的方法扫描检测图像，确定行人腿部后，会在划定的范围内检测行人的头部，最终融合二者，完成对行人的识别，并对可能存有的错误识别进行清除。

（1）基于 HOG 特征的腿部检测

经由对大量样本图像的观察研究，可以发现行人走路时的姿态变化具体体现在四肢方向梯度直方图（HOG）特征的变化方面，而躯干以及头部的特征较为稳定，所以对腿部特征进行提取与改进有助于准确检测行人。

在检测时，要先对图像分区提取各块，各块在不同的单元方向上是梯度分布的，这就是此图像的 HOG 特征。之所以要先检测腿部，是因为腿部比较好区分，腿部的图像背景多是路面等，且腿部占比较大，轮廓边缘较为清晰，在直方图中容易出现峰值，另外其 HOG 特征明显，比较好判别，便于处理。

（2）基于模板匹配的头部检测

之所以选择头部检测作为组合的另一个部分，是因为行人在运动中姿态万千，无法通过相同的模型来进行匹配，通过不断探索发现无论是正面图像抑或是侧面图像，行人的头部轮廓最稳定，且有较为固定的形状，通过修改模板的大小便可轻松与之匹配。此外，一般情况下头部都不会被遮挡，这样会使检测更加轻松方便。

（3）基于部位特征组合的行人检测

前面谈到了对行人某种特征进行检测，事实上，在真实的交通场景中，分类器会受到各类背景边缘梯度的干扰，出现错误的判断。这时部位特征组合方法的优势便体现出来了，其不仅高效，而且可以避免误判，能够很好地适用于多种场景，如图 7-2 所示。

最初可以按照头部轮廓对目标的全局特征进行描述，大体判断行人存在与否；若存在，使用 HOG 特征来检测与之匹配的腿部信息，对部位特征进行描述。以上步骤可利用分类器进行阈值分类进而实现。值得注意的是，全局特征的判断正确与否会对局部特征的判断产生较大影响。

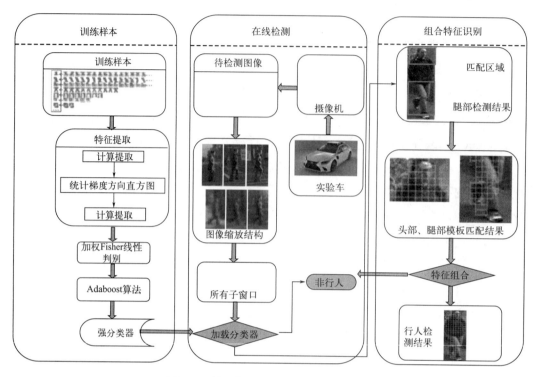

图 7-2 基于部位特征组合的行人检测

① 构造部位约束。可以按照人体部位间的约束来限定所要匹配的区域，比如划定头部特征应处在图像中的位置，之后通过人体部位之间的关系，把匹配的区域锁在腿部检测框上面，圈定一定大小的矩形框，最后使用模板匹配头部信息。腿部的约束亦是如此过程。

② 全局特征转化。匹配完成后会出现一个颇似行人头部的区域，自此便找到了二者形状上的差异。为区分行人与非行人，要把行人的头部特征转换成具体数值进行描述。举例来讲，人头具有类圆的特点，所以可以把提取圆形特征转换成圆所具有的数值特性，如半径、曲率等，从而运用数值对结果进行判别。同样，腿部可用长方形或者圆柱的数值特征来判别。

③ 特征融合。特征融合就是把腿部与头部的检测结果放在一起考量，进行总体评判，最终判定是否为行人。若两个检测结果均判定为行人，那么可以较轻松地判别目标是行人；若检测结论不同，则要再设分类器来判别。

融合分类器的设置一般都是调整腿部和头部分类器阈值，如果想要判别得宽松一些，则可二者将阈值调大，这样会更加方便地判定是头部还是腿部，但误判概率较大。相反，如果把二者判别阈值调小，误判率会降低，但对行人制动的误触发率会提高。较为妥当的方式是分别调整二者阈值，使其幅度的值统一，哪个阈值影响大，哪个部位的误差就大。

7.2.3 基于多传感器信息融合的行人检测

现阶段，依托视觉传感器的行人检测技术有时还比较受限，例如天气条件较差的情况下，视觉传感器捕捉形状或距离等数据信息比较困难且不准确。因为雷达受这类环境影响较小，所以市场上所使用的传感器搭配通常为雷达与摄像机的组合，如图 7-3 所示。

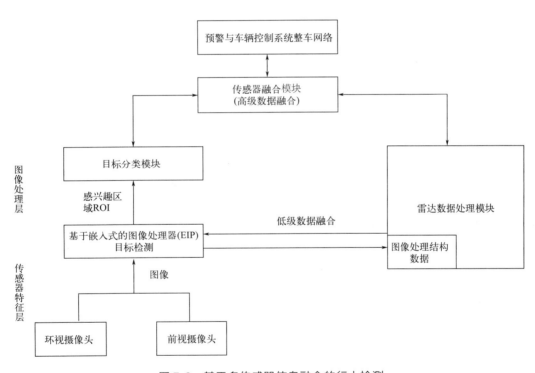

图 7-3 基于多传感器信息融合的行人检测

接下来主要对雷达和视觉传感器检测行人的方法进行阐述。

雷达能够探测到目标的速度、距离等相关信息，然后会通过反射信息得到某坐标系中点的数据集，并以此得到图像处理的相关数据作为视觉传感器的基本数据。在此期间，摄像头会采集图像并将其加载到目标检测模块中，最终基本数据也会载入到此模块中。

在此模块中可以根据模板提取有需要的部分，并可对目标进行再次细分。最终，与雷达最初的数据再次融合，取得较为全面的目标障碍物信息，进行较为精准的传感预判，不断优化行人防撞系统。

7.3 NCAP 试验与行人保护冲击器

7.3.1 全球国家 NCAP 测试标准

当前，不同国家的新车评价规程（new car assessment program，NCAP）测试各不相同，最早推出 NCAP 的是美国，之后日本与欧洲也相继推行了相关的测试。NCAP 测试会对汽车进行多种类型的碰撞试验，收集相关数据进行分析评价，最终得出对车辆的客观评判，并评出其安全指数或安全等级。NCAP 最关键的作用就是其结果可以对车辆的安全性做定量分析，最后按照星级或者分数的形式进行呈现，可以作为消费者购车时的重要参考。

当前时期，美国、澳大利亚、中国等部分国家都已拥有了本国的 NCAP 评价体系，美国作为最先使用这项规程的国家，至今已使用四十余年。现阶段美国主要由美国高速公路安全管理局（National Highway Traffic Safety Administration，NHTSA）和高速公路安全保险协会（Insurance Institute for Highway Safety，IIHS）承担新车的评价工作，但这两个机构所用测试规程存在差异，所以其结果也不相同。

欧洲的 NCAP 评价体系（即 E-NCAP）在世界范围内的影响最强，其起源于 1996 年，稍迟于美国与澳大利亚两国。它是由欧洲各国的政府机关、汽车联合会、汽车俱乐部等构成的行业性组织，与汽车厂商没有利益往来，所以试验结果客观公正，经得起推敲。该组织会随时对新上市的车辆进行测试，并提供多次碰撞机会，同意企业在每次碰撞试验后对车辆进行完善或改进，之后再进行试验，最终会取用多次试验的最优表现作为评价结果。澳大利亚的该体系则诞生于 1993 年，起初完全参照美国的规程，在欧洲的体系问世后，全部参考欧洲标准。

日本的 NCAP（J-NCAP）在参照 E-NCAP 的基础上结合了本国的实际，所以，J-NCAP 的测试方法与 E-NCAP 不完全相同。日本的评价体系采用的是六星制，是世界范围内评价星数最多的体系，由其国土交通省和独立行政法人自动车事故对策机构（National Agency for Automotive Safety and Victims' Aid，NASVA）一同实施。拉丁美洲的 NCAP 在 2010 年问世，该评价体系也在巴西和乌拉圭同步发起。拉丁美洲的 NCAP 虽然推行较晚，不过其吸取了诸多评价体系的经验，尤其是全方位参考了欧洲的评价体系，所以其试验要求最严格。

各国的汽车行业发展水平不同，车辆行驶环境的差别也较大，所以即使各评价体系均称 NCAP，但其所选用的碰撞规则以及测试的具体项目也会有细微的差别，会根据本国的具体情况进行调整。总体而言，NCAP 的测试项目主要有六类：正面碰撞、侧面碰撞、追尾、柱碰、行人保护和孩童保护。

- 正面碰撞有完全重叠刚性壁障和 40% 重叠可变形壁障两类：第一类是车辆按照某一速度垂直撞击在刚性壁障上，曾一度广泛使用，后来经过 E-NCAP 调查发现这类事故在欧洲出现概率较小，所以将其从评价体系中去除，但我国以及美国、日本还在进行这项试验；第二类是试验车辆以 64km/h 的速度相对行驶进行碰撞，正面碰撞的面积是车辆横截面积的 40%，这一项目是 E-NCAP 的评价重点，日本目前也增加了此项目。

- 侧面碰撞是国际上各 NCAP 机构都会试验的项目，是使模拟车辆按照 50km/h 的速度对驾驶室一侧进行碰撞。不过美国稍有不同，其根据本国车辆质量较大、车速较高的普遍情况，选取了高速且较重的移动障碍，把角度调整为 27°角碰撞。

- 柱碰是欧洲碰撞测试体系中独有的一个试验项目，目的是试验车身的刚性。这个项目会让车辆按照 29km/h 的速度横向撞击刚性的柱子，模拟现实场景中车辆侧方撞击路灯或电线杆等场景。

- 各个 NCAP 评价体系中都包含孩童保护这一项目。此外，值得注意的是行人保护，其往往是试验项目中最易失分的一项。

7.3.2　NCAP 行人保护试验方法

目前各国家和地区的 NCAP 行人保护试验方法的原理基本上是相同的，就是在某个固定情况下最大程度复现典型的交通事故现场。但现阶段还没有研发出可以推广运用的行人碰撞假人，因此，在进行行人碰撞测试时通常会采用三种人体测量装置（anthropomorphic test device，ATD），即头部、大腿和小腿，来模拟碰撞的场景。在测试过程中，车辆会处于静止状态，ATD 则会按照规定的角度和速度（通常为 40km/h）来碰撞该车辆。

在测试时，通常会有两种头型和两种腿型以供选择。一种是成人头型（偏大），可用来检测风窗玻璃底部以及发动机盖后部；另一种是儿童头型（较小），可用来检测发动机盖前部，如图 7-4 所示。

腿型的选择与头型类似，下腿型可以用来检测保险杠位置较低的车型，上腿型可以用来检测保险杠位置较高的车型。汽车场地的设置会按照 100mm 的间隔在车辆前方标记网格点，同时因前方碰撞包绕长度是有差别的，所以分为儿童和成人两种测试区域。汽车厂商会把预测的测试结果落实到每个网格点上,进行测评的机构会对网格点进行抽查试验,以此核实厂商数据的准确性。

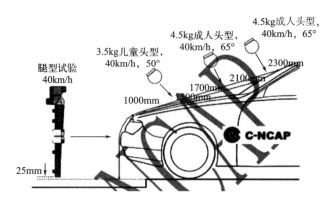

图 7-4　C-NCAP 行人保护冲击试验

无论是 NCAP 的头型试验,还是其腿型试验通常都包含五个方面:测量基准线、划分网格点、测量碰撞包绕的长度、划分试验区域以及进行冲击试验。

(1) 头型试验的对比

通常情况下,全球各国家和地区的 NCAP 所要求的头型区域基准线有 3 种,即发动机罩的前缘基准线、侧面基准线以及后面基准线,如图 7-5 所示。

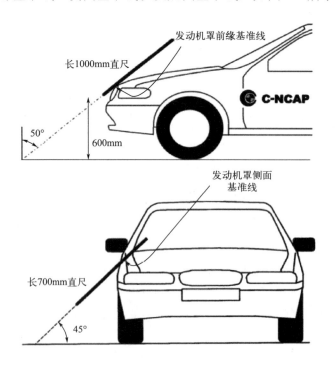

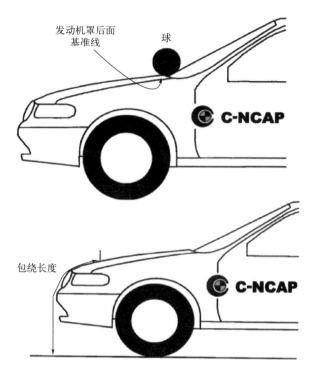

图 7-5　发动机罩前部基准线和碰撞包绕长度的测量

各国家和地区对这三条基准线的测量标准都是相同的，J-NCAP 还对前风窗玻璃的基准线测量做出了规定，具体测量方法可参见表 7-1。

表7-1　各国家和地区头型试验区域基准线测量方式和包绕长度

NCAP	包绕长度测量 /mm	发动机罩前部基准线	发动机罩侧面基准线	发动机罩后面基准线	前风窗玻璃后基准线
C-NCAP（2021 版）	1000 1500 1700 2100 2300	1000mm 的直尺倾斜 50°底端距地面 600mm 与发动机罩前表面的接触点的几何轨迹	长 700mm 的直尺倾斜 45°与车辆侧面相接触点的几何轨迹	直径为 165mm 的球与前风窗玻璃保持接触与车辆前部结构的最后接触点	无
Euro NCAP	1000 1500 1700 2100				
A-NCAP					
K-NCAP					
Latin NCAP					
J-NCAP					长 700mm 的直尺倾斜 75°与车顶或风窗玻璃相接触

碰撞包绕长度（wrap around distance，WAD）主要用来标记网格点、划分碰撞区域以及确定碰撞位置和汽车前端高度等。在进行测量时，可以让车辆保持静止，用皮尺贴合发动机罩与风窗玻璃表面，同时确保在车辆纵截面的对称平面中，让皮尺的另一端自然垂落，使其与地面相触，然后找到头型撞击点在皮尺上的位置并进行读数。

在完成以上两步测量之后，开始划分网格点，以此确定冲击区域。首先要在汽车风窗玻璃、发动机罩上部以及保险杠位置对车辆的纵向中心线做出标记；然后按照规定的间隔以 WAD1000❶ 为起点开始标记包绕长度，直至尽头；最后，以车辆中心线上的网格点为基准，按规定间隔往汽车两边延展，直至边界线，如图 7-6 所示。

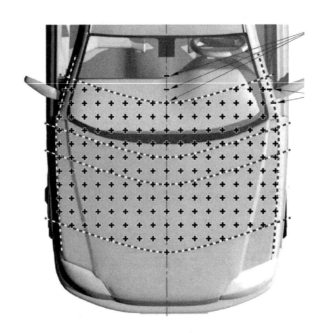

图 7-6　网格点的划分

因为成人与儿童的身高有很大不同，所以在发生交通事故时头部与车辆碰撞的位置也会有较大差别。为使试验更加真实有效，结果更趋近现实，各国家和地区均把试验分成儿童和成人两种来分别测试，依据车辆前部结构和不同的 WAD 来选择儿童头型或成人头型来撞击测试区域的指定位置。

在测试过程中，碰撞速度控制在 40km/h，通常儿童头型的撞击角度为

---

❶ 根据GB/T 24550—2009《汽车对行人的碰撞保护》规定，儿童头型试验区域界限为WAD 1000~WAD 1700。

48°～52°，成人头型的撞击角度为 63°～67°。测试时会按照车辆不同的前基准线位置分别进行两种角度的儿童头型冲击试验。我国在 2021 年还加入了不同角度的成人头型冲击器冲击试验。具体情况可参见表 7-2。

表7-2 头型试验设置与区域划分

项目		试验速度、角度	试验区域
头型试验相同部分		成人头型试验1： 速度 40km/h 角度 65°	WAD1000～WAD1500：儿童头型碰撞区域 WAD1700～WAD2100：成人头型碰撞区域若： ① WAD1500≤发动机罩后基准线≤WAD1700 发动机罩后基准线前方：儿童头型试验1区域 发动机罩后基准线～WAD1700：成人头型碰撞区域 ② WAD1700≤发动机罩后面基准线 WAD1700 前方：儿童头型试验1区域 ③ WAD1000≤发动机罩前基准线 WAD1000～发动机罩前基准线：儿童头型试验2区域
		儿童头型试验1： 速度 40km/h 角度 50°	
		儿童头型试验2： 速度 40km/h 角度 20°	
头型试验差别	C-NCAP（2021）	成人头型试验2： 速度 40km/h 角度 60°	成人头型碰撞试验区域由 WAD2100 扩大至 WAD2300，若成人头型试验点处于 WAD2100～WAD2300 之间，则该区域进行成人头型试验2

（2）腿型试验的对比

对于腿型试验区域而言，其所需测量的基准主要涉及以下三方面：

① 保险杠角。与车辆纵向垂直平面呈 60°角，并与保险杠外表面相切的垂直平面与车辆的接触点，如图 7-7 所示。

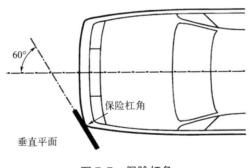

图 7-7 保险杠角

② 保险杠上部基准线。行人与保险杠有效接触点的下部界限，即当长 700mm 直尺平行于车辆纵向垂直平面并且从垂直方向向后倾斜 20°，沿着车辆前部横向移

动并保持与地面和保险杠表面相接触时，直尺与保险杠最低接触点所形成的几何轨迹，如图 7-8 所示。

③ 保险杠下部基准线。700mm 的直尺在汽车纵向平面基础上前倾 25°，使其在汽车前方横向位移并做到与车辆保险杠和地面相接触，在移动过程中直尺与保险杠相接触点的路径便是下部基准线，如图 7-9 所示。

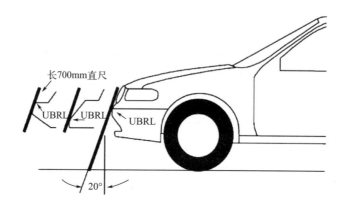

图 7-8　保险杠上部基准线

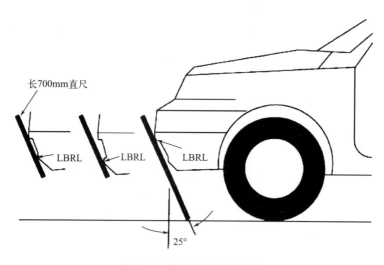

图 7-9　保险杠下部基准线

划分腿型试验网格点的方法与头型试验类似。因为不同车型的汽车前方高度不相同，汽车与行人下肢产生撞击时，接触位置会有差别，所以在进行腿型测试时，一些国家会按照不同的界限划分区域，例如澳大利亚、韩国，其 NCAP 都以 425mm 与 500mm 为界做出划分，选择不同的腿型冲击器进行试验。其中保险杠下部基准线超过 500mm 时，会选用上腿型冲击器；若小于 425mm，则会选择下腿型冲击器；如果位于两个数值之间，可任意选择。

C-NCAP 的 2021 版中选用了 a-PLI 腿型冲击器，因为它可以同时测量大、小腿；J-NCAP 选用的是 FLEX-PLI 冲击器，主要进行下腿型冲击试验。各国家和区域所规定的冲击速度是相同的，均为 40km/h。

7.3.3 行人保护碰撞试验冲击器

当前世界各国汽车日益普及，其大规模的使用也导致了交通日益拥堵，交通事故频发，行人与车辆之间难以避免发生碰撞，而行人作为弱势一方通常受伤较重，所以世界各大汽车市场已经形成共识，即在设计与生产车辆过程中要增强安全性以保障行人生命安全。我国对于这一方面的认知也在逐步深化，2018 版的 C-NCAP 开始加入对汽车的行人保护性能进行评价的部分。目前我国正在征求《汽车对行人的碰撞保护》等多项强制性国家标准的意见，预计 2024 年开始正式实施。

一般情况下，行人在通过马路时，与车辆发生侧面碰撞的机会相对较多。所以在进行行人保护试验时一般会选用步行姿态的侧面碰撞形态作为标准的姿态。比如，一个身高 178cm 左右的行人以 40km/h 的速度与汽车发生撞击，行人会先在车身前部结构的作用下进行旋转，之后撞倒在发动机盖上，头部与风窗玻璃或发动机盖顶部相撞，胸部与发动机盖顶部碰撞，大腿与腰部会撞到发动机盖前缘，下肢会撞到保险杠。根据这种普遍情况，科研人员研发了多种类型的头型和腿型冲击器，用以判断和测量行人在发生撞击后腿部与头部受到损害的程度。

（1）头型冲击器

头型冲击器（如图 7-10 所示）通常是直径为 165mm 的均质球形结构，材质为铝，外面会附有 14mm 厚的合成皮肤，要求皮肤附着的面积达到一半以上。球体在制作时会设计好体内凹陷，然后把三轴加速度传感器装在凹处，这样就可以测量行人在发生撞击时横、纵、竖轴三个方向的加速度，进而得出行人的头部冲击伤害值（head injury criterion，HIC）。

（2）腿型冲击器

对于腿型冲击器来说，上腿型冲击器较为单一，下腿型冲击器可选择性大一些。在 E-NCAP、GB/T 24550 以及 GTR9 等相关标准中，通常要求汽车保险杠下部基准线小于 425mm 时，采用下腿型完成试验；若超过 500mm，选用上腿型完成试验；若数值介于以上两者之间，则可任意选择。此外，部分标准中存在 WAD775 冲击试验，在进行此试验时选用上腿型冲击器。

图 7-10 头型冲击器示例

① 上腿型冲击器。英国运输研究所研发了上腿型冲击器，用以测量试验时汽车对人上腿造成的弯曲。上腿型冲击器高 350mm，质量为 9.5kg，选用了圆柱形状的骨骼，使用刚性材料支撑，在发生碰撞的一侧会装置 25mm 厚的泡沫来模拟人类肉体，最外层会采用 1.5mm 厚的纤维橡胶层来模拟皮肤。上腿型冲击器内部会配置 3 个应变测量器来对腿部上、中、下三部分的弯矩进行分别测量，还配有两个载荷传感器来测量冲击器两端的受力情况。

② 下腿型冲击器。下腿型冲击器的发展过程主要是由 TRL 刚性腿到 Flex-PLI 柔性腿，再到 a-PLI 腿型。我们将在下一节中对此进行介绍。

③ PDI-2 腿型冲击器。当前，弹起式发动机盖的使用越来越普遍，PDI-2 腿型冲击器能够测试弹起式发动机盖系统的感知性能。当 PDI-2 腿型冲击汽车前部时，其冲击力、侵入量以及能量甚至低于第五百分位❶女性假人或者六岁儿童假人，因此其压力和信号很难被汽车传感器探测与识别。目前 E-NCAP、C-IASI 和 C-NCAP 都将 PDI-2 腿型冲击器视为最不容易探知的假人冲击器。如果弹起式发动机盖可以在 PDI-2 腿型冲击器的初级速度测试里准确感知到冲击并将机盖及时弹起，那么可以从某种程度上说明其主动弹起式发动机盖在正常场景中可以按照预期工作。

7.3.4 下腿型碰撞冲击器的类型

目前，下腿型碰撞冲击器主要包括 TRL 刚性腿型、Flex-PLI 柔性腿型以及 a-PLI 腿型。

---

❶ 百分位是人体测量用语。以身高为例，身高分布的第五百分位表示有5%的人身高小于此测量值，95%的人身高大于此测量值。

（1）TRL 刚性腿型

NCAP 与行人碰撞保护法规都规定要使用模块化试验方法来进行行人保护试验，也就是将头部与腿部分开进行相应的试验。E-NCAP 的 2009 年版中，车辆的安全性评估由行人保护、成人保护、儿童保护以及安全辅助系统四块构成，行人保护作为新增的部分，其腿部碰撞冲击器选用的是 TRL 刚性腿型。

英国运输研究所以行人生物学损伤研究为基础，研发了行人保护腿型冲击器，这一冲击器主要通过膝部剪切位移和弯曲角度，还有胫骨上端加速度来评估损伤程度，集中关注膝盖部分。这类刚性腿型的质量约为 13kg，其下端离地大概 15～35mm，速度在 11.1m/s 左右，采用正面碰撞的形式冲击车辆前端结构中心。

（2）Flex-PLI 柔性腿型

由于人们对行人安全关注越来越多，这方面的研究也愈加广泛和深入，科研人员发现刚性腿型冲击器虽然能够很好地呈现行人膝盖部分的损伤，但是不能呈现后胫骨的损伤程度，在进行伤害值评估时存在弊端。

日本在 2000 年首次进行柔性腿型研究，两年之后其推出了 Flex-PLI 柔性腿。这个模型由四部分构成，分别是胫骨月牙板、股骨骨节、张紧的钢丝绳和弹簧。后两者模拟人类的韧带，在测试时，此腿型可以反映各部分受力大小，呈现胫骨与股骨的变形程度，较为真实地反映腿部损伤。E-NCAP 于 2014 年采用 Flex-PLI 柔性腿型作为试验碰撞器来测试发生撞击时腿部的损伤值，随后在 2018 年 C-NCAP 也开始选用该腿型。

Flex-PLI 柔性腿型质量大概为 12.8～13.6kg，其距离地面约为 65～85mm，使用该模型以 11.1m/s 左右的速度按照正面碰撞的形式冲击车辆前端结构中心，考察其各项评价指标，如膝部韧带的伸长量以及小腿弯矩等。

（3）a-PLI 腿型

随着时间的推移，研究人员逐渐发现了 Flex-PLI 柔性腿型冲击器的局限，它不具备代替上肢运动的模块，所以对下肢受伤程度的评估不准确。现实情况下，行人在与车辆发生碰撞时，上肢的运动会对腿部产生影响，所以 a-PLI 腿型增加了代替上肢运动的模块，进一步使其趋近现实。

a-PLI 腿型相较于 Flex-PLI 腿型与人类更为相似，而且 a-PLI 腿型还对各部分的质量分布进行了调整，大幅提升了生物仿真度，这一点在内侧副韧带（medial collateral ligament，MCL）以及股骨的完善上显得十分突出。

C-NCAP 在 2021 版中规定了行人保护腿部试验使用 a-PLI 腿型。该腿型主要由六部分组成，分别是小腿、大腿、膝部、肌肉、皮肤以及上体模块（simplified upper body part，SUBP），质量大概在 24.7kg（上下浮动不超过 0.3kg），其离地距离在 15～35mm，以 11.1m/s 左右的速度按照正面碰撞的形式冲击车辆前端结构中心。

目前 C-NCAP 主要通过评估试验过程中的 8 项指标，如大腿弯矩、小腿弯矩以及 MCL 等来判断车辆对于行人保护的性能水平。

第 8 章
智能网联汽车预期功能安全

8.1 汽车预期功能安全保障技术

8.1.1 预期功能安全的标准体系

美国国家交通安全管理局（National Highway Traffic Safety Administration，NHTSA）曾做过统计，美国 94% 的车祸事件都是人为造成的，从这一点来看，智能网联汽车运用操作系统取代驾驶人员在提升驾驶安全性上意义非凡。但目前该技术尚未发展成熟，在解决原有的问题时又产生了新的问题，例如信息安全、功能安全以及预期功能安全（safety of the intended functionality，SOTIF）等。

目前，智能网联汽车系统越来越繁杂，智能化程度也在不断提高，加之外部环境不断变化，挑战也接踵而至。这时 SOTIF 问题日益显现出来，是否能够提供足够的安全保护成为智能网联汽车发展路上的一道重要关卡。除此之外，以往发生的由功能不足引发的自动驾驶事故亦凸显了 SOTIF 问题的紧迫性，积极推进 SOTIF 的研究应作为当前智能网联汽车发展的首要任务。

随着电动化、智能化和网联化技术发展速度的提升和应用范围的扩大，车辆功能安全和预期功能安全的技术和标准的关注度不断上升，国际标准化组织（International Organization for Standardization，ISO）开始针对实际需求优化完善《道路车辆功能安全》（ISO 26262）和《道路车辆预期功能安全》（ISO 21448）标准。与此同时，联合国、欧盟等组织也开始推动相关技术法规与安全理念和管理体系相融合，并积极建立自动驾驶汽车安全相关法律法规。除此之外，我国也针对车辆功能安全和预期功能安全问题推出了相应的政策和法规，并将其作为一项国家战略来进行科学合理的规划，大力推动预期功能安全标准体系落地。

SOTIF 的研究要考虑系统安全的设计、验证和确认以及安全评估等一系列问题，同时伴随着技术的更新与迭代会逐步提出新需求，所以，ISO 21448 的内容无法涉及所有情况。最近几年连续出现了把 SOTIF 作为重点研究对象的一些其他国际标准，如图 8-1 所示。

UL 4600《自动驾驶产品安全评估标准》是对 SOTIF 的补充，也进一步规范了功能安全，以安全为首要，集中精力于智能网联汽车安全性的评价方法上；ISO/TR 4804 选定了合适的 SOTIF 功能设计流程，它是在 ISO/PAS 21448 的基础上继续发展的，主要适用于高级别智能网联汽车的设计、评价与验证，可以在此基础上继续研发 ISO/AWI TS 5083；ISO/DIS 34502 是依托场景的评估流程，且在构建场景库时就着重研究了 SOTIF 典型触发条件；尚未开发的 ISO/AWI PAS 8800 主要处理新引进的 AI（artificial intelligence，人工智能）等技术相关的规范标准，进一步对 ISO 21448 进行补充。

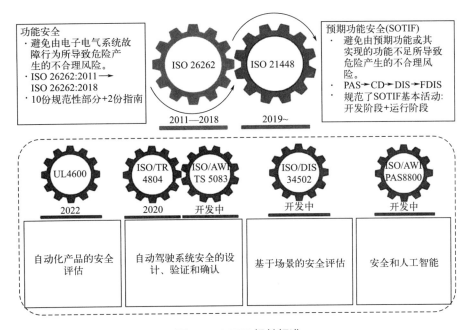

图 8-1　SOTIF 相关标准

随着 SOTIF 标准化的不断推进，我国和国外的科研院所、企业、政府机构等一直在持续探索 SOTIF 的实践方案：

● 在产品开发阶段，一些传统汽车制造企业和互联网企业试图把 SOTIF 放入产品安全开发的整个流程当中；

● 在产品安全评估阶段，ANSYS 以及大陆等公司试图使用安全分析工具，美国高速公路安全管理局（National Highway Traffic Safety Administration，NHTSA）等进行了 SOTIF 评估实践，生成了评估结果；

● 在安全验证阶段，日本和欧洲的一些项目已在实践中结合了 SOTIF，我国目前也达到了这一点；

● 在完善功能阶段，各企业看法不尽相同，也都制定了不同的方案，DENSE 等相关项目还着重研究了部件（如传感器等）的功能问题。

8.1.2 预期功能安全的保障目标

预期功能安全就是充分确保满足预期设计要求的各项功能的安全性，规避由预期功能引发的安全风险。具体来说，自动驾驶车辆的运行场景大多具有一定的复杂性和较强的未知性，符合设计要求的自动驾驶功能在运行过程中也可能会面临安全风险。

（1）预期功能安全的风险来源

想要保障 SOTIF，就要搞清问题定义，做好风险来源分析。根据系统自身来看，SOTIF 问题的产生源自以下两个方面：

① 在车辆层对预期功能的实现缺乏规范。导致这类情况发生的原因有很多，例如专家经验不足、系统的复杂多样、场景的挑战性和开放性等，这些车辆行为设计规范产生的疏漏，都会使车辆无法达到预期的安全目标。

② 预期功能的实现不够充分。除了关注车辆层的预期功能规范，还需留意系统组件是否有失规范、是否存有局限。控制功能、决策功能等的实现或许无法满足预期。举例来讲，传感器可能会受到外部环境的干扰或受到感知能力的上限影响；决策算法会出现规则覆盖度和泛化性等缺陷。

除此之外，SOTIF 负面影响的出现和变化与特定场景相关。一方面，前面谈到的缺乏规范和性能受限会根据场景中特定条件触发进而产生危害行为；另一方面，负面影响的发生是基于此场景内具有特定的风险源和对场景的控制性差的条件下。所以，在建立 SOTIF 安全保障体系时，要充分考虑场景的潜在风险与系统本身的限制。

（2）预期功能安全的保障目标

按照场景已知与否和造成 SOTIF 危害的可能性，可以将预期功能安全定义的驾驶场景分为四种：未知安全、未知不安全、已知安全、已知不安全。SOTIF 保障目标主要是发现并解决未知不安全的场景，通过技术来减小不安全场景映射范围的危险性。如图 8-2 所示，想要达成目标可以在两个方向上进行改进：一是化未知为已知；二是转危险为安全。

① SOTIF 收集各阶段的基础数据，对活动进行记录与反馈，这对挖掘未知场景大有裨益。

② 将场景化危险为安全，要做到各环节的严控。开发时要对功能不足及时改进、运行时要对潜在风险时刻监测与防护、在数据收集系统的基础上不断优化功能。

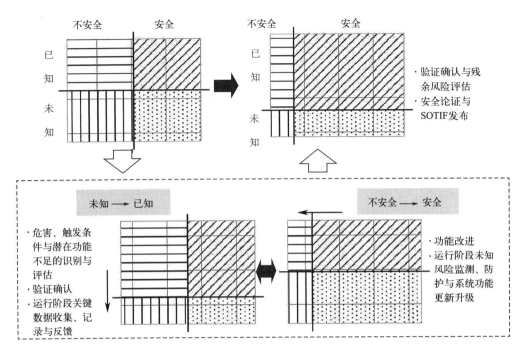

图 8-2　SOTIF 保障目标与实现过程

③ 安全论证、残余风险评估是降低风险的必要活动，可以为 SOTIF 的发布奠定基础。

8.1.3　开发阶段的 SOTIF 保障技术

SOTIF 保障技术有很多，其中处在开发阶段的关键技术主要有以下几种。

（1）SOTIF 分析评估

通过有效的安全分析技术可以大幅提升对 SOTIF 风险识别的效率，使得相关分析更加科学、角度更加丰富。SOTIF 的分析和评估也采用了部分传统安全分析技术，如失效模式、可操作性分析以及故障树分析等。

但随着智能网联汽车的兴起，危害的类型变多、事故的本质发生转变、系统更加复杂、人机交互情况增加等新的挑战也接踵而至，此时有效的安全分析技术就显得尤为关键。系统理论过程分析（systems-theoretic process analysis，STPA）（如图 8-3 所示）因其强大的功能被用于智能网联汽车系统等的 SOTIF 分析，它能够分析复杂的系统，可以进行定义分析目的、构建控制结构、识别不安全控制行为、识别致因场景等。不过其作为单一的技术适用范围还不广泛，可发挥其长处与其他技术相结合推出更加有效的分析技术。

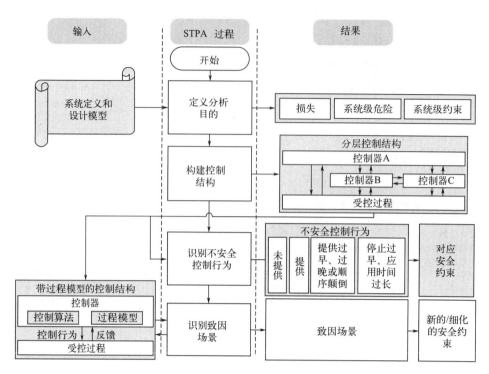

图 8-3 STPA 技术实现过程

若将特定的建模技术加入 SOTIF 分析里会得到更好的分析效果。以往的 STPA 建立的控制结构建模了系统内部的运行，可是没有描述运行环境和功能之间的关联，所以使用有限状态机（finite state machine，FSM）来弥补这个缺陷，把外部环境的转换与车辆状态进行结合，全方位识别不安全因素。

因果关系模型在分析规范不足、性能局限和危害行为的触发条件方面极具优势，例如贝叶斯网络。它目前紧密连接场景触发条件和感知性能局限，结合 P 值检验等技术，能够对评估进行量化，还可以挖掘其他的触发条件，而且在更新中可以对性能局限、场景要素进行归纳整理，找出映射关系，使 SOTIF 的分析更全面高效。

要对识别分析出的 SOTIF 危害进行风险评估。STPA 等单一的技术不能够进行风险量化，所以需要进行改进，部分研究改进了功能安全领域的危害分析与风险评估（hazard analysis and risk assessment，HARA）与汽车安全完整性等级（automotive safety integration level，ASIL）这两项技术，将其运用在 SOTIF 风险评估之中。

某些统计学方法也被用在 SOTIF 风险评估中，贝叶斯概率模型便是如此。但是目前的研究还不能明晰和规范 SOTIF 的风险概念，对于如何进行风险量化也没有形成共识，这主要是因为场景太过复杂、统计难度较大、AI 算法不具有确定性等,所以研究出更有效的SOTIF分析技术是当务之急。若想要减少智能网联汽车功能安全领域的危害分析与风险评估的复杂度,可以通过分解任务、重构模型等技术来实现。

(2) SOTIF 功能改进

对于功能不足造成的危险,要进行功能优化,缩小危险范围。目前有很多技术可以用来优化技术,常见的有以下三种:

① 冗余功能,增设一个冗余功能模块来提高性能。

② 提高性能,可以提升感知模型性能上限或者提高某个传感器的性能上限。

③ 监测、防护风险,识别触发条件和性能局限等来监测风险,从而有的放矢地进行防护,例如可以采用转移权限、消除风险源等方法。同时,确定运行设计域(operational design domain,ODD)并对其进行监测与限制,把它作为防护风险的参照。

(3) SOTIF 验证确认

验证确认是找出危险场景的关键一环,也是说明SOTIF受到较好保障的有效证明。SOTIF验证的主要目的是给出客观有力的证明来证实符合规定需求,验证对象主要有集成系统、决策算法、感知算法、传感器和执行器等,主要验证它们是否可靠、准确以及受干扰影响小。

SOTIF确认主要依据恰当的确认目标和途径用来评估危险场景下的残余风险的可接受度。它主要用来量化接受准则,可以基于驾驶员表现和事故数据做统计,分析风险容忍、最小内源性死亡率等风险接受原则。SOTIF验证确认一定要充分考量运用的技术是否可靠、有效,还要关注成本。例如,分析对比基础上的软件在环、硬件在环以及仿真等技术成本并不高,可它的证据适用并不广泛,也不十分有效;实车测试可以提供最有力的证据,尤其是开放道路测试,可以打破模型限制和固有的经验壁垒,充分探索未知的危险场景,可只运用这种方式成本过高,无法轻易实现。

最近几年场景测试研究兴起并得到大量的实践,测试方法与流程如图8-4所示。这种测试方法有其自身的优势:一是可以与软件在环、硬件在环、仿真等相结合并与各平台对测试资源进行按需分配,与危害识别、重要性采样等技术相结合降低测试成本;二是它以场景为重心,不仅能够用来进行含有触发条件场景的SOTIF验证,还可以深入挖掘未知场景来进行SOTIF确认。

验证确认的基本前提是生成用例或生成特定的场景,按照不同的信息来源,可以分为数据驱动和知识驱动两类。知识驱动主要凭借相关标准、以往累积的经验以及专家知识等,代表的方法有本体论;数据驱动通常参照事故数据或自然驾驶数据。因为最终生成的目标不相同,所以生成方法也不同,有关键场景生成和随机场景生成两种，关键场景可以依靠自行设置相关危险指标自动生成，也可以来自那些被识别出的触发条件的映射以及组合。

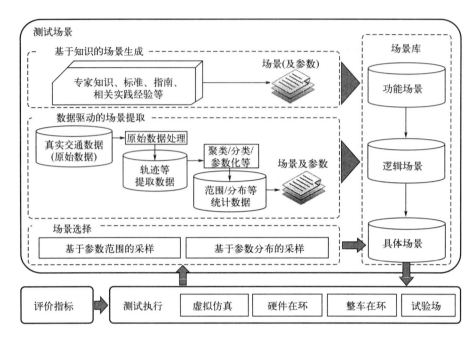

图 8-4 基于场景的测试方法与流程

除此之外，关键场景的生成还可以源自对抗样本。这种方法通过结合梯度等数据信息能够自主生成安全关键场景。这类场景非常容易触发功能不足，十分符合测试要求，对测试效率的提高十分有帮助。生成的这些测试场景越贴近实际生活，测试才会越有效。要想使场景与客观世界具有高度相似性，就要充分认识到可接受扰动生成这一重要技术。

通常情况下，如果想降低测试频次或减少参数空间爆炸，可以进行合理的功能分解，然后按照测试对象的差别，对各个功能模块在生成场景时做不同的考量。例如面对决策功能模块时，主要考虑选择干扰交通的场景；面对执行器或控制器时，要关注外部环境、道路情况、各类工况等场景；面对感知模块或者传感器时，重点选择极端天气的场景。

场景选择与测试的成本高低、是否具有普遍性、覆盖范围广泛与否密切相关。场景选择也就是采样的过程，所以可以参照采样方法，按照场景参数先验信息划分为两种：一种是按照参数范围来采样，其典型技术有随机化技术和组合测试等；另一种是按照参数分布来采样，蒙特卡罗采样便是这种采样方式的代表。

加速测试可以降低测试成本，其典型技术涉及蒙特卡罗采样、重要性采样和极值理论等。除此之外，关于证伪如何选择场景方面，也有部分学者做了专门的研究，并指出可以依据事故数据或者场景的复杂性以及临界性特征来筛选符合条件的关键场景，或凭借仿真进行压力测试和随机优化等。

试验场、整车在环、软硬件在环、虚拟仿真等测试平台，它们的测试真实性、测试成本与安全成本是在不断递减的，然而其可拓展性是不断提高的，为了达到资源利用的最大化，在同时符合测试需求的基础上，一般都会先考虑采用在环测试技术和仿真测试技术。与此同时，可以进一步研发高保真度的传感器模型，如现象学模型，这类模型可以使仿真测试技术和在环测试技术得到更广泛的应用。

想要评判残余风险以及组件或系统是否符合要求，就需要评价指标来作为其考察的依据。就传统的安全性指标来说，一般用来评判整个系统的运行，不包括组件行为，主要有长期或短期、客观或主观、宏观或微观等类型；目前的安全性指标则侧重于评价精度，对安全性考量还不够，且各种评价模型的标准也不统一。由此可知，推出适合智能网联汽车评价的 SOTIF 指标是当务之急。

除此之外，还有一项技术也对智能网联汽车的安全系统产生重要的影响，它就是形式化验证技术。它运用了建模的方法，确保了验证结果的准确性以及系统的正确性。形式化验证技术在诸多方面都有其不俗的表现：对于系统集成，它可以校正各组件集成的准确性；对于车辆行为验证，可达性分析以及定理证明等技术可以发挥作用；在 AI 领域它也受到了普遍关注和系统研究，可对预测和感知等功能模块进行更进一步的验证。该技术目前所存在的劣势是可拓展性较差且成本较高，尚需进一步优化和改善。

通过前文的介绍，可以看出目前诸多技术都可用在 SOTIF 的验证确认上，而且可以联合各项技术的长处不断优化验证效果。但智能网联汽车系统的繁杂多样、场景变化万千、迭代速度快、评价规范尚不明确等问题还都没有得到妥善解决，因此 SOTIF 验证确认的前路仍困难重重。

（4）SOTIF 发布

当开发过程进入尾声时，需要对系统是否符合 SOTIF 发布准则进行有效论证。通过前面中的分析评估、功能改进和验证确认等环节可生成齐全的安全文档，继而通过目标结构表示法（goal structuring notation，GSN）等进行安全论证，例如汽车工业软件可靠性协会（Motor Industry Software Reliability Association，MISRA）曾提出状态机用以发现潜在危害发生的条件，结合 GNS 推出了 SOTIF 论证架构。

除去前面谈到的各项保障技术，优化系统开发流程亦是保障 SOTIF 的重要途径，例如通过敏捷系统工程提高开发系统的效率，节约成本，同时增强其可追溯性。有一些研究人员也开始把形式化方法（formal methods）等运用到开发 SOTIF 系统的过程之中，取得了可追随性提升、开发速度加快等较好的效果。但此类方法也具有实用性、可拓展性和复杂多样性等特点，且尚处于初级摸索时期，无法对实际开发过程发挥较大作用。

8.1.4 运行阶段 SOTIF 的保障技术

一般来说，即便是符合发布准则的 SOTIF，也可能存在一定的风险。受长尾效应影响，部分场景在开发环节未能关注到的功能缺陷问题和触发条件可能会在运行环节显现出来，同时，环境、基础设施、政策法规和行为习惯等因素也可能会对开发情况造成影响，为车辆增加更多未知的不安全场景。因此汽车行业需要综合运用短期风险防护和长期功能改进相关技术手段来确保 SOTIF 在运行环节的安全。运行阶段未知风险源分析如图 8-5 所示。

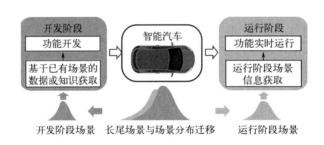

图 8-5　运行阶段未知风险源分析

短期风险防护可以通过风险监测的方式实现对运行环节中的各类未知风险的实时性防护。具体来说，智能网联汽车在进行短期风险防护时可以利用异常监测技术来识别异常数据实例区域的输入，并为其设置相应的异常分数或标签，同时也可以利用监督、半监督和无监督等多种方式监测因分布偏移、分布外输入等问题引起的各类未知风险，并在语义分割和以视觉为基础的安全导航等工作中发挥作用。

智能网联汽车可以根据认知不确定性来判断模型在处理实际输入的过程中的信心程度，并在此基础上检测分布偏移情况和未知数据输入情况，借助贝叶斯近似推理、蒙特卡罗 dropout、深度集成和深度证据回归等多种方式对认知不确定性进行提取，并利用对认知不确定性的敏感度较高的决策模型设计和策略切换等方式实现有效的风险监测，进而达到确保 SOTIF 在运行过程中的安全性的目的。提取认知不确定性的典型方法如图 8-6 所示。

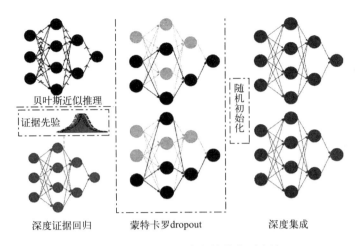

图 8-6 提取认知不确定性的典型方法

长期功能改进可以根据新发现的运行环节中的 SOTIF 危害挖掘和记录各项相关关键数据,优化增量式学习成长平台和各项相关功能,并进行空中下载(over the airtechnology,OTA)升级,进而达到降低运行环节风险的目的。

智能网联汽车应利用未知风险检测、高风险或事故数据挖掘、跟踪记录环境变化和法规调整等方式挖掘和记录自身在运行环节出现的预期功能不足等问题,并找出造成这些问题的主要因素,同时也要建立和完善以关键数据反馈为基础的系统更新迭代机制,以便及时找出新的问题和风险,而 OTA 等远程升级技术的在智能网联汽车中的应用也能够在降低自动驾驶软件更新成本的同时大幅提高更新效率。就目前来看,特斯拉等多家汽车公司正不断加强对自动驾驶学习成长平台的研究,并利用持续学习等技术手段推动机器学习快速发展,同时也充分发挥出了持续学习等技术在应对长尾场景时的重要作用。

8.1.5 构建汽车预期功能安全体系

为了明确当前 SOTIF 保障关键技术的各项相关信息,充分确保智能网联汽车预期功能的安全,汽车行业需要从全局出发对发展趋势和不足之处进行综合研究,并在此基础上提出以下几项研究展望。

(1)加强 SOTIF 保障基础理论研究

汽车行业应在明确 SOTIF 问题本质的前提下探索 SOTIF 风险的产生、传播和演化机理,并对相关理论进行深入分析,以实验的方式进行验证,找出智能网联汽车的潜在功能缺陷和触发条件,明确二者之间的关系。同时,汽车行业也要根据智能汽车经典功能架构深入挖掘各个功能模块之间 SOTIF 问题的影响和传播机制，学习并合理运用与场景演变相关的风险动态演化理论。不仅如此，汽车行业还要挖掘人工智能等新兴技术的不确定性和黑盒问题等因素对系统功能的影响，并对造成不良影响的原因进行分析。

除此之外，统计学、信息论等学科的相关知识在智能网联汽车领域的应用也能够为汽车行业建立 SOTIF 风险量化模型提供支持，从而在理论层面支撑智能网联汽车实现离线评估认证和在线风险防控等功能。

（2）构建 SOTIF 风险防护技术体系

汽车行业可以不断寻找和尝试新的系统优化方法，并以科学合理的方式规避整车 SOTIF 风险，在掌握 SOTIF 危险产生机理的前提下构建相应的风险模型，以便有针对性地对智能网联汽车的各个功能模块以及相关改进技术进行优化，同时建立整车层 SOIF 风险防护系统，并赋予该系统较为强大的自我感知能力和自我调控能力，加强对系统内部状态、系统外部运行环境和其他相关限制因素等信息的监测，以便利用具有自适应特点的安全决策模型来降低风险。SOTIF 风险防护系统如图 8-7 所示。

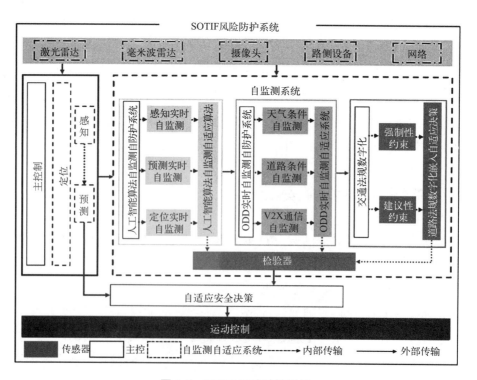

图 8-7　SOTIF 风险防护系统

（3）构建 SOTIF 保障技术良性更新机制

就目前来看，智能网联汽车还未发展成熟，既具有路线多样化、技术更新速度快等特点，也存在许多未知危险，因此汽车行业需要加快构建 SOTIF 保障技术良性更新机制的速度，提高问题监控、反馈和更新的自动化程度，并对该流程进行优化升级，同时也要建立具备灵活性强、高效性强、可持续性强等特点的自动分析、自学习成长与重认证体系，推动 SOTIF 保障技术和智能网联汽车协同发展。

8.2 汽车预期功能安全的优化技术

8.2.1 感知定位功能技术优化

智能网联汽车中的各个子模块是支持其实现各项功能的基础，但当车辆在感知、定位、决策、控制等方面的各项功能存在缺陷时，预期功能安全（safety of the intended function，SOTIF）问题也会随之而来。智能网联汽车各层级 SOTIF 问题如图 8-8 所示。为了有效解决 SOTIF 问题，汽车行业需要针对各个子模块的特点对智能网联汽车在感知定位、决策控制、合理可预见误用处理、整车层功能四个方面的各项相关技术进行优化升级。

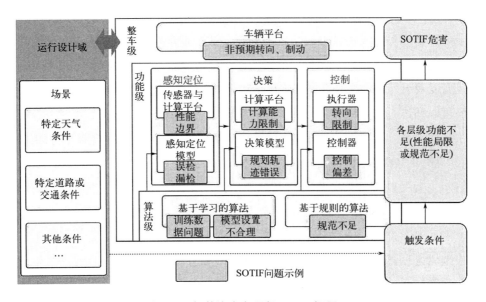

图 8-8 智能汽车各层级 SOTIF 问题

智能网联汽车中装配的传感器和感知模型能够支持其实现感知功能,但同时车辆的感知功能也会受到传感器和感知模型性能的限制。

(1) 传感器和感知模型性能提升

智能网联汽车行业的相关研究人员应利用传感器优化技术扩大传感器的检测范围,提高传感器的检测精度和抗干扰能力,并强化其他各项基本性能。例如,相关研究人员可以利用多次回拨和面激光等先进技术提高传感器抵抗雨雾和尘埃干扰的能力。

除此之外,提高感知模型的性能还需使用感知算法。就目前来看,相关研究人员在强化智能网联汽车的感知功能时大多在充分掌握工作原理的基础上利用机器学习算法从以下几个方面入手来强化感知模型的性能。

① 训练数据改进。汽车行业可以综合运用自动/半自动标注方法以及大量低成本数据采集方案,以便在提高训练数据的丰富性的同时减少成本支出;汽车行业也可以通过优化数据采集技术的方式来提高数据质量,并综合运用数据清洗、数据过滤和数据校正等多种数据处理技术来解决各项训练数据问题;汽车行业还可以提高训练数据分配的合理性,以便达到优化训练效果的目的。

② 训练模型改进。模型架构与车辆的感知性能之间存在十分密切的关系,例如,卷积神经网络可以凭借自身在图像信息处理方面的优势强化网络性能。就目前来看,计算机视觉等多个领域正在不断加大对优化感知模型设计的研究力度,大力提高车辆的感知性能。不仅如此,优化模型设计还具有优化位置对象检测效果的作用,能够在一定程度上化解残余的风险。

③ 训练过程改进。汽车行业既可以借助数据增强、迁移学习、主动学习等方式提高有限数据和标签的利用效率,解决训练数据的数据量较少带来的各类问题和潜在未知场景问题,也可以充分发挥各项数据的作用,进一步增强感知算法,并利用图像翻转、裁剪以及天气条件渲染等方式强化车辆在天气条件较为恶劣的情况下的感知性能,同时还可以通过对抗训练等方式减少模型缺陷,增强模型的鲁棒性,并通过优化损失函数和奖励函数,以及合理利用归一化技术和正则化技术等方式强化模型性能。

(2) 感知 SOTIF 风险监测与防护

感知主要受外界触发条件和内部功能缺陷的影响,智能网联汽车在进行风险检测的过程中需要将这两项问题作为重要参考因素。具体来说,外界触发条件主要包括雨、雪、雾、冰雹等天气因素,相关研究人员通过实验分析的方式明确了 SOTIF 与各项因素之间的影响关系,并利用环境模型和天气传感器等工具对天气情况进行监测,进而实现对外界触发条件的有效监测。除此之外,统计学和深度学习等方法以及摄像头等设备的应用也能够为监测天气情况和各项相关干扰因素提供支持。与此同时，感知 SOTIF 风险监测与防护还涉及借助修改模型和调整训练过程等方式在线估计感知性能，监测感知功能缺陷。

感知 SOTIF 风险监测与防护可以利用传感器数据减轻环境因素的干扰。从实际操作上来看，首先，汽车行业可以通过调整和优化传感器参数的方式实现天气条件较为恶劣时的数据质量的提升；其次，汽车行业可以通过在车辆中装配雨刷器、自热装置等附加装置的方式来减轻甚至消除雨、雪、结冰、霜等天气因素造成的干扰；再次，汽车行业可以借助图像增强、图像复原、深度学习等技术手段实现图像除雾，并利用数据降噪等预处理技术来消除环境干扰；最后，汽车行业还可以利用图像除雨技术来去除镜头和空气中的雨滴，并赋予各类相关商业产品自动图像校正功能，以便有效过滤雨滴和雪花等干扰。

除此之外，汽车行业也可以选择直接增强感知模型的干扰数据处理能力，充分发挥 DSNet 等网络工具的作用，解决智能网联汽车在雾天图像目标检测中遇到的困难，同时充分确保检测的高效性，并实现优于大部分"除雾+检测"组合模型的检测性能。

（3）感知功能冗余

对智能网联汽车来说，多传感器信息融合能够打破单一传感器和感知模型的限制。一方面，融合多个同类传感器能够有效提高传感器布局的科学性和合理性，进而达到扩大感知范围的效果，例如，多个摄像头的综合应用能够为车辆实现360°全方位感知提供支持；另一方面，融合不同类型的传感器能够提高功能和性能的丰富性，帮助车辆采集到更加精准、更加多样化的环境信息，例如，Lidar 传感器和摄像头的融合能够实现功能互补，提高测距的精准性，而冗余信息分析等技术手段的应用也有助于发现和定位传感器中存在的问题。

多传感器信息融合既可以按照特点分为基于摄像头、Lidar 和 Radar 间的融合，也可以按照融合信息所属层级分成数据级融合、特征级融合和目标级融合。一般来说，多传感器信息融合的融合方法主要包括聚类算法、贝叶斯推理和自适应加权平均法等多种类型。由于智能网联汽车的感知功能会受到天气等外部触发条件的干扰，汽车行业不断加强对模型设计、训练策略、最佳融合架构和多模态数据集等内容的研究，且已取得了一定的研究成果。除此之外，城市中的交通场景大多具有较高的复杂性，智能网联汽车需要精准感知城市交通信息和路侧信息，并在实现协同感知的基础上强化各项相关功能。

（4）定位功能改进

智能网联汽车的定位功能主要包括绝对定位和相对定位两大类。

其中，绝对定位需要应用到全球导航卫星系统（global navigation satellite system，GNSS）等工具，但可能会受建筑物反射、交通设施和山区峡谷遮挡等因素的影响，出现多径现象、定位错乱、定位信号丢失等问题，因此智能网联汽车需要借助全球定位系统（global positioning system，GPS）、海拔或气压绝对值比对等方法来解决定位信号错乱问题，为高架路段的交通安全提供保障。相对定位需要应用到同步定位和地图构建（simultaneous localization and mapping，SLAM）等技术手段和摄像头等相关设备，可能会出现由天气情况不佳引起的定位不准等问题，因此智能网联汽车需要借助多传感器信息融合和算法优化等方式来提高定位精度。

8.2.2 决策控制功能技术优化

就目前来看，智能网联汽车领域广泛应用的决策方法主要包括基于规则的决策和基于学习的决策两种类型。

基于规则的决策具有可解释性强、可靠性强、专家经验应用方便等优势，但同时也存在规范化程度低、认知推理能力较弱、泛化性低、算法可拓展性差等不足之处，因此汽车行业需要综合运用头脑风暴等多种方法，并结合大量相关经验对决策逻辑进行优化，同时利用系统理论过程分析（systems-theoretic process analysis，STPA）等系统分析技术来增强智能网联汽车在决策规则设计方面的完备性。除此之外，各类新兴的建模理论和信息、场景模板等技术的应用也能够在一定程度上提高决策方法的通用性，助力决策方法在各类复杂、未知的场景中发挥重要作用；预测模块也可以有效强化决策的场景认知能力，实现对模型的进一步完善。

随着各行各业对模仿学习和强化学习技术的关注度不断升高，智能网联汽车领域对基于学习的决策方法的研究力度也越来越大，智能网联汽车可以通过优化调整训练数据、模型和训练过程的方式来强化决策性能。

（1）决策 SOTIF 风险监测与防护

决策功能模块能够根据感知定位模块采集的环境信息生成相应的策略，但交通扰动等环境触发条件和决策模块功能不足等问题可能会为车辆带来决策 SOTIF 风险，因此汽车行业也需要从这两项问题入手来优化完善风险监测和防护策略。

对于特定道路类型等环境触发条件相关问题，智能网联汽车可以借助面向对象设计（object-oriented design，OOD）等方法进行限制，并根据分析评估与验证的结果找出符合决策模型实际情况的运行设计域（operational design domain，ODD），以便据此进行环境条件监测，同时也可以综合运用地图、定位、特定场景识别等技术手段实现对风险的实时监测。

对于交通参与者的不确定性运动,智能网联汽车可以利用设计方面的风险量化模型和对风险敏感度较高的安全决策方法来提高决策结果的安全性,利用异常行为检测技术来识别交通参与者在环境中的各项非预期行为,进而达到为车辆安全提供保障的效果。

对于决策模块功能不足的问题,智能网联汽车需要充分发挥形式化验证技术的作用,加大对决策安全的研究力度,验证决策结果在特定假设条件下对事故的影响,并评估假设的合理性对安全验证效果的影响,同时也要针对预测模块和行为选择模块进行风险监测和防护,并凭借量化和传播预测模型的不确定性来进一步强化整个决策模块的预测功能,从而达到提高决策的安全性的目的。

除此之外,智能网联汽车还可以利用功能限制的方式来处理低级别自动驾驶决策无法有效应对的各类场景中的问题,或采用直接将车辆控制权交给车辆驾驶员的方式来降低风险。

(2)决策功能冗余

单类决策模型大多存在一定的局限性,例如,基于规则的决策具有可解释性强和可靠性强等优势,但通常无法在维度较高、不确定性较强的环境中充分发挥作用。而混合决策则可以综合运用多种决策,充分发挥各类决策模型的优势,优化智能网联汽车的各项功能。混合决策一般框架如图 8-9 所示。

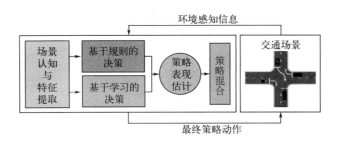

图 8-9 混合决策一般框架

例如,融合规则的自学习混合决策包括与知识和规则相关的调整奖励函数、调整探索过程、调整输出动作、调整策略训练迭代过程等诸多内容,能够充分确保决策结果安全可靠。与此同时,车路云协同技术、云控系统等先进技术和系统在智能网联汽车中的应用也能够提高来自云端和路侧的各项相关信息的利用率,并支持智能网联汽车实现宏观决策控制指导和计算能力支持等功能,有效强化车载决策系统功能,进而达到提高决策的安全性的效果。

（3）控制功能改进

控制功能的 SOTIF 问题主要涉及以下两个方面：

- 由于控制层的动力学建模存在局限性，因此智能网联汽车会出现车辆动力学特性表征不足的问题，同时控制器实时性较弱的问题也限制了车辆的控制功能；
- 执行器存在精度不足、实时响应能力弱、制动力边界限制大、最大转向不足等问题，且执行器在运行过程中还会受到道路条件、机械故障和强风等外部因素的干扰，无法充分发挥作用。

由此可见，汽车行业在优化智能网联汽车的控制功能时需要从控制器和执行器入手，提高执行器的精度，缩短执行器的响应时间，并加强对高风险工况的监测和防护，提高控制器和执行器的装配数量，以便通过设备冗余的方式来为车辆实现更强的控制功能提供保障，同时也要利用鲁棒容错控制等方式充分发挥各项相关算法的作用，实现对控制模型的优化。

8.2.3 合理可预见误用的处理

为了有效应对 SOTIF 风险，汽车行业需要在分析评估环节利用 STPA 等技术手段实现对可预见误用的充分识别。

系统理论过程分析（systems theory process analysis，STPA）是一项以系统理论的事故模型和过程（system-theoretic accident model and processes，STAMP）为基础的危害分析技术，具有功能性强、应用范围广等特点，在航空、航天、国防、铁路、化工、汽车工业、医疗设备、卫生保健、安全生产、石油天然气、空中交通管制等多个领域中发挥着十分重要的作用，未来，还将被应用到医药、金融、保险等其他领域当中。

STPA 是一项新兴的危险分析技术，能够利用事故因果扩展模型来规避由 STPA 假设事故引起的安全风险。STPA 假设事故既包含组件故障导致的危险问题，也包括系统组件不安全交互所带来的风险。具体来说，STPA 主要具备以下几项优势：

- STPA 的系统分析能力强，能够在开发初期识别、消除或缓解未知性较强的问题，实现对预期功能和非预期功能的有效处理以及对复杂系统的深入分析；
- STPA 能够为概念分析活动确定安全要求和制约因素提供支持，并通过分析来不断完善和细化设计决策，同时凭借可追溯的优势进一步强化对从需求到各个系统工件的维护，进而达到提高系统的可维护性和演化能力的目的；
- STPA 可以借助软件和人工操作员来实现对各项潜在损失因素的全方位危险分析；

- STPA 能够为可预见误用处理提供在大型复杂系统中难以发掘到的系统功能文档；
- STPA 能够与系统工程过程和以模型为基础的系统工程相融合。

与故障树分析（fault tree analysis，FTA）、事件树分析（event tree analysis，ETA）、危险性和可操作性分析（hazard and operability analysis，HAZOP）、故障模式及其影响、关键性分析（failure mode，effects and criticality analysis，FMECA）等传统的危险分析方法相比，STPA 不仅可以分析处理以上各项分析方法能解决的问题，还能有效识别组件或系统故障，同时也能全方位深入挖掘事故原因，减少在时间成本和资源方面的支出。

具体来说，汽车行业可以根据以下思路来处理潜在误用问题：

- 汽车行业可以通过优化用户手册和培训的方式来帮助驾乘人员了解相关知识和规则，防止出现由了解程度低造成的误用。
- 智能网联汽车可以在行驶过程中通过座椅位置、监控摄像头和转向盘传感器等设备监测驾乘人员的位姿状态、安全带状态和极端异常状态等内容，并在此基础上实现提前预警。
- 当智能网联汽车在风险监测的过程中发现潜在风险时，应借助视觉、听觉、触觉等交互形式对潜在风险进行干预，同时向驾乘人员发出警示信息或行为建议信息，并提高交互内容的合理性。
- 汽车行业需要利用座椅、按钮位置或激活动作等设计环节难以完成的功能操作以及在特定场景中对驾乘人员的权力进行限制等方式来增强汽车的安全性，从而防止出现潜在误用行为。

8.2.4　整车层功能的技术优化

仅对单一功能模块进行优化难以有效解决 SOTIF 风险问题，因此汽车行业需要在智能网联汽车中集成多个功能模块，并支持各个模块之间的交互。

各个功能模块所对应的 SOTIF 问题的解决难度较高，残余风险较大，且在实现预期功能的过程中可能会面临整车设计不规范等问题，进而导致车辆出现各类相关危害行为。由此可见，汽车行业需要全方位综合考虑各个功能模块中存在的问题，明确各项问题的触发条件，并据此设计系统解决方案对整车系统设计进行优化升级。

汽车行业需要在全面掌握车辆各个功能模块之间 SOTIF 风险传播情况的基础上进行整车系统设计。就目前来看，智能网联汽车上下游功能的互补性和系统性已经成为汽车行业的重点关注问题。面对 SOTIF 风险，汽车行业需要根据车辆在感知定位方面的能力来优化决策设计，增强车辆的感知定位模块的功能。例如，汽车行业需要全面深入分析由传感器输入噪声和遮挡等因素造成的感知能力弱等问题，并采集感知结果在类别不确定性和位置不确定性方面的相关信息，降低感知功能模块对车辆的不良影响，强化车辆的决策功能。不仅如此，智能网联汽车也可以借助控制模块来降低因感知功能模块和决策功能模块存在缺陷而造成的风险。

与此同时，汽车行业还可以通过开发系统的自我意识的方式增强智能网联汽车的内外综合认知能力和风险防护能力。从实际操作上来看，汽车行业应全方位了解和掌握智能网联汽车的技能图、能力图、多层视图等系统架构相关信息和各个功能模块的相关信息，并在开发过程中对这些内容进行整合，同时在车辆实现自我意识的前提下借助环境传感器、车辆本征传感器等感知设备来获取各项相关感知信息和表征信息，进而实现对系统安全的监控，并综合运用安全决策、系统自调节等技术手段来降低风险水平。

近年来，智能网联汽车的系统复杂程度、功能模块耦合度以及整车层 SOTIF 改进的综合技术方案的要求越来越高，但由于车辆仍旧存在量化指标模糊、风险机理不明确、监测技术水平不足、系统架构丰富度低、功能模块类型较少、系统分析难度大等不足之处，因此难以仅凭现有技术解决各项问题，也无法实现有效的风险防护。

汽车行业应加大整车层 SOTIF 风险防护体系的开发力度，明确整体监控和纵向传播 SOTIF 风险相关问题，在系统层面为缓解 SOTIF 风险提供充足的保障。整车层 SOTIF 风险防护体系如图 8-10 所示。

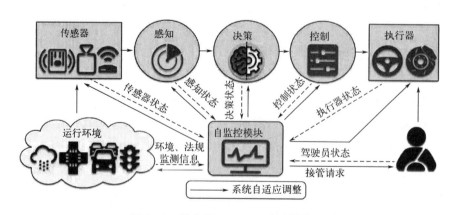

图 8-10　整车层 SOTIF 风险防护体系

第9章
智能网联汽车信息安全测试

9.1 汽车信息安全的逻辑架构

9.1.1 汽车信息安全攻击面

智能汽车中综合应用了互联网和人工智能等多种先进技术，能够利用网络互相连接，构建起智能网联汽车生态系统，如图 9-1 所示。近年来，智能汽车和车联网技术快速发展，汽车电控系统的数量不断增多，汽车逐渐发展成一种新的移动智能网络终端。智能汽车可以在遵循相关通信协议和数据交换标准的前提下，连通车内网、车际网和车云网，实现与车、路、云、人之间的无线通信、数据交换和信息交互，并在此基础上为智能交通、信息服务和车辆智能化控制实现互联互通提供强有力的支持。

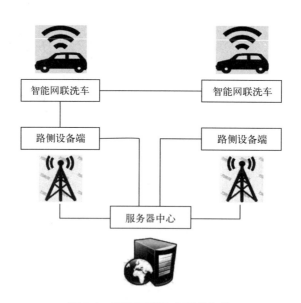

图 9-1　智能网联汽车系统架构

由于网络互联存在十分严重的网络安全问题，因此汽车信息安全已经成为当前汽车领域中的第四大安全问题，汽车行业需要加入对汽车信息安全的重视程度。黑客可能会对软件漏洞、电子控制单元（electronic control unit，ECU）以及智能汽车中具有控制功能的移动终端 App 和融合多种传感器的车内网络系统等进行攻击，进而影响到车辆和驾乘人员的安全。从攻击方式上来看，黑客大多使用信息篡改和病毒入侵等多种手段对汽车进行攻击；从影响方面来看，汽车信息安全问题会对企业造成经济损失，对个人造成隐私泄露和人身安全威胁，对国家造成公共安全受损等问题。

智能网联汽车信息安全攻击面主要如图9-2所示。

图9-2　智能网联汽车信息安全攻击面

（1）间接物理攻击面

一般来说，大多数攻击者会通过攻击间接物理攻击面以及与攻击面相连的设备和媒介的方式来实现对车辆的攻击。车载自动诊断系统（on-board diagnostics，OBD）在线诊断接口能够读取车辆的运行状态数据并实现主动测试等多种功能，为智能网联汽车的稳定运行提供支持，但同时也会成为攻击者访问车内控制器局域网总线（controller area network，CAN）并控制车辆中的各项相关物理功能的入口。

除此之外，部分OBD设备能够利用移动网络或蓝牙、Wi-Fi等技术手段实现与服务器或手机之间的信息通信，并借助网络将手机中的数据传输到服务器当中。攻击者能够通过对这些信息传输链路的攻击获取OBD权限，并在此基础上对车辆进行攻击。

（2）短距离无线攻击面

短距离无线攻击具有操作简单、灵活度高、攻击时间可控性强等优势，对智能网联汽车信息安全具有极大的威胁。具体来说，智能网联汽车的短距离攻击面主要涉及蓝牙和Wi-Fi、无线智能钥匙、胎压管理系统、射频识别（radio frequency identification，RFID）等内容，攻击者在对汽车发起攻击时也通常会借助各种有效设备来采集车辆的各项相关数据。

- 蓝牙是当前大多数汽车都会装配的一种无线通信技术，能够与定向天线和信号放大器等设备协同作用,进而达到增加传输距离的效果,但同时攻击者也可以利用蓝牙漏洞攻击汽车。

● 无线智能钥匙可以在433Hz、125Hz、315Hz的无线频段利用基于Keeloq加密算法的信号来对车辆进行遥控,但同时攻击者也可以通过找到被泄露的遥控密钥、破解ECU获取遥控密钥、利用信号验证代码漏洞等多种方式来攻击汽车。

● 胎压管理系统能够在315MHz左右的工作频率下以短距离无线通信的方式将各项相关数据传输到管理模块当中,但由于并未对所有信号进行加密安全处理,因此攻击者可以通过对信号进行篡改或伪造的方式实现对车辆的攻击。

(3)远距离无线攻击面

智能网联汽车上的远距离攻击向量主要包括蜂窝网络、远程协助系统、远程控制系统等专用通信链路和卫星、数字广播、全球定位系统(GPS)等公用通信链路。对攻击者来说,可以通过这些远距离攻击向量随时随地攻击汽车。

例如,攻击者可以通过黑洞攻击的方式在网络层磁盘操作系统(disk operating system,DOS)向网络内部恶意节点发起攻击,并利用路由协议中的设计缺陷打造能够吸收数据的黑洞,进而达到使智能网联汽车出现数据丢失或数据被篡改等问题的目的。除此之外,攻击者也会利用女巫攻击(sybil attack)的方式伪造智能网联汽车的车辆身份标识,建立错误的目的地址,进而达到破坏合法车辆标识和路由算法机制以及影响数据整合结果的目的。

9.1.2 智能车载终端安全

智能网联汽车能够利用各类新兴网络通信技术在一些固定场景中实现与车、路、人、云之间的互联互通,并在网络互联的前提下进一步提高用户服务的舒适性、安全性、高效性和智能化程度。

智能网联汽车信息安全架构能够在车间通信、车载通信、人车互联、车路互联和车云互联五种主要的互联应用场景中发挥重要作用,并将"云—管—端"模式作为整体构架,将各项道路设施作为补充设备,同时会将智能网联汽车、移动智能终端、新一代通信环境、车联网数据云控平台等终端设备和平台作为对象,从而在此基础上为车辆与车、路、人、云之间的信息交互提供支持。

智能网联汽车信息安全架构能够有效保证"云—管—端"三层架构在运行过程中的安全性、稳定性和流畅性,并提高整个架构的防御能力、恢复速度和响应速度。智能网联汽车信息安全架构应将通信环境安全、车内网络安全、移动智能终端安全和车联网数据云控平台安全作为重点防护对象，并充分确保整个系统中的各项相关数据的安全性和隐私性。就目前来看，为了充分确保智能网联汽车的信息安全，汽车行业还需积极采取综合手段来为智能网联汽车在各种应用场景中的安全和信息安全技术的高效应用提供保障。

智能网联汽车车载终端安全作为整个架构的核心部分备受关注。现阶段，汽车领域正在不断加大对"黑盒"防御机制的研究力度，并针对各项车载终端的整个生命周期中的每个环节研究有助于实现有效安全防护的方法和理念，从技术层面优化防御体系，充分确保各项相关软硬件的安全，进而为智能网联汽车提供强有力的安全保障。

一方面，在开发阶段，为了保障智能网联汽车信息安全，汽车领域的企业必须对智能网联汽车进行安全开发全生命周期管理。2016年，美国汽车工程师协会（Society of Automotive Engineers，SAE）公开发表J3061《信息物理融合系统网络安全指南》，并在该指南中表示，应将信息安全防护贯彻落实到车辆研发、生产、测试和安全响应整个生命周期当中，以便精准高效识别和评估各项风险要素。

另一方面，智能网联汽车控制系统的硬件芯片中内置了加密算法、访问控制管理系统和信息完整性检查系统，能够帮助车辆抵御攻击，提高车辆的安全等级。不仅如此，汽车领域的各个企业也需要在进行智能网联汽车安全保护的基础上合理应用各项软件保护方法。

当硬件安全芯片的部署成本较高时，汽车领域的企业可以通过空中传送（over the air，OTA）远程更新服务等方式来保障软件安全。

- 在硬件方面，企业可以通过更新和修复车载操作系统及硬件固件的方式进行智能网联汽车信息安全保护。
- 在软件方面，企业可以通过部署防火墙的方式从访问地址、通信接口、通信协议等多个方面入手保护访问控制安全。

总的来说，这种从软件和硬件两个方面进行安全保护的方式为攻击者破除汽车的安全防护带来了困难，能够有效提高智能网联汽车的网络安全保护水平。

智能车载终端中的远程信息处理器（telematics box，T-BOX）既能够通过与CAN总线通信的方式传输命令信号，也可以充分发挥解调功能的作用，实现与云服务平台的信息交互，广泛采集各项相关网络数据、语音等信息，是支持智能网联汽车与外界进行通信的重要设备，如图9-3所示。T-BOX具有信息通信功能强的特点，但同时也会面临数据被篡改、数据被窃听等问题，进而影响到智能网联汽车的信息安全，由此可见，T-BOX 的信息安全保护是汽车智能终端安全问题研究工作中的重点内容。

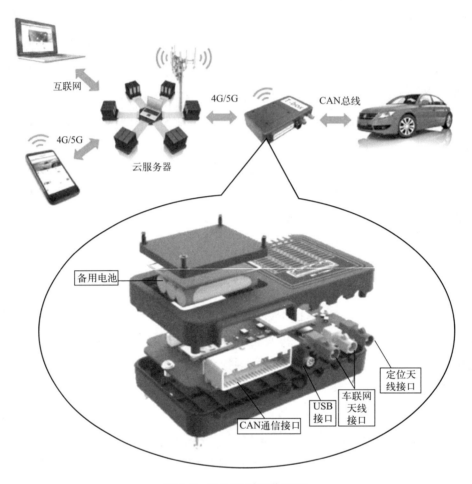

图 9-3 T-BOX 的工作原理

OBD 接口可以连接智能网联汽车外部连接设备和 CAN 总线，接收和发送诊断命令，且具有可读写的权限，能够通过与总线系统的信息交互进行故障诊断。但同时 OBD 也可能会面临被攻击者破解总线协议的问题，导致自身失去对车辆的控制权；也可能连接到存在攻击代码的设备，导致 CAN 总线传输和汽车控制系统受到攻击代码的影响。除此之外，目前应用于汽车当中的 OBD 接口大多不具备身份验证机制，难以有效识别攻击和恶意消息，导致汽车的信息安全无法得到充分保障。

智能网联汽车中的许多车载终端部件在信息安全方面均需解决一些相关问题。

例如，对于 ECU 等车载部件来说，需要处理好软硬件或证书认证方面的漏洞；而对于车载操作系统来说，则需要处理好代码迁移过程中附带的已知漏洞。

9.1.3 车联网通信安全

车联网通信是智能网联汽车安全体系中的重要内容，也是黑客等攻击者在对车辆进行攻击时的主要方式，其中，车联网攻击中的中间人攻击（man-in-the-middle attack，MITM）能够对车联网通信安全造成巨大威胁。具体来说，攻击者会伪造通信基站，并进行域名劫持，进而实现对通信信道的监听，并在此基础上破解通信协议，为车辆带来用户敏感信息泄露等问题。

随着车联网的不断发展，车间通信的直连模式的应用将越来越普遍，并在车联网通信应用场景中发挥重要作用。当攻击者将智能网联汽车作为恶意节点入侵的网络节点时，车辆将会面临通信信息被阻断、伪造或篡改的风险，导致路况信息难以有效传递，信息的真实性也大幅降低。与此同时，智能网联汽车中的各类短距离无线通信接口也可能会受到攻击者的攻击。

就目前来看，车联网通信安全保护的主要对象是车云通信，通常在设备标识、加强访问控制、传输数据加密和异常流量监控等方面发挥重要作用。一般来说，当前的智能网联汽车中通常具有一个能够传输汽车控制总线的命令和相关敏感数据信息的接入网络和一个能够访问互联网公共资源的接入网络，利用网络接入技术（access point name，APN），接入网络能够实现车内通信和信息服务域通信。

远程信息处理器（telematics BOX，T-BOX）和车载信息娱乐系统（in-vehicle infotainment，IVI）大多与公共网络域相连，汽车行业可以通过隔离车联网和信息服务域使用网络的方式打造出两个安全级别不同的访问控制域，确保每次访问都有授权，进而达到强化安全控制和提高安全管理的有效性的目的。与此同时，对控制单元和非控制单元进行隔离处理并专门制定相应的访问控制策略也能够大幅提高车联网通信的信息安全，增加 IP 白名单也可以大幅减少车联网所受到的干扰，进而强化网络控制。

在车联网通信过程中，汽车行业可以通过充分发挥公钥基础设施（public key infrastructure，PKI）认证体系的作用或加密传输数据的方式来提高通信的安全性。具体来说，PKI 认证体系支持车辆进行身份认证，为授权方在车辆的安全芯片中录入相关证书提供帮助，进而确保每辆与私有云通信的车辆都是经过身份验证的汽车。与此同时，车辆也需要借助证书加密、密钥验证等方式来增强安全性。

9.1.4 车联网服务平台安全

汽车行业在利用云计算技术建设车联网云控服务平台的同时也会为平台带来云计算相关的各类安全性问题，例如，操作系统漏洞威胁、虚拟资源控制问题、结构化查询语言（structured query language，SQL）注入问题、跨站点脚本安全攻击、账号验证权限问题、密钥泄露问题以及拒绝服务攻击等多种安全性问题。

云平台中可以录入大量智能汽车数据，并支持这些数据进行交互，同时车辆也可以借助云平台和各项数据进行调度控制。由此可见，云平台应具备较高的操作权限和完善的访问控制策略，以便防止用户信息被篡改或泄露。但处于这一阶段的管理平台大多存在访问控制策略强度较低的不足之处，难以仅凭固定凭据满足各项身份访问控制需求，黑客等攻击者可能会以伪造凭据的方式进入平台，进而造成异常访问等问题。

为了确保车联网运控服务平台的安全，汽车行业可以应用云平台安全保障技术，充分发挥云平台控制指令功能的作用，同时整合并存储各项相关数据，实现入侵检测、网络防火墙部署以及监视和防御等功能，以便从系统、网络、应用程序等多个层面对平台进行安全防护。

随着云平台的功能越来越强，平台中所部署的云安全组件越来越多样化，云平台在安全检测服务、改进远程空间下载技术（over the air，OTA）更新、建立权鉴认证相关证书等方面也体现出了较强的集中管理能力和控制能力。具体来说：

- 在安全检测服务方面，云平台可用于分析车辆的云端交互数据和日志数据，并对智能终端进行异常检测和数据泄露检测；
- 在改进远程 OTA 更新方面，云平台能够为更新验证和签名认证提供支持，缩短漏洞暴露时间，降低召回成本；
- 在建立权鉴认证相关证书方面，云平台可以确保密钥和登录凭证的安全性，实现对智能汽车的安全保护。

9.1.5 信息安全的问题与对策

近年来，汽车持续朝电动化、智能化、网联化的方向发展，汽车在研发、生产、使用、维修、报废等整个生命周期的各个环节中也呈现出智能化和网联化的特点，使用场景也日渐多样化。

现阶段，我国对智能汽车信息安全技术的研究还处于初级阶段，尚未建立统一的标准和规则。因此，相关研究人员需要继续加大对智能信息安全技术的研究力度，并在智能汽车研发时向相关研发人员提供测试和评估方面的支持。

（1）智能网联汽车信息安全问题

汽车行业需要从系统层面入手保护智能网联汽车的信息安全，确保车辆的每个环节和每个部分在信息方面的安全性。就目前来看，智能汽车中已经融合了通信和网络等多种先进技术，且已实现智能决策、协作控制和环境融合感知等功能，因此智能汽车的攻击向量通常具有多面性的特点。具体来说，汽车行业可以从以下两个方面对汽车信息安全问题进行分析：

- 从技术能力方面来看，黑客等攻击者具备获取目标车辆相关信息并开发具有针对性的恶意程序的能力，且能够利用这一能力对汽车信息安全造成威胁；
- 从可操作性方面来看，黑客等攻击者在攻击汽车时要破除相关条件限制，利用恶意程序攻入汽车。

由此可见，对智能汽车信息安全攻击的研究是构建和完善车辆防御体系结构中的重要内容。现阶段，智能网联汽车所面临的信息安全问题主要涉及以下几个方面：

- 相关测评方法和技术方案与产业环境之间的适配度较低，且汽车领域缺乏成熟案例和相关经验，智能网联汽车领域的各方人员对信息安全相关内容知之甚少；
- 智能网联汽车中融合了IT安全技术、汽车通信与控制技术等多种技术，涉及多个学科和领域的知识，且信息安全问题与云、管、端等多个方面密切相关，具有较高的复杂性；
- 与传统终端相比，智能网联汽车具有更长的生命周期，相关研究人员需要找出确保汽车整个生命周期安全的方式方法；
- 遭受攻击的智能网联汽车可能会有财产安全、生命安全、公共安全等方面的问题，因此相关工作人员需要从相关要求和标准方面为智能网联汽车信息安全提供更加强有力的保障。

（2）智能网联汽车信息安全的发展对策

与传统的信息安全体系相比，智能网联汽车的信息安全体系应具备可靠性更高的入侵检测和防护机制、性能更强大的车辆控制单元、更高的通信环境信息安全保障能力、更强的车辆防护能力以及更高效可靠的响应方案。与此同时，汽车行业还需为智能网联汽车构建以"检测、保护、响应、恢复"为体系架构的信息安全体系，并根据智能网联汽车的安全等级、响应机制、恢复策略等内容进一步推动智能网联汽车信息安全快速发展。

① 建立并完善防御体系，确保防御体系能够覆盖设计、研发、生产、维修、报废等整个产品生命周期的所有环节，且具有纵深性强、层次性强等特点，可以连接起车载智能终端、移动智能终端、车联网服务平台以及各种模式的网络通信协议的分级多域防护系统等设备和系统，并综合应用安全分级、访问控制、入侵检测、机密安全和安全审计保障等技术手段。

② 转变防御方法，打造融合动态感知安全检测和主动安全管理的综合性防御系统，并充分发挥大数据和人工智能等先进技术的作用，强化智能网联汽车在自动识别、风险管理和供给溯源方面的能力。

③ 优化完善车联网的可信环境，利用密码技术和可信计算体系增强车联网的安全性，提高智能网联汽车在风险防御方面的能力和效率。

9.2 汽车安全防护的关键技术

9.2.1 车辆安全防护

智能网联汽车安全防护具有整体性和长期性的特点，既包含对车辆本身的信息安全防护，也涉及对通信、云平台和外部新兴生态系统等多个方面、多项内容的防护，且需要定期检测生态系统的安全性，并通过检测及时发现和解决各项问题。由此可见，智能网联汽车安全防护技术完成安全检测工作后可以从"端""管""云"、移动 App 和整个生态系统的安全检测五个方面入手，实现对安全性的全方位评估。

下面首先对车辆安全防护技术进行详细分析。

（1）可信操作系统安全

操作系统是智能网联汽车中的重要组成部分，既能够为实现应用、通信等功能提供支撑，也能够为调用和管理底层资源提供助力，确保整个系统中的所有应用程序安全稳定运行，因此操作系统也可以看作整个汽车系统的中枢部分。就目前来看，智能网联汽车操作系统大致可分为开源操作系统和非开源操作系统两大类，其中，开源操作系统主要包括 Android、QNX 和 Linux，非开源操作系统是汽车厂家自主研发的系统，如宝马 iDrive。开源操作系统具有开发成本低的特点，因此成为大量汽车厂家广泛应用的一种开源方案，但开源操作系统同时也存在健壮性不足、漏洞风险高、缺乏对操作系统行为的监控等问题，难以提供充足的安全保障。

现阶段，许多汽车厂家还不具备自主开发操作系统的能力，但由于智能网联汽车具有较强的特殊性，智能网联汽车生产厂家不仅要综合考虑操作系统的成本、易用性和商业生态等因素，还要加大对安全性的关注度。为了有效解决开源系统漏洞问题，汽车厂家需要在掌握已知所选操作系统版本漏洞列表的基础上对该列表进行定期更新处理，以便从更多渠道广泛采集漏洞相关信息，提高掌握漏洞信息和解决漏洞问题的及时性。同时，为了保障操作系统的安全，汽车厂家需要确保用户在充分了解的前提下能够有效控制操作系统对系统资源进行监控、保护和提醒，提高各项系统行为的安全性和可控性以及操作系统在更新升级方面的受控性。

操作系统的健壮性与操作系统源代码之间有着直接关联，也就是说，源代码的安全性能够直接影响整个操作系统的健壮性和安全性。汽车行业可以利用静态审计操作系统的源代码的方式高效挖掘和处理代码中存在的安全漏洞和潜在问题，进而达到提高代码的健壮性和操作系统的安全性的目的。

此外，操作系统具有复杂性强的特点，各项数据、通信、文件、输入/输出（input/output，I/O）之间频繁交互，汽车行业需要确保操作系统中的各项行为可控、可管，并对资源访问情况进行全面监控，同时通过访问控制的方式来提高操作系统的安全性和可信度。

（2）固件安全

固件是一种二进制程序，也是网络电子控制单元（ECU）系统的重要组成部分，通常被存储在一些具备永久存储功能的器件当中。在以微控制器为核心的 ECU 当中，固件能够实现 ECU 中的所有功能，并支持硬件初始化和操作系统加载，上层软件也可以在固件的支持下通过调用接口获取各项硬件资源。

近年来，智能网联汽车的应用范围越来越广，智能化程度日渐升高，ECU 的应用范围也进一步扩大。微处理器和微控制器是 ECU 的重要组成部分，正随着 ECU 广泛应用而迅速发展，同时，固件也凭借自身灵活性强和存在形式丰富的优势为用户提供了方便，但这也极易造成汽车信息系统风险高的问题。

具体来说，对智能网联汽车和驾驶员造成威胁的问题主要包括在提取 ECU 固件和逆向分析代码的前提下进行反编译和调整参数、因 ECU 被插入恶意代码而发生变化的系统执行流程和在升级过程中使用缺乏厂商认证的固件程序等操作。就目前来看，ECU 固件的安全问题主要表现在固件代码防提取、固件代码防反汇编和逆向、固件安全升级三个方面。

① 固件代码通常存储于具备永久存储功能的器件当中，汽车厂家需要根据加密算法、保护寄存器、Read-only 模式设置等具体情况来选择合适的器件，并保护

固件存储器件，通过利用微处理器或微处理器中的固件存储单元来存储固件的方式来提高固件提取难度，对 ECU 中的 JTAG、RS232 和 USB 等对外调试接口进行限制，进而达到降低固件被读取的风险的目的。

② 固件代码防止反汇编和逆向方面，具体来说，汽车厂家需要通过调整编译器和自定义指令集的方式来降低对微处理器以及微控制器的通用指令集的使用频率，也可以通过将花指令引入固件代码的方式来调整代码层次结构，从而在确保功能逻辑不受影响的前提下提高代码的复杂度和理解难度，进而防止攻击者对代码进行反汇编和逆向操作，达到提高固件可靠性的目的。

③ 从固件安全升级方面来看，智能网联汽车的车主不能从第三方下载非认证固件升级程序，只能使用经过汽车生产厂家认证的固件升级程序，且不能对 ECU 固件和车辆进行改装。由此可见，汽车厂家在生产汽车的过程中应借助 ECU 对各项固件进行认证，并校验固件的完整性，同时也要利用回滚机制回退失败的固件版本，进而达到提高固件升级程序的安全性和可靠性的目的。

（3）数据安全

智能网联汽车的数据主要包括车辆数据和用户数据，这些数据大多存储在 T-BOX、App 端和 TSP 云端。数据安全既包含数据存储安全，也涉及数据备份安全和数据传输安全，而密钥存储安全和轻量级密码算法是保障智能网联汽车数据安全的有效手段。

密钥存储能够为 T-BOX 中的车辆数据提供安全保障。现阶段，许多汽车厂家制定并使用软件白盒和硬件嵌入式安全元件（embedded secure element，eSE）芯片方案来应对白盒攻击，保障密钥和 T-BOX 的数据存储安全。从实际操作上来看，汽车厂家需要先通过预置或动态下发的方式在白盒或 eSE 芯片中存储密钥，再在白盒或 eSE 中开展各项加密和解密活动。

不仅如此，白盒和经过加密的 eSE 芯片还能有效保障数据传输安全。现阶段，为了确保 App 端的用户数据的安全，大多数手机中都没有装配 eSE 芯片，因此大多数汽车厂家选择使用软件白盒来保证数据存储和数据传输的安全性。

汽车行业应构建覆盖物理、网络、计算、存储、信息、应用等多个方面内容的信息安全防御体系，并综合考虑信息安全管理相关内容，防止出现数据泄露等问题，进而达到保障数据存储安全的目的。

T-BOX 大多应用微控制单元（microcontroller unit，MCU），且在资源方面存在一定的限制，因此当密码算法出现能源消耗量高、计算资源占用大等问题时，T-BOX 将无法充分满足各项部署要求。与普通的密码算法相比，轻量级密码算法具有更高的安全保护级别，能够更快适应密码应用环境并满足各项资源需求。具体来说，其特点主要体现在以下几个方面：
- 可以在资源不足、计算能力不够强的设备中发挥重要作用；
- 计算可使用存储空间较小；
- 能耗控制较为严格；
- 可针对实际应用场景对安全级别进行调整。

由此可见，轻量级密码算法适用于资源十分有限的 T-BOX 环境。就目前来看，PRESENT 等多种 ISO 29192 中列举的轻量级密码算法都是智能网联汽车领域广泛应用的密码算法。

（4）密钥安全

智能网联汽车领域需要进一步加大对密钥存储相关内容的关注度，通过数据加密的方式来提高数据的机密性和隐私性，并加强对合法用户所访问的解密密钥的保护，防止密钥泄露，从而充分确保各项加密数据的安全性。而当密钥被存储在可信度较低的 T-BOX 开源 Linux 操作系统或手机 Android 操作系统当中时，密钥的安全性将大幅降低。

白盒系统的应用能够有效解决不被信任操作系统中的密钥安全问题。具体来说，白盒系统可以在加密库中以巨大查找表的形式存储密钥信息，用户可以通过输入明文的方式获取密文，或输入密文获取明文，而攻击者无法获取查找表背后的密钥，也无法获取或篡改密钥信息。不仅如此，白盒系统还能够支持动态密钥，充分确保密钥在整个程序运行过程中的安全性。

（5）FOTA 信息安全

近年来，智能网联汽车的 ECU 数量和代码行数不断增多，软件在汽车价值中的占比越来越高，但同时开发周期需要进一步缩短，导致车辆所面临的潜在风险日渐增多。移动终端的空中下载软件升级（firmware over the air，FOTA）能够解决智能网联汽车中的绝大多数软件故障问题，为车主用车提供方便。

现阶段，FOTA 技术已经发展成熟，但对智能网联汽车行业来说，升级过程的安全性仍旧是一项值得重点关注的问题。在 ECU 升级过程中，智能网联汽车行业应充分发挥安全升级机制的作用，并借助数字签名、认同机制等手段来提高增量升级包的合法性和完整性，同时根据时间、地点和设备数量等信息对升级策略进行动态优化，并以通信加密的方式来确保增量升级包在传输过程中的安全性，防止出现升级包被攻击或截获等情况，从而提高升级的成功率。

除此之外，汽车厂家还应持续监控智能网联汽车 ECU 的升级进程，检查完成升级的 ECU 能否正常工作,并利用固件回滚机制来将升级失败的 ECU 的状态调整到升级之前的水平,充分确保 ECU 升级全过程的安全性和可靠性。

9.2.2 网络安全防护

智能网联汽车的网络安全防护主要包括网络传输安全和网络边界安全,如图 9-4 所示。

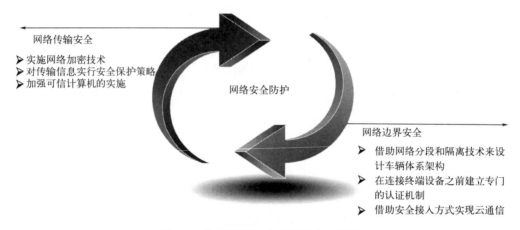

图 9-4 智能网联汽车的网络安全防护

(1) 网络传输安全

智能网联汽车中的网络主要包括车内网络、车际网络和车云网络,且网络拓扑具有较高的复杂性和多样性。智能网联汽车需要通过提高自身网络安全性的方式来为数据的网络传输提供充足的安全保障。具体来说,智能网联汽车的网络传输安全主要依赖于以下几项措施。

① 实施网络加密技术。当传输网络遭受攻击时,传输数据将会被泄露或篡改,因此智能网联汽车行业需要利用网络加密技术来加密传输数据,提高数据的安全性。

一般来说,智能网联汽车的网络传输安全应具有一定的层次性。从实际操作上来看,一方面,智能网联汽车应针对安全管理内容优化传输控制协议/网际协议(transmission control protocol/internet protocol,TCP/IP)各个层次的防范措施,对网络中的协议进行加密处理,提高网络中的各项服务的安全性;另一方面,智能网联汽车需要利用密码体制来设计网络加密结构,并应用符合网络实际情况的密钥,同时也要通过加密网络接口层的方式确保相邻节点之间数据传输的安全性，并向用户公开各项加密操作，但也要注意对源端用户与目标用户之间的数据传输相关加密行为的防护，防止这些加密内容被泄露。

② 对传输信息实行安全保护策略。传输信息安全保护策略具有分级保护的特点，能够根据技术设计和管理各项方案，提高方案的安全性和规范化程度。为了充分确保传输信息的安全性，汽车行业应制定并实行相关标准规范，根据信息的安全等级对网络进行划分，并全方位防护和控制网络安全。不仅如此，汽车行业还需提升网络安全监测力度，强化边界防护和内部控制，优化安全保密策略，保障涉密人员的安全，并提高管理网络信息的能力，确保信息传输的安全性和有效性。

③ 加强可信计算机的实施。汽车行业应充分利用可信的基础性数据构建基于密码形式的计算机可信技术平台，提高计算机网络系统的安全性。具体来说，可信技术平台可以提供完整的工作空间、独一无二的用户身份和安全的环境配置，能够对攻击者的攻击行为进行有效防范，确保数据传输的安全性和可信性。在计算机系统中，可信技术平台的应用有助于提高网络环境和网络信息的可信度。与此同时，防火墙在信息传输过程中的应用也能够在一定程度上提高传输信息的可信度。

（2）网络边界安全

智能网联汽车具有移动性强、网络复杂度高、网络多样化、网络边界模糊等特点，难以继续使用传统的边界安全解决方案，因此汽车行业开始针对智能网联汽车研究和落实无边界安全解决方案。具体来说，智能网联汽车边界主要有以下三个特点：

- 安全边界扩大至微边界或无边界的程度，边界隔离难度大；
- 受接入智能网联汽车的设备种类影响，接入安全风险点较多；
- 智能网联汽车身份验证难度大。

就目前来看，智能网联汽车可以从以下三个方面入手来强化边界安全：

① 智能网联汽车可以借助网络分段和隔离技术来设计车辆体系架构，利用白名单、数据内容和数据流向等边界控制手段对 Wi-Fi、车辆内部的各类网络和车辆与外部通信的移动网络等各个网段进行控制，并通过控制和监测车辆内部控制总线中的数据的方式来确保各项数据的安全性，例如，车载入侵监测系统的应用能够帮助 ECU 避免遭受攻击者的攻击。

② 智能网联汽车需要在连接终端设备之前建立专门的认证机制，提高终端设备的可信度，确保接入的终端设备均为经过认证的设备，充分保障车辆的安全。

③ 智能网联汽车可以借助车云网络以虚拟专用网络（virtual private network,

VPN）等安全接入方式实现云通信，并利用各类安全通信子系统与网络进行连接，运用公钥基础设施（public key infrastructure，PKI）或基于标识的密码技术（identity based cryptograph，IBC）的认证机制对车辆和云平台进行双向认证，进而确保信息接入和信息传输的安全性。

9.2.3 云平台安全防护

云平台是智能网联汽车极为重要的组成部分，因此云平台的安全防护也是智能网联汽车安全防护的关键技术。

（1）云平台安全

智能网联汽车协同互联云平台安全架构与通用云平台安全架构之间存在许多相似之处。智能网联汽车协同互联云平台安全架构如图 9-5 所示。

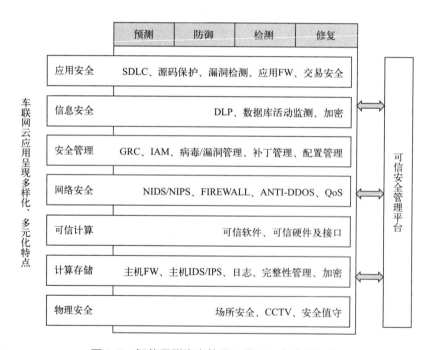

图 9-5　智能网联汽车协同互联云平台安全架构

① 物理安全。智能网联汽车协同互联云平台可以在物理层利用门禁系统、视频监控、环境监控和物理访问控制等方式确保物理环境和环境设施等内容在运行过程中的安全性。

② 计算存储安全。智能网联汽车协同互联云平台可以利用服务主机/设备提

高主机等设备的稳固性和安全性，完成主机防火墙和主机入侵检测系统（intrusion detection system，IDS）部署任务，并利用恶意代码防护、访问控制等方式确保虚拟主机的安全性，为主机的稳定运行提供强有力的支持。

③ 可信计算。智能网联汽车协同互联云平台能够提供安全输入、安全输出、内存安全、远程认证等多种安全性相关服务，有效确保软硬件系统的行为/执行安全。

④ 网络安全。智能网联汽车协同互联云平台可以在网络层利用防火墙、入侵防御系统（intrusion prevention system，IPS）、虚拟局域网访问控制列表（virtual local area network access control lists，VLAN ACL）等工具根据完全域划分进行边缘隔离和访问控制，利用 VPN 技术实现网络通信和用户认证，借助 IDS 来实时监测和预警网络攻击情况，综合运用流量监测和清洗设备、恶意代码监测和防护系统来防范安全威胁，进而实现对网络通信安全的整体防御。

⑤ 安全管理。汽车行业可以根据智能网联汽车相关标准、规范和要求制定相应的安全管理制度，优化安全管理流程，确保安全设计与获取、安全开发和集成、安全风险管理、安全运维管理、安全事件管理、业务连续性管理等各个工作环节的规范化，并构建技术支撑平台，安排安全管理组织和相关工作人员进行安全管理，充分确保系统管理的有效性。

⑥ 信息安全。智能网联汽车协同互联云平台可以通过数据隔离、数据加密、数据防泄露、剩余数据防护、文档权限管理、数据库防火墙、数据审计等多种方式进行数据保护，充分确保离线数据、备份数据等各类数据的安全。

⑦ 应用安全。智能网联汽车协同互联云平台能够利用 PKI 等机制识别用户身份和部署访问控制策略，并通过多重授权、电子邮件防护、网站安全监控、Web 应用防火墙、Web 网页防篡改等防护方式为应用安全提供充足的保障。

⑧ 可信安全管理平台。智能网联汽车协同互联云平台中的可信安全管理平台可用于建设和管理以 PKI、身份管理等内容为基础的安全基础支撑设施，并充分发挥成熟度和完整度较高的安全控制措施的作用，利用安全实现机制来提高系统运转的安全性和稳定性，提升车辆的安全需求满足能力。

（2）云平台可视化管理

智能网联汽车安全化管理可以实时向厂商云平台中传送车辆中的 ECU 固件数据、操作系统安全风险、应用的安全风险等各类相关信息，为用户高效全方位了解车辆的安全状况提供方便，同时也可以快速发现智能网联汽车所面临的入侵、异常情况等安全问题，明确安全事件发展趋势，并综合运用各项安全信息，深入分析安全态势，进而实现对车辆安全态势的智能化全面感知和预警。

不仅如此，云平台还具备智能网联汽车威胁入侵检测分析功能，能够对各类威胁和风险进行告警，提高威胁和风险的可视化程度，并展示智能网联汽车安全威胁事件的详细信息，通过设置告警范围和阈值等自定义告警策略相关内容来全方位检测分析车辆所面临的威胁和风险。

为了让用户能够及时发现、精准监测并有效防范数据中潜藏的智能网联汽车威胁攻击行为和过程，确保智能网联汽车运行的安全性，汽车行业需要从不同的维度分析智能网联汽车数据，并利用交互挖掘分析工具以智能化的方式整合、统计、检索、过滤、挖掘和分析各项分散的信息要素，为用户掌握智能网联汽车安全态势提供支持，以便进一步提高车辆在应对威胁和风险过程中的主动性和弹性化程度。

9.2.4 移动 App 数据安全

智能网联汽车移动 App 能够控制车辆完成开车门、开空调、开车灯、点火启动等操作，但攻击者也可以借助移动 App 来对汽车进行攻击。例如，攻击者可以在手机客户端利用车辆前风窗玻璃上的车辆识别代码（vehicle identification number，VIN）进行身份验证，采集车主身份、车辆充电量等相关信息，并控制车辆内部的空调。

随着移动 App 在智能网联汽车领域的应用日渐广泛，基于移动 App 的攻击越来越多，智能网联汽车的安全问题也越来越严重。具体来说，智能网联汽车移动 App 的生命周期主要包括设计开发、发布和运维三个阶段，如图 9-6 所示。

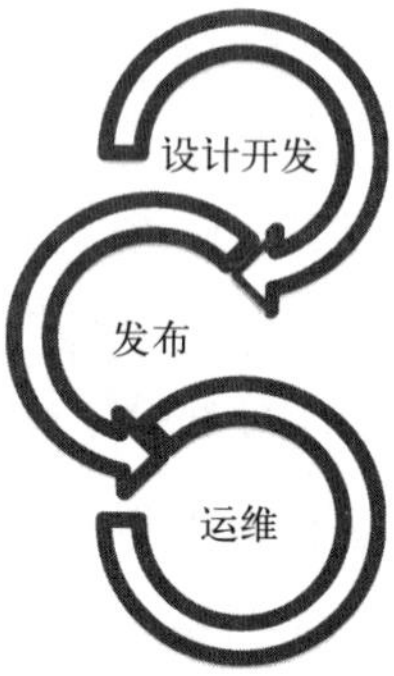

图 9-6 智能网联汽车移动 App 的生命周期

（1）设计开发阶段

移动 App 的研发人员需要从设计开发阶段开始统一安全设计移动 App 的框架、业务、规范、核心功能模块等内容，确保整体安全框架的可扩展性、可整合性、持久性、可重用性和标准化程度，提高代码工程与通用安全原则之间的匹配度，增强应用程序的安全性，进而有效规避后期漏洞风险，减轻安全应急运维压力。

（2）发布阶段

移动 App 的研发人员需要从发布阶段开始，通过反编译、完整性保护、本地数据保护、共享动态链接库（shared object，SO）保护、内存数据保护和源代码混淆等技术手段来化解移动端系统开源性相关安全问题，进而达到加固移动 App 的效果，提高移动 App 的安全性。

（3）运维阶段

移动 App 的研发人员在运维阶段需要监控移动 App 的运行状态，及时解决移动 App 在运行过程中出现的漏洞，找出盗版的移动 App，避免业务、资金和声誉受到各类漏洞事件的影响。

9.2.5 汽车生态安全检测

智能网联汽车可以看作一个包含整车安全检测、车辆—TSP 云平台—移动 App 间通信与业务交互安全检测、移动 App 安全检测、TSP 云平台安全检测四部分的生态系统。在智能网联汽车安全测试过程中，相关工作人员需要定期为这四部分安排安全检查。

（1）整车安全检测

具体来说，智能网联汽车的车端安全检测主要围绕 CAN 总线协议、ECU、T-BOX 和 IVI 系统展开。

- CAN 总线协议检测：汽车行业既要根据 CAN 协议的一致性来检测车辆 CAN 总线与汽车开放系统架构（automotive open system architecture，AUTOSAR）标准之间的契合程度，也要评估 CAN 总线的操作性、健壮性以及其他总线的操作性，全方位掌握 CAN 总线的交互能力，检测总线中的干扰对整条 CAN 总线的影响情况。
- ECU 检测：汽车行业应检测 ECU 的硬件设计调试接口、硬件总线设计、电磁兼容性、固件可逆性、固件可读性、固件防反汇编能力、升级安全性、增量升级包认证和完整性校验、安全回滚机制等内容，确保智能网联汽车 ECU 的安全性。
- T-BOX 和 IVI 安全检测：汽车行业应加大对相关软硬件安全检测的关注度，检测各项核心器件以及主板和接口的安全性，并评估数据存储的安全性，检测数据的防篡改性和对外通信安全性，判断操作系统的安全性。

（2）车辆—TSP 云平台—移动 App 间通信与业务交互检测

车辆可以借助 T-BOX 与 TSP 云平台进行信息交互，移动 App 也可以借助 TSP 云平台与车辆进行信息交互，并控制车辆执行各项操作。

车辆—TSP 云平台—移动 App 间通信与业务交互检测的主要检测内容是三方之间进行通信和数据传输的安全性，如通信过程的网络层安全情况、车辆命令数据加密情况、传输数据的完整性、三方通信的授权情况等，与此同时，相关检测人员还需要对三方双向通信认证情况进行检测。

（3）移动 App 安全检测

移动 App 安全检测的检测内容主要包括源代码、资源文件、数据存储、数据传输和业务功能等内容的安全性。这一检测工作能够有效保障 App 在发布环节的安全。

（4）TSP 云平台安全检测

TAP 云平台安全检测的检测内容主要包括 OWASP Top10 和 CWE Top25 安全威胁。

9.3　汽车信息安全测评方案

9.3.1　信息安全测评的需求分析

根据研究机构 Upstream 发布的《2021 年全球汽车网络安全报告》，在最近五年内，智能网联汽车被黑客攻击的次数增加了 20 倍，而且远程攻击由于不受地域限制、不用接触车辆，成为黑客攻击智能网联汽车的首选。

按照一些安全公司的统计来看，一般每千行代码中会存有 5 个左右的安全问题，智能网联汽车通常涉及上亿行代码，存有的问题数量不可小觑，信息安全风险也随时存在。智能网联汽车的安全性已成为限制其发展的重要因素，目前亟须推出一套可以满足智能网联汽车信息安全测试的评价方法。从需求层面来看，智能网联汽车信息安全测评的需求主要来自以下几方面，如图 9-7 所示。

图 9-7　智能网联汽车信息安全测评的需求

（1）政府需求

智能网联汽车产业具有广阔的发展前景，目前其正处于变革时期，抓住这个机遇对日后中国智能汽车的发展具有重要意义。但其易被远程攻击这一弊端对智能网联汽车的信息安全有很大的负面影响。在此背景下，政府应当具备一套有效的测试评价方法，用以把控该行业的信息安全水平，了解其相关产品的安全水平状况，从而确保国家信息安全，推进该行业可持续发展。

（2）车厂需求

原始设备制造商（original equipment manufacture，OEM）需要一套全面、可量化且具备公信力的测试评价方法来确保信息安全，来证明其部件安全可靠、可信可用。因为智能网联汽车的制造离不开各零部件，零部件的信息安全水平与整车的信息安全水平息息相关，牵一发而动全身。OEM采购零部件时会对所需要的零部件一一测试，之后根据测试结果进行产品采购，这一过程既耗时又费力，还十分考验测试人员的水平。若零部件本身附有权威机构的测评结果，将会为OEM节约很大成本，对整个采购过程大有裨益。

（3）零部件厂商需求

各零部件厂商即使生产同种产品，其在信息安全水平上也可能存在良莠不齐的现象。所以如果推出相关权威的信息安全测评方法对于零部件厂商也是一件利好的事情，可以使其更加明晰信息安全的标准与水平，按照符合要求的标准进行生产，减少不满足需求的产品的生产。

（4）消费者需求

智能网联汽车相较于传统汽车来说，其信息安全问题十分明显，目前部分原始设备制造商已将信息安全水平打造成销售热点进行推广与宣传。未来信息安全防护水平也会成为智能网联汽车的核心竞争力，而且可能会有更多的消费者关注智能网联汽车的信息安全防护水平，届时，较为权威的智能网联汽车测评方法可以为消费者提供更加客观、可信的测评结果。

9.3.2　信息安全测评范围与依据

近年来，社会发展对信息技术的依赖性逐渐加大，网络和信息系统的安全问题也日渐突出。安全可靠的网络和通用信息系统是维护国家安全和社会稳定以及促进经济发展的基础，也是我国实现信息化发展和有效的信息安全评估的重要条件。就目前来看，我国仍处于信息安全发展初期，需要及时处各类复杂的网络问题并利用多种手段保障信息安全。

由此可见，对信息系统的测试和评估都应严格按照国家相关法规或行业信息安全相关技术标准和管理规范来推进。对汽车行业来说，信息系统评估既有助于进一步掌握信息系统的安全状况，为找出系统中的潜在问题和薄弱环节以及完善和优化升级信息系统提供支持，提高信息系统的安全性，也有助于精准判断各项相关安全保护管理措施和技术措施的达标情况，确保信息安全保护的有效性。从实际操作上来看，汽车行业要积极响应国家政策，建设和完善智能网联汽车安全平台，优化智能网联汽车自主研发体系，确立行之有效的车辆及设备信息安全预防措施，强化自身针对智能网联汽车的信息安全审查功能。

除此之外，汽车行业还要从测试和评估的角度进行研究测试和工具研发，并配合政府相关部门开展安全审查，挖掘出各个环节中的问题，同时围绕关键零部件、操作系统、通信环境和信息服务系统构建信息安全测试平台，找出产品的不足之处，以便以智能化的方式对汽车系统和相关设备进行测试及评估。

其实当前对于零部件和整车已经推出一些标准及测试方法，不过还不够全面和具体，需要有一套完整的信息安全测评方案将其组合统一起来。智能网联汽车的信息安全测试评价方案在进行信息安全水平测试时，既要对整车进行客观真实评价，也要对零部件进行客观评价。众所周知，智能网联汽车由各种零部件构成，零部件的信息安全水平会对整车信息安全管理产生重要影响。

（1）测试评价范围

依据相关法律法规，智能网联汽车信息安全的测试评价方案可以包括产品和管理两个体系，其评价范围主要涉及这两个体系，如图9-8所示。对于这两个体系的测试评价涉及设计、研发、测试、生产、运行以及维护等各方面，测评产品整个生命周期中可能遇到的各类风险。

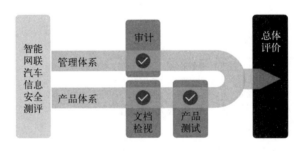

图9-8　智能网联汽车信息安全测试评价范围

① 管理体系测评。包括审计组织策略和审计相关流程，如表9-1所示。组织策略涉及企业的网络安全制度和安全文化，也包括负责人及相应权限的人员角色等；流程主要指模板、工具以及网络安全流程的相关文件。

表9-1 智能网联汽车管理体系信息安全测试评价范围示例

维度	内容	示例	方式
组织策略	网络安全制度	网络安全方针、策略、管理发文等	审计
	网络安全文化	能力管理、意识管理、持续改进等	
	人员角色	负责人及相应权限、支持网络安全的资源等	
流程	网络安全流程	网络安全概念、设计、开发、验证、生产、运维等流程文件	
	模板	TARA 分析模板、设计模板、事件响应计划模板等	
	工具	开发工具、验证工具等	

② 产品体系测评。包括产品测试和产品技术要求两部分，如表9-2所示。技术要求部分主要涉及测试规范、产品设计文档和TARA分析文档三个方面；产品测试部分主要涉及漏洞测试、渗透测试等。

表9-2 智能网联汽车产品体系信息安全测试评价范围示例

维度	内容	示例	审查方式
技术要求	TARA 分析文档	资产的确定、影响严重程度的评级、影响类别的考虑、威胁场景的识别、攻击分析的方法、攻击可行性的确定、风险矩阵的建立等文档检视	文档检视
	产品设计文档	架构设计文档、系统设计文档、功能设计文档等	
	测试规范	测试工具、测试环境、测试用例等	
产品测试	符合性测试、漏洞测试、Fuzzing 测试、渗透测试等		测试

前面所提到的测试范围并非一成不变，可以按照测试车辆的不同需求进行调整，譬如针对一些对安全性要求较高的系统，这两个体系的测评也会更加严苛，要检测更多的文档，扩大测试范围，进行更加深入与全面的测试。

（2）测试评价依据

想要构建智能网联汽车信息安全测试评价方案应该依据相关标准，如表9-3所示。

① 在管理体系的测试评价上，可以参考 ISO/SAE 21434《道路车辆 网络安全工程》相关标准来执行。

② 在产品体系的测试评价上，《汽车网关信息安全技术要求及试验方法》（GB/T 40857—2021）、《汽车软件升级通用技术要求》等诸多标准都可以作为参考。

表9-3 测试评价方案应依据的相关标准

项目	标准	说明
管理体系	ISO/SAE 21434《道路车辆 网络安全工程》	旨在通过确保适当考虑网络安全，使车辆电子电气系统工程可以应对最先进的技术和不断进化的攻击手段
产品体系	GB/T 40856—2021《车载信息交互系统信息安全技术要求及试验方法》	T-Box、IVI 的信息安全要求和相应测试方法
产品体系	GB/T 40857—2021《汽车网关信息安全技术要求及试验方法》	车载网关的信息安全要求和相应测试方法
产品体系	GB/T 40855—2021《电动汽车远程服务与管理系统信息安全技术要求及试验方法》	规定了电动汽车远程服务与管理系统的信息安全要求及试验方法
产品体系	GB 20214423-Q-339《汽车软件升级通用技术要求》	规定了汽车软件升级的管理体系要求、车辆要求、试验方法、车辆型式的变更和扩展、说明书

9.3.3 信息安全测评的主要对象

从整体逻辑架构上来看，智能网联汽车测评对象可分为感知信源层、网络传输层和应用服务层三个层次。汽车行业可以利用信息安全共性技术对各个环节、各个模块和各项产品进行安全分析、检测、渗透、扫描和评估，进而充分满足各项测评需求。

汽车行业应针对产品构建相应的安全威胁模型，优化产品安全测试环境，并使用安全威胁模型来完成环境分析、整车缺陷分析、整车脆弱性分析、零部件缺陷分析和零部件脆弱性分析等工作，同时找出产品的不足之处进行检测和验证，为产品的整个生命周期的所有环节提供良好的安全评估环境，评估各项经过验证的安全隐患，并根据评估结果确定信息系统的安全等级。

不仅如此，对环境的评价还需要用到安全分析、检测、评估、硬件在环分析和实物平台测试等技术手段和传感器、泛在通信终端等先进设备。同时 V2X 技术和云架构信息平台也发挥着十分重要的作用，为各方的信息交互提供了支持，而汽车行业也会从技术、平台和产业三个层面测试和评价智能网联汽车的信息安全。

（1）感知信源层测评

感知信源层中包含大量关键电子单元和多种类型的传感器，能够广泛采集车辆的智能信息，精准感知周边的环境和障碍物信息，并助力智能网联汽车实现车载通信、车间通信、车云通信、寻址、网络可信标识、感应、控制、执行等诸多功能。

一般来说,感知信源层信息安全测试中的重点是对电子单元的测试。

在测评 ECU 的过程中,相关工作人员应加大对代码审计的研究力度,充分发挥静态检测和动态检测两项技术的作用进行代码漏洞测试,评估代码审计、固件漏洞、结构和存储等方面的安全性。具体来说:

● 静态检测技术的应用能够为智能网联汽车扫描电子控制单元的源代码或二进制格式提供支持,智能网联汽车可以利用该技术直接对程序特征进行分析,并实现漏洞扫描和模糊分析功能;

● 动态检测技术的应用能够通过运行电子控制单元程序的方式获取运行结果,并将运行结果与预测情况进行对比,对运行效率和鲁棒性进行分析。

(2)网络传输层测评

网络传输层能够从性能和功能两个方面确保数据信息传输的实时性、可服务性和网络泛在性,在 V2X 的互联互通中发挥着十分重要的作用。智能网联汽车中具有装配了车载 CAN 网络、V2X 无线通信网络和长期演进(long term evolution,LTE)蜂窝网络的智能化车路协同互联互通系统,能够为车辆的各项通信活动提供强有力的支持。一般来说,网络传输层信息安全测试中的重点是对通信网络协议的测试。

现阶段,通信网络协议中的漏洞大多与其健壮性密切相关,安全性较高的协议通常能够在确保协议的完整性和有效性的基础上采取正确的方式对畸形的协议数据单元(protocol data unit,PDU)进行处理。具体来说,网络传输层中的安全测试方法主要包括车辆通信协议随机测试、变异语法注入测试方法、错误注入方法和车辆通信协议漏洞测试三种类型,网络传输层的测试主要包括检查通信协议的安全性、判断传输的保密性、评估边界的安全性和设备标识等工作。

(3)应用服务层测评

应用服务层是综合评估汽车信息服务系统的主要阵地。其生态链主要由物流、货运、汽车维修租赁、车辆管理、保险和救援等几部分构成。

汽车信息服务系统涉及数据聚合、计算、调度、监视和管理应用程序等多项内容,能够测试 T-Box 的安全性,评估汽车远程服务提供商的安全性,并完成对手机应用和车辆操作系统的测试等任务。智能网联汽车应用服务层的测试指的是对安全审计、数据传输安全、身份鉴别和汽车信息服务终端的通信认证等内容的测试。具体来说,T-Box 安全检测主要包括服务接口渗透、终端应用非法注入和终端应用检测等内容;TSP 安全检测主要包括服务器高危漏洞检测、服务器操作系统安全评估、服务器系统服务安全评估等内容。

车载操作系统具有抽象性强的特点，安全操作系统具有机密性强、完整度高、可用性强和抗抵抗能力强等特点，能够充分满足车辆在安全方面的各项基本需求。安全操作系统模型所呈现的安全需求、安全策略与安全机制密切相关，且能够在一定程度上体现出安全机制在整个操作系统中的具体表现。

从检测流程上来看，操作系统整体安全检测主要由形式化分析、渗透性测试、安全功能测试、漏洞扫描等环节组成。从实际操作上来看，智能网联汽车需要在全面掌握车载操作系统安全需求的基础上对安全策略进行深入分析，并根据分析结果构建相应的安全模型，同时还要检测各项相关机制的安全性，并精准评估车载操作系统的安全性。

车载操作系统安全检测主要包括测试访问控制权限、身份鉴别、数据保护和管理权限验证等内容。其中，以安全模型为基础的形式化系统分析、系统信息安全功能化分析、系统渗透测试和安全漏洞扫描等任务是安全测试的重点。

9.3.4 信息安全测评流程与方法

根据《道路车辆信息安全工程》的相关规定，智能网联汽车信息安全管理体系测评方案应该从企业治理、项目管理、供应商管理，以及概念、产品开发、验证、生产和运营维护阶段等模块进行测试，如图 9-9 所示。

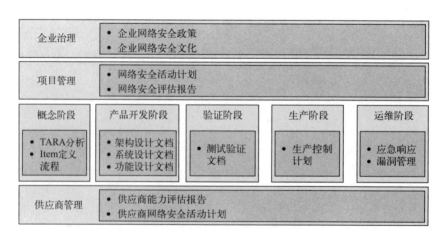

图 9-9 基于《道路车辆信息安全工程》的管理体系测试评价审计

在整个过程中要对各个模块进行逐一的检查与审计，并得出客观评价，按照真实情况赋分，之后按照各个模块的得分来计算管理体系的总分，如果总分超过预先设定的分数线,则表明顺利通过测试。

依照 ISO/SAE 21434 等风险评估标准,信息安全测评方案中应先制定漏洞风险评估办法,给智能网联汽车漏洞评级以技术上的帮助和支持,还要对汽车潜在的攻击面进行归纳与分类,同时对单个攻击面进行测试评价,将其多个漏洞的评价结果进行综合评估,得出最终的结果。最后把全车所有部件的评估结果进行汇总,获得整车的测试结果。

智能网联汽车部件级风险评估方法架构如图 9-10 所示。

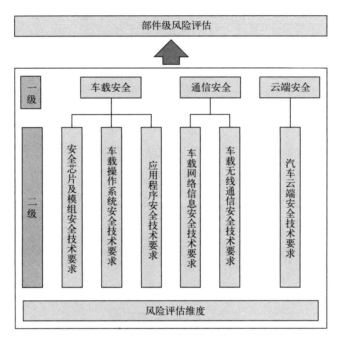

图 9-10 智能网联汽车部件级风险评估方法架构

从图中可以得知,部件级风险评估方法主要有两级:一级是对车载、通信和云端安全的漏洞进行风险评估;二级是对一级的评估结果进行判断,继而进行部件级的风险评估。

(1) 风险评估方法流程

参考 ISO/SAE 21434 标准,方案中的风险评估流程如图 9-11 所示。除去标准中的规定之外,方案明确说明并解释了攻击影响评级与攻击可行性评级。

① 攻击可行性。攻击可行性主要指攻击者对漏洞的利用程度,利用的程度与汽车的风险程度成正比。攻击可行性一共有四个等级,每个等级的攻击程度不同,具体说明参见表 9-4。

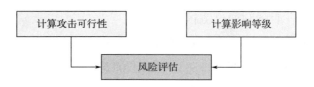

图 9-11　智能网联汽车漏洞风险评估流程

表9-4　攻击可行性等级和相应标准

等级	说明
高	容易完成攻击
中	使用适度的方法可实现攻击
低	通过高难度的方法可实现攻击
极低	很难或几乎永远不可能完成攻击

② 攻击影响评级。按照 ISO/SAE 21434 标准，攻击影响评级主要涉及财产、安全、隐私以及运行四个方面，攻击者利用漏洞会对以上四个方面造成损失与伤害。方案在此标准基础上还扩大了风险评估范围，增加了攻击影响的 CIA（confidentiality、integrity、availability，信息安全的机密性、完整性和可用性）维度，下面对这五个维度逐一阐述。

安全损害影响等级针对产品功能丧失所造成的车主及行人的伤害程度做出了详细划分，如表 9-5 所示。

表9-5　安全影响等级

影响等级	安全影响等级指标
致命	个人车主及行人角度： S3：危及生命的伤害（生存不确定），致命
严重	个人车主及行人角度： S2：严重危及生命的伤害（可能存活）
一般	个人车主及行人角度： S1：轻中度伤害
无	个人车主及行人角度： S0：无伤害

财产损失影响等级还针对利益相关者的财产损失程度进行了定义，如表 9-6 所示。

表9-6　财产损失影响等级

影响等级	财产损失影响等级指标
致命	（1）OEM/供应商角度：漏洞符合产品缺陷定义，将导致OEM车型召回，遭到行政处罚，引起公司声誉受损、市场份额受损。公司无法承受引起的相关经济损失（如破产、公司倒闭等） （2）运营商：漏洞会引起运营商经营行为无法进行（受召回影响），引起运营商声誉受损、市场份额受损。运营商无法承受引起的相关经济损失（如破产、公司倒闭等） （3）个人车主角度：漏洞会引起个人车主无法承受的整车价值全部损失，如导致车辆报废、整车被盗、个人电子支付被入侵等
严重	（1）OEM/供应商角度：漏洞符合产品缺陷定义，将导致OEM车型召回，引起公司声誉受损。公司可承受引起的相关经济损失 （2）运营商：漏洞会引起运营商业务受到影响（受召回影响），声誉受损。运营商可承受引起的相关经济损失 （3）个人车主角度：漏洞会引起个人车主可承受的财产损失，财产损失范围为车辆价值的10%~99%，如车辆部件损坏、付费功能激活等
一般	（1）OEM/供应商角度：漏洞被攻击者利用可导致公司产品非预期功能激活，对公司财产造成损失，如付费功能非法使用等。 （2）运营商：漏洞会引起运营商车辆产品非预期功能激活，如付费功能非法使用等 （3）个人车主角度：漏洞会引起个人车主车辆价值10%以下的财产损失，如车辆付费功能激活、个人电子支付被入侵等
无	财产损失不会产生任何影响，忽略不计运行

运行异常影响主要是指车辆异常运行对驾驶员造成影响的程度，具体影响等级划分如表9-7所示。

表9-7　运行异常影响等级

影响等级	运行影响等级指标
致命	资产被攻击后，导致车辆无法工作，功能出现重大中断，无法被人为控制消除，或者不符合安全或法规要求，涉及与车辆行驶相关的制动系统、动力系统和转向系统功能失效
严重	资产被攻击后，导致车辆部分功能丧失，车辆进入跛行模式，仍然可以运行，无法被人为控制消除，如变速箱挡位切换异常、新能源电池管理异常、发动机转速异常等
一般	资产被攻击后，造成部分功能降级或性能下降，驾驶员可以人为消除，如车辆外观有一定异常；或者驾驶舱出现噪声，引起驾驶员困扰；车载娱乐系统、车身舒适系统、车辆辅助功能（与行驶控制无关）等功能降级
无	资产被攻击后，不会导致车辆功能降级或性能下降

隐私泄露影响主要是指车辆受到攻击之后，车主的隐私信息泄露所造成的影响程度，具体影响等级划分如表9-8所示。

表9-8 隐私泄露影响等级

影响等级	隐私泄露影响等级标准
致命	（1）利用漏洞造成的隐私泄露会对用户造成严重或不可逆转的影响 （2）隐私信息包括对机构的承诺、无法偿还的债务、个人健康生理信息、宗教或哲学信仰、婚史、种族或民族血统、个人生物识别信息、性取向、未公开的违法犯罪记录、残障自然人的特殊需要、刑事调查报告，或者由于隐私泄露会造成自然人破产、丧失工作能力以及形成心理和物理创伤的信息
严重	（1）利用漏洞造成的隐私泄露会对用户造成重大影响 （2）隐私信息包括银行账户、鉴别信息（口令）、存款信息（包括资金数量、支付收款记录等）、房产信息、信贷记录、征信信息、交易和消费记录、流水记录、虚拟货币、虚拟交易、游戏类兑换码等虚拟财产信息、个人身份信息、社保信息、纳税信息、行踪轨迹、住宿信息、精准定位信息、处罚信息、通信记录和内容、通信录、好友列表、群组列表等，或者由于隐私泄露会引起银行黑名单、资产损失、失业、个人声誉受损的信息
一般	（1）利用漏洞造成的隐私泄露会对用户造成较大的麻烦 （2）隐私信息包括个人电话号码、网络身份识别信息、设备信息、个人偏好、教育状况、兴趣爱好、个人电子邮件地址、姓名、年龄、自然人可识别的照片或视频等信息，或者导致骚扰电话、骚扰信息、诈骗的信息
无	隐私泄露不会带来任何影响或可以忽略不计的后果，例如水电费账单等

CIA（confidentiality、integrity、availability）这一组指标主要用来揭示漏洞被利用后对信息安全的机密性、完整性和可用性所造成的损害。

根据以上五个方面的评估数值，我们可以汇总获得攻击影响的总体评级。

③ 风险评估。将攻击影响结果和攻击可行性两者汇总，进行综合风险评估，其结果可分为5个级别，分别为无、提示、一般、严重和致命。

（2）汽车风险评估方法

将汽车漏洞风险评估方法以及部件攻击面（如图9-12所示）相结合，可以完成部件这一级别的风险评估。

按照部件位置和整车安全关联的差别，可以把部件风险评估分为4个攻击面，分别为车内网络、车外通信、关键节点软硬件和车联网业务安全。其中车内网络主要负责CAN、Ethernet的网络通信；车外通信主要负责移动网络和蓝牙等；软硬件主要负责控制器功能运行；车联网主要涉及后台云端相关业务。

依靠以上评估方法能够获得漏洞风险的评估结果，之后可以通过漏洞与攻击面之间的关联获得每个攻击面与漏洞风险评估结果的对应表格，由此对攻击面的评估结果进行逐个计算。反过来，若是得到了部件的风险评估结果，则可以按照加权计算的方法得出整车的风险评估结果。

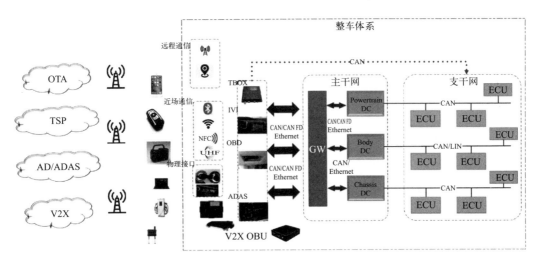

图 9-12 部件攻击面

参考文献

[1] 李克强，王建强，许庆．智能网联汽车 [M]．北京：清华大学出版社，2022:67-73．

[2] 原申思，陈锋，严伟．面向智能网联汽车的 TSN-CAN 低延时网关设计 [J/OL]．微电子学与计算机，2023,(10):110-117[2023-12-01]．

[3] 张海涛，张敏，张继文，等．人工智能时代下智能网联汽车的发展与应用探索 [J]．科技创新与应用，2023,13(29):181-184．

[4] 程增木，杨胜兵．智能网联汽车技术原理与应用 [M]．北京：机械工业出版社，2022:110-121．

[5] 胥刚，秦咏梅．智能网联汽车 CAN 总线异常检测技术研究综述与启示 [J]．电脑与信息技术，2023,31(05):66-68+81．

[6] 于奇，郭振，任世轩，等．智能网联汽车信息安全分析及防护策略 [C]// 中国计算机学会．第 38 次全国计算机安全学术交流会论文集．中汽智联技术有限公司，2023:4．

[7] 唐诗华．智能网联汽车发展政策与标准体系探究 [J]．质量与认证，2023,(10):41-43．

[8] Xiong R, Zhu B, Zhang K, et al. Design and Implementation of a Battery Big Data Platform Through Intelligent Connected Electric Vehicles [J]. Chinese Journal of Mechanical Engineering, 2023,36(02): 307-317.

[9] 李骏，王长君，程洪．智能网联汽车预期功能安全测试评价关键技术 [M]．北京：机械工业出版社，2022:38-47．

[10] 陈林，刘福华，斯兴瑶，等．智能网联汽车传感器检测与定位技术 [J]．时代汽车，2023,(20):7-9．

[11] 谢继鹏，方煜，华国栋．专利视域的智能网联汽车分析与研究——以江苏省智能网联汽车测试与评价为例 [J]．江苏科技信息，2023,40(21):15-20．

[12] 赵祥模教授"国家重点研发计划项目"（2021YFB2501200）团队．自动驾驶测试与评价技术研究进展 [J/OL]．交通运输工程学报，1-126[2023-12-01]．

[13] 中国汽车技术研究中心有限公司．智能网联汽车测试与评价技术 [M]．北京：机械工业出版社，2023:23-32．

[14] 岑洪婵，黄志杰，余嘉旋．智能网联汽车测试与评价研究 [J]．汽车测试报告，2023,(10):47-49．

[15] 宗晨宏，马健霄，陆涛．封闭式智能网联汽车测试场可靠性评价方法 [J]．重庆理工大学学报（自然科学），2023,37(04):105-114．

[16] 吴冬升，李凤娜，夏宁馨，等．智能网联汽车测试方案研究与展望 [J]．电信科学，2023,39(03):61-69．

[17] 朱冰，范天昕，张培兴，等．智能网联汽车标准化建设进程综述 [J]．汽车技术，2023,(07):1-16．

[18] 季国田，朱彤，文清浩，等．支持独立北斗的车载卫星定位系统标准研究 [J]．中国汽车，2023,(01):5-10．

[19] 曾立锵，连鑫，王旭，等．智能网联汽车公开道路测试评价方法 [J]．机器人产业，2022,

(06):87-98.

[20] Chu W, Wuniri Q, Du X, et al. Cloud Control System Architectures, Technologies and-Applications on Intelligent and Connected Vehicles: a Review[J]. Chinese Journal of Mechanical Engineering，2021,34(05): 19-41.

[21] 宗晨宏. 封闭式智能网联汽车测试场验证评价体系研究 [D]. 南京：南京林业大学，2022.

[22] 李国永. 智能网联汽车测试评价及问题分析 [J]. 汽车实用技术，2022, 47(09):9-13.

[23] 丁伟，程岩，汪清淼. 基于"1+X"证书的智能网联汽车课程体系分析与思考 [J]. 农机使用与维修，2021,(11):127-128.

[24] 刘洋，杨宏. 智能网联汽车车载智能计算平台仿真测试评价 [J]. 物联网技术，2021, 11(08):39-41.

[25] 中国汽车技术研究中心有限公司. 智能网联汽车信息安全测试与评价技术 [M]. 北京：机械工业出版社，2021:72-83.

[26] 韩冰源，高祥涵，张兰春，等. 智能网联汽车专业示范基地建设方案刍议 [J]. 内燃机与配件，2021,(15):154-155.

[27] 雷鹏. 基于信道模拟的车联网通信系统在环测试方法研究 [D]. 长春：吉林大学，2021.

[28] 甘正男. 基于差分定位的 LBS 服务在智能网联汽车测试评价中的应用及优化 [J]. 智能物联技术，2021,4(02):48-53.

[29] 霍燕燕，樊晓旭. "标准化+"助推长三角区域智能网联汽车一体化探索 [J]. 质量与标准化，2021,(02):40-43.

[30] 赫炎. 智能网联汽车的测试评价 [J]. 世界汽车，2021,(01):96-101.

[31] 杜宏建，吴慧敏，朱用国，等. 智能网联封闭试验区试验平台设计与实现 [J]. 汽车科技，2020,(05):48-52.

[32] 杨智宇，杜力，王旭东，等. 智能网联汽车专业教学改革分析与思考 [J]. 教育教学论坛，2020,(38):176-177.

[33] 冀建波. 智能网联汽车封闭测试场建设现状及场地设计总结 [J]. 城市道桥与防洪，2020,(08):325-327+32.

[34] 杨秋燕，秦明明. 基于场景元素的智能网联汽车场景构建探析 [J]. 时代汽车，2020,(12):24-25.

[35] 许阳. 智能网联汽车安全性分析与非道路验证 [D]. 重庆：重庆大学，2020.

[36] 李寒洋. 浅谈智能网联汽车发展现状及趋势 [J]. 汽车工业研究，2020,(01):2-9.

[37] 中国电子信息产业发展研究院. 智能网联汽车测试与评价技术 [M]. 北京：人民邮电出版社，2017:17-25.

[38] 田思波，郭润清，樊晓旭，等. 智能网联汽车测试场景三维评价模型研究 [J]. 汽车科技，2020,(01):46-50.

[39] 田思波，何鋆，樊晓旭，等. 上海市智能网联汽车封闭道路测试与评价方法 [J]. 上海汽车，

2019,(08):22-26.

[40] 陶永峰,吴亚刚. 基于城市快速路的网联汽车测试应用探索 [J]. 中国交通信息化,2019,(S1): 105-108.

[41] 蔡勇,李秀文. 智能网联汽车测试评价体系研究 [J]. 中国汽车,2018,(10):27-33.

[42] 王润民,邓晓峰,徐志刚,等. 车联网仿真测试评价技术研究综述 [J]. 计算机应用研究, 2019,36(07):1921-1926+1939.

[43] 石娟,秦孔建,郭魁元. 自动驾驶分级方法及相关测试评价技术研究 [J]. 汽车工业研究, 2018,(07):30-37.

[44] 郭蓬,戎辉,王文扬,等. 中国已建智能网联示范区的发展现状研究 [J]. 汽车电器,2018, (05):15-19.

[45] 张懿,刘焰. 智能网联汽车对软件测试领域研究 [J]. 计算机与数字工程,2018,46(01):89-93.

[46] 李文博. 智能网联汽车HMI产品人机交互用户体验测试评价研究 [D]. 重庆:重庆大学,2017.